U0047064

黃金之葉

行進於知識的密林裡，
途徑如此幽微。

我們尋覓一些參天古木，作爲指標，

我們也收集一些或隱或現的黃金之葉，引爲快樂。

THE MEADOWS OF
GOLD
黃金草原

馬蘇第
Al-MASUDI

莫宗堅——譯

致

蘋

中譯者前言

莫宗堅

　　猶憶七十年前，先父教導我讀古文，包括蘇轍的〈上樞密韓太尉書〉有「太史公行天下，周覽四海名山大川，與燕、趙間豪俊交遊，故其文疏蕩頗有奇氣。」蘇轍之文是也。司馬遷寫出千古奇書《史記》，令我讀起來，迴腸蕩氣。我一直相信旅遊的重要性。

旅遊對發展文化的重要性

　　古希臘時期，旅遊的範圍很廣泛。西元前五世紀，希臘人去埃及與兩河流域旅遊與經商，大開眼界。當時，巴比倫人聚累二千年的天文觀測，研究日月蝕，他們已發現，日蝕必在新月，月蝕必在滿月，他們進一步發現日月蝕是日月地三者位置造成的，以及月光是反射日光。在西元前三世紀時，希臘的 Aristarchos of Samos 寫下了「月光是反射日光」的科學結論。中國西元前四世紀的屈原在《天問》中還一頭霧水地問「夜光（即月光）何德，死而復育？」到了西元前一世紀的《周髀》下卷二，才有「故日兆（照）月，月光乃出，故成明月」。當然，這種說法很突兀，沒有科學推理。又，西元一世紀寫成

的《漢書藝文志》並沒有提到《周髀》，可能它成書更晚。值得注意的是它成書在張騫通西域之後。當時西域有印度人。西元前十六世紀的《梨俱吠陀》（*Rig Veda*）已有幾處記載月光是太陽的賜與。也可能《周髀》是抄襲的。又如畢氏定理，西元前十八世紀，巴比倫人留下 32 個數例，適合兩數平方的和等於第三數的平方，如「3，4，5」、「5，12，13」等等。非常可能巴比倫人早知畢氏定理。希臘的許多哲理，都是從巴比倫等東方國家傳入，這已成定論，這正是本書英譯者提倡的理論（見本書的〈英譯者序言〉）。

日本大化革新時，去唐代旅遊與學習。日本人從不足十萬人的城，第一次見到百萬人口的大都市——長安。日本人的靈魂大為激盪，開始全方位學習唐代一切，文字、數學、禮儀、飲食等等。到了十九世紀的「黑船事件」，日本人又開始旅遊、學習歐美，鑄造成今日的日本文化。

中國歷史的漢唐盛世，也與旅遊分不開。漢朝時張騫通西域，中國人的眼界始大，才知道域外別有天地。橘子、玫瑰、絲綢及瓷器西去，珍珠、葡萄、黃瓜及玻璃東來。到了唐朝時，玄奘、義淨、杜環遊印度、中東，中國人才看到了萬里之外的繁華。樂器大量從國外進口，例如，鑼從西域來，揚琴從伊朗來，鼓從南方來，笛從北方來。中國的國樂隊大半是外國樂器。明代鄭和下西洋，繼承了唐代的遠志。可惜後世實行海禁。對於外界，中國人又閉目塞耳，不聞不問。

馬蘇第的遊歷

後來讀書，知道Al-Masudi其人，是歷史學大家，著作甚豐，一般稱為「阿拉伯人的希羅多德」，我們也可以稱他為「阿拉伯人的太史公」。他比太史公司馬遷的旅程還廣。西元896年出生於巴格達，在西元915／916年，他十九、二十歲，遊覽末羅國（Basra）、波斯城（Persepolis）及印度的坎貝（Cambay）海灣，以及身毒的穆斯林國家莫爾潭、門書瑞。他自稱去過錫蘭國（斯里蘭卡）及中國，可是他記載的故事，如錫蘭王的葬禮出自《蘇萊曼東遊記》，似乎不合情理，關於中國之事，可能是耳食之談，難以相信，因此他的這段行程也可疑。

在西元916／917年，他訪問東非的黑人國（今Zanzibar），從甕蠻國（Oman，今阿曼國）去了那兒，又回到甕蠻國。西元921／922年，他訪問敘利亞北部的Aleppo，可能他先去了裏海的南岸。他提過，去了波斯的其他省份，以及亞塞拜然，可是沒有提具體日期。他去紅海、葉門及葉門東部的日期也不明。925年，他去了巴格達及Tikrit；926年，他在巴勒斯坦；928年，他回到伊拉克。他的後半生，多半生活在埃及的福斯塔（Fatimid王朝建設為勝利之都，開羅），他第一次去那兒，是942年。接著在943年，他訪問安條克。946年，他訪問大馬士革。然後他旅行到上埃及，直到Nubia（黑人國）。956年，他六十歲，在埃及開羅過世。他一生寫了三十二部書，僅有兩部傳世，《黃金草原》及《警告書》（*Book of Admonition and Revision*）。

　　Masudi 對宗教持開明的態度。本書英譯者認為他融會了伊斯蘭各派。後世有人認為他是什葉派（Shia），反對傳統遜尼派（Sunni）。

先行者的紀錄

　　兩河流域的古代人出波斯灣以後，首先與印度河流域做貿易，向右轉就去了紅海，連絡了埃及與東非。古代最重要的國際貿易圈是印度洋北部的貿易。西元一世紀，另一本重要的貿易書《第一世紀的印度洋商旅》（*Periplus of the Erythraean sea*）是羅馬人用希臘文寫的，描述羅馬占領埃及後，加入這個國際貿易圈。從紅海出發，經非洲東岸轉到阿拉伯半島、伊朗、巴基斯坦、印度西海岸、錫蘭、印度東海岸，也聽聞中國，稱為 Thin（印度古梵文用支那 Sina 托勒密用 Thinae，以前羅馬人稱中國為「絲國」，這些是西方人開始稱呼中國為 China）。這個國際貿易圈不停向東擴展，東漢時，已接上中國，羅馬使臣已訪問中國。朝廷也租借外國船隻，出海尋找海外的「黃支國」，就像《漢書》所說：「蠻夷賈船，轉送致之。」到了南北朝時，梁書的《王僧儒傳》已有「海舶每歲數至」的記載。中國原來已有一些航海業。孔子曰：「道不行，乘桴浮於海。」「桴」是木筏，乘具很簡陋。漢朝有樓船將軍，攻打朝鮮，那也是近海海戰。到了唐代阿拉伯人、伊朗人大批來到中國，製作遠洋船隻的龍骨法也傳入中國，唐人也乘中國船隻加入國際貿易圈。這時最重要的作品是唐代怛邏斯中國戰俘杜環的《經行記》（762年），唐德宗丞相賈耽的《皇華四達記》

（801年）及《蘇萊曼東遊記》（851年）。明代初年，鄭和下西洋是中國遠航的盛事。可惜到了明末，為了避免海盜，中國嚴申海禁。中國保持了驕傲的孤立。

傳留至今的《蘇萊曼東遊記》（原著者佚名，劉半農、劉小蕙父女譯），此書前幾頁不見了，不知作者之名。一開始就寫「如帆」，接著描寫鯨魚，可能前頁也是描寫鯨魚。書中有人名蘇萊曼，後人妄加作者署名蘇萊曼，不可相信。此書提到唐朝人用衛生紙，以為不如伊斯蘭教徒沖洗之法。又，八十歲以上的唐朝老人得「老人年金」，作者稀奇沒聽過。古人寫著很短，後人續書。此書下半部續書的作者Abu Zayd也不知上半部作者之名。全本以《印度與中國見聞錄》為名行於世，有法、日、英的譯本（有Tim Mackintosh-Smith的新英譯本）。不僅此書的上半部開場很破碎，此書後半部的結束也很突兀。說到印度的貴婦人出場見大眾，就完了。此書續書的原文出版日期不明確，與本書原文約略同時。

那書雖然不長，但與本書雷同之處不少。Masudi引用別人文章或觀點時，經常點明出處。例如，本書引用Abu Zayd之兩處，皆標明。又如，他引用別人說亞歷山大大帝出生於耶穌之後，此處點明是誰說的，後文不同意此說。又如，本書作者與Abu Zayd都說太平洋與地中海相通，但是怎麼個通法是大大不同，Abu Zayd認為太平洋通過北冰洋，經過裏海、黑海與地中海相通。Masudi認為太平洋通過北冰洋，大西洋與地中海相通，而裏海是孤立的，哪個海都不通。當然，Masudi是對的。

還有Ibn Fadlan的《伏爾加河的使命》（有James E. Montgomery的英譯本）。他們於西元921年，奉阿拔斯黑衣大食王朝之命，出使伏爾加河的保加利亞。出使路程是裏海之東的突厥人地區。當時，伏爾加河的保加利亞王改宗伊斯蘭教。此書記載沿途及伏爾加河的保加利亞風土，本書僅略提突厥人地區，細談裏海之西的高加索地區，兩書相涉不多。其關於俄羅斯人的風俗，可與本書參照。另一本書值得參考的是Ebn Haukal的 *The Oriental Geography*。此書僅涉及伊斯蘭教區及偶爾一點它鄰區的地理。成書略早於本書。與本書旨趣不同。

本書在947年（中國五代後漢成立之年，當時中國人困於內爭）成書。1841年Aloys Spenger翻譯第一冊成英文本，2021年由中譯者據英文本翻譯成中文本。

本書的重要性

Masudi的行程如上述，但是他旅行的動機不明。可能是他讀書之餘的好奇心所引發的。他有敏銳的觀察力，又善於談話，廣聽人言。以此記錄各方事實，十有九中。他行遍四方，見過世面，不會愚不可及地對別人有偏見。他的各種意見，頗有可取。本書作者博識多能，遠超那個時代的中、歐學者之上。例如，他證明太平洋通過北極海與大西洋相通，天下眾海，除裏海是孤立的之外，皆連成一水。如此這般，可知作者的卓見。

在西元十世紀時，舊世界的各大文明區，可以分成五大塊：1）中東、北非及中亞2）歐洲3）南亞的印度、印尼及中

南半島4）東亞的中、日、韓5）南部非洲的黑人國。很明顯地，第一塊的人類文明開發最早，又居天下之中，與其餘四塊均有聯繫。其他四塊各據一角之地。他的書也是如此，立足於第一塊土地，兼及其餘。本書的重要性也不言而喻。

英譯者簡介

本書的英譯者Aloys Sprenger（1813-1893）是奧地利東方學家，1843年從英國轉赴印度加爾各答，任德理學院院長，研究阿拉伯、印度及伊朗文化，成果豐碩，著作名世。1857年赴德國，在波昂大學東方語言系任教授，1881年轉任海德堡大學。遺物文稿存於柏林省立圖書館。

英譯者寫了一篇很長的〈前言〉，這本中譯書全載。此文頗可觀，足見東方學者的功力。他認為希臘、羅馬的歐洲文化，源出於中東及印度的東方文明，自成一家之言，現已成學界通論。不足之處是他僅譯了本書的第一冊。但是，一百八十年來，英文本並無增譯，僅有英譯者所譯的第一冊而已。似乎有什麼玄機。其餘各冊有法文的部分譯文，目前僅有研究阿拔斯朝者引用。

中譯本簡介

本書是第十世紀的重要文獻。當然，作者不知道後世對過去歷史的研究，遠超過當世的知識，也不可能知道未來歷史的發展。中譯者以註譯的方式，補充這兩點，以便於讀者檢視。另外，作者有欠於科學的理解，例如生物學、物理學、天文學

等等，譯者也用註譯的方式，加以補充解釋。例如兩河、尼羅河及印度河都是南北向，由於地球自轉，他們都會做東西向移動，這點會影響歷史進程。例如，兩河文明、尼羅河與印度河文明的荒廢與轉移，亞歷山大城的缺水等等。

　　值得注意的是托勒密的九層天球模型，這是一種地心論。比較有意義的是計算日月五星的位置。他們用的是七曜的週期，推算它們的位置。雖然推算過程不明，結果不準確，但是遠近的次序是不錯的。他用月繞地的週期、日繞地的週期即地繞日的週期，五星週期即五星繞日週期，以週期推算距離。請注意，除了月球以外，這些週期都是繞日週期。所謂位置，其實是對日距離。所以得出的太陽系模型只要把地－月與太陽對換，就與日心論的哥白尼模型幾乎相同。所以托勒密模型用了一千多年。近代計算行星與太陽的距離是用克卜勒的第三定律。從此也可得出週期越長、距離越遠。

　　天象影響人事，主要在於曆法，巴比倫人及印度人用陰曆、埃及人用陽曆，中國人用陰陽合曆。本書作者在第十六章，解釋季、候風時用陽曆，與當世阿拉伯人習用的陰曆不合。我們用一簡短的註解，討論曆法的演變。

　　潮汐現象一直很引人爭議。本書有一章關於古今爭論。本書出版一百年後，中國宋代的沈括在《夢溪筆談》裡提出：「予常考其（潮汐）行節，每至月正臨子（月在地球背面）、午（月在地面頂上），則潮生，候之萬萬無差。」這個定律是對的。但是知其然，不知其所以然，沒有物理學的解釋。我們在註解裡，用牛頓的萬有引力，及月球與地球成為一個旋轉的

共同體，月球與地球都繞著共同重心旋轉，解釋每日二次漲潮
的原因。

　　還有一個問題，是地名的古今中外之不同，容易引起誤
解。亟需補充中文文獻，與西方原文融成一體，始有世界的意
義。對於英文地名、人名，如讀者對其中已有唯一的譯名，已
耳熟能詳，則不妨尊照慣例。中文譯者考慮讀者英文能力，雅
不願生造中文名詞，浪費讀者心力，而有時一個英文有多個中
譯，因此有時會保持英文名詞不譯，或重複寫在中譯名之後。
譯者學識有限，失誤遺漏之處必多，希望讀者不吝指正。

　　在本書中的第三章〈創世紀〉、第四章〈易卜拉欣（即亞
伯拉罕）及以後的先知〉、第五章〈素萊曼王（即索羅門王）
之子羅波安為王，以及他的後王。以後先知們的簡史〉（我們
縮短為〈以色列之分裂〉），到第六章〈在爾撒（即耶穌）與
穆罕默德之間的時間的人物〉（我們縮短為〈耶穌之後賢〉）都
是關於猶太教、基督教及伊斯蘭教一脈相承的宗教傳說。當
然，猶太教不可能起自開天闢地，有些歷史學家最早追溯到西
元前六世紀 Sargon II 俘虜北以色列人到米地國，或新巴比倫帝
國時，猶太人始完成猶太教。如今基督教人口占全球人口的
31%，伊斯蘭教人口占全球人口的24%，一共55%。即過半的
全球人口。這樣的宗教傳說值得我們了解。可惜各宗教用的名
詞不同，我們須特別小心。

　　在附圖部分，我們把英文譯為中文。但是，有一個問題，
在原圖上，第五海「kundranj sea」被擱在第六海「占婆海」
（sanf sea）與印尼之間，而本書認為印尼大王是第六海的主

人。所以第五海的位置可能錯了。書上說第五海是一個淺海，我們把它放在今天的暹邏灣，比較合理。我的兒子，莫承平（Alex Moh），應用他的電腦技術替我進行了換入英譯中及移動圖文的工作。

　　原著的每一章都很長，為了醒目起見，我加了些小節的題目。

　　我翻譯這本書的目的，是把異國的靈禽奇獸，移入中國的動物園，供中國人欣賞，能有益於讀者，是所祈也。

　　中譯者不懂阿拉伯文，對別的阿拉伯作者所崇拜此書的文辭優美，連霧裡看花都做不到。本書從英譯本再譯，隔了兩層。願讀者諒之。

　　本書能出版，特別感謝大塊出版社郝明義先生及江灝先生的支持，以及我的朋友黃武雄教授的鼓勵。

目次

中譯者前言   7

英譯者前言   19

第 一 章　原作者前言   55

第 二 章　原書各章目錄   69

第 三 章　創世紀   71

第 四 章　易卜拉欣及以後的先知   97

第 五 章　以色列之分裂   117

第 六 章　耶穌的後賢   127

第 七 章　印度簡史，他們的宗教觀點，他們王國的來源   145

第 八 章　七大氣候區與水晶球的次序   167

第 九 章　地球簡論   183

第 十 章　印度洋   207

第十一章　潮水的漲落   217

第十二章　地中海   225

第十三章　黑海   229

第十四章　裏海   231

第十五章　中華帝國   245

第十六章　阿比西尼亞海   269

第十七章　高加索   313

英譯者前言

大歷史家 Khaldun 的看法

「某一些作者在書裡只談歷史，就像 Masudi 在他的書《黃金草原》；在書裡，他描述東方與西方的各民族與國家，在他的年代，也就是回曆 330（332）年。他寫了各民族真正的經歷及遭遇，各個國家、山脈、海洋、王國及朝代的境遇，他分辨了阿拉伯人及野蠻人。透過他的工作，他成為大家所根據的歷史學者們的榜樣，他成為大家努力工作時，所仰賴去估量的各種事實的權威。然後就有 El-Bekri，他學習 Al-Masudi，只學地理學，不管別的學科（民族誌或歷史）；因為從 Al-Masudi 以後，在 El-Bekri 的時代，所有相對位置及民族的變化，在時間（即世代）的前進下，實不值一談。但是，到了現代，在第八世紀[1]的末期，在我們居住的西非，一個完全的革命發生了。我在這本書裡，利用機會，按照我對西非的要求，去收集資料，建立（人類社會與歷史的）概念，以及一些系統性及全面性的（與這些問題有關的）事實。但是，我的特殊目的是描

1　（本書註釋，除標示為「英譯者原註」之外，皆為中譯者註解）回曆的，即西元十五世紀。

述西非在不同時期（即不同世代）及相異民族時，地球上這一帶居民的情況，以及這一帶興盛的王國，與這一帶統治的王朝的一個簡史。我不能談論外地各國的歷史，因為我不了解那些東方國家及民族的條件及環境；僅僅是報告，無論如何，不能達到我設定的目標。Al-Masudi到處旅行，考察幾乎所有的國家，我們從他的書中看到，他完美地達成了這個目標。但是，他談論西非時，文章卻太短。」（Ibn Khaldun，〈前言〉）

對本書的一般看法

別的阿拉伯作者經常引用，或從Masudi的文章中截取，表示Khaldun對Masudi的看法是一般性的。我們不會遲疑於把他與愛奧尼亞[2]的歷史學家相比；如果他的民族性與深層思想的熱情，沒有對外國事物的偏見；如果他心思的靈動性，去接觸感應以及欣賞意見，而不致缺乏原則性；如果他渴望正確的消息而不會先存偏見，對於已知事，即時拒絕錯誤；經過廣泛旅行、與各國及各種意見的眾多的人交談，所得到的深度知識，而不致於忽略了熟慮以後的自省以及歷史的根基；以及如果包含過去的廣泛知識與廣闊的心胸，反映在對現世的理解；以及健康的批評，逐漸滲入民族的心情，那些人類永遠感受到的觀念、夢想、傾向，從中選取一些自然的及有民族特徵的，當然它的選擇不一定合乎邏輯思維；如果希羅多德因此而被稱為「史學之父」，歷史學家的偉人，那麼Masudi也不枉被稱

2　希臘。

為「阿拉伯的希羅多德」；像希羅多德一樣，他融會民族學、地理學與歷史學，從經驗與交談中學習，他為東方眾國畫出了不同的內心圖畫；然後他從這些觀念與原則，進一步推導，為了未受教育的人，得出宗教的形式，為了有權力的人，得出哲學或領導大眾的工具，那是從民族的特性中成長的，或為民族所歡迎的——如果它是一個人或先知提倡的。在本書的第二部分[3]他特別指出，這些意見如何變成人與人之間的精神聯繫，加強血緣與語言的溝通，用神聖的面紗，掩蓋利益；宗教之不同，引起民族間的衝突。

Al-Masudi成熟到對各教派的教條一視同仁；對東方存續千年的各種傳統，在他心中，融會貫通成他們的共同源泉。從這個觀點看，甚至他所寫的〈創世紀〉也頗有可觀；因為他融合了東方各種宇宙生成論，加上經書上的摩西及腓尼基古經文。

東方學與西歐知識界的關係

雖然Khaldun認為Al-Masudi是阿拉伯歷史學家的伊瑪目（Imam），但並不包含沒有伊瑪目的第一個時代的文學界；但是，他可以被當成第二時期知識界的代表人物：因此他的作品的重要性，可以標示穆罕默德時代的文學界。但是，一群有份量的人提問「東方學」的意義：這種枯燥的文法學習，僅僅靠記憶力，奴役心靈，縮小心理的範疇，而不是開闊心胸；

3　沒有英譯本。

如此，所有追求都沒有實際意義，不能幫助增加人的能量，增加對人類的理解，使人更自由。這是他們的語言。因此，〈前言〉中關於「東方學」與目前西歐知識界的關係，是讀者對作者的最佳進路，也是作者對讀者的最佳引介，可能更需要闡明這一點，讀者才能理解譯者翻譯此書的苦衷，否則譯者的工作將被埋怨為一種苦工，因為，不可否認，有衰弱大腦及勤勞雙手的各個語言學家，表現無意義的學習，冒犯常識，就如一個衰弱又塞滿食物的胃，口吐酸腐之氣。

可以假想，如果我們全面理解一個民族的成長、過程、高度及衰敗，我們可能在比較之下，得出結論，使各民族的興起都遵照某種準則。即如我們觀察每一個民族，在歷史的各個生命階段，都發展出一套功能與風格。那又怎麼會是別種模樣呢——因為我們發現，在某種氣候與環境中，某些傾向、需求及觀念會不斷進入人心，就像自然定律存在物質中。所以，譬如說，每個人都想做人上人，就像萬物都有引力。精神豐足的人認為這是壯志，不作為的人認為這是虛榮，軟弱的人認為這是風氣，珍惜子女的母親認為這是母愛以及為子女的打算，只有自我欺騙的人才虛榮地認為自己不在其中。在一處完全平等的社會中，每個人都想踞於別人之上去統治，當一個人的位子高到他人不能企及，那麼努力去接近他、替他服役去取悅他，便成為一個眾人的獎賞。青年人的志趣是高貴又激動的，但是幾次失敗以後，他就知趣了，有了妻、子以後，他的生活生根了、被囚禁了，他的志趣物質化了。不論善惡，青年人的理想引導偉大的行為。對一個結婚的男人，只要自己與他的種族

能安全得利，不論多低下或欺騙，他都心甘情願。我們發現民族不異於個人。阿拉伯人從沙漠裡出來，他們多高貴；當他們的民族老了又腐敗了，他們的道德卻無底線。希臘與羅馬的歷史，提供更多的實例，但是沒有更好的例子；對別人來說，不需要跑這麼遠，每家都有。歐洲近代史，起自十字軍東征，把當時世界的權力，從阿拉伯人手中奪過來。阿拉伯人當時盡量略取歐洲地盤。難道當時熱情燃燒的民族，而今只要錢財，即有貴族的榮譽與地位，就像青春高貴的躁動，成了如今的老年貪婪？因此，Ibn Khadum 相信一個掌權民族要經過如下的生命階段：

王朝的五個階段

「王朝的時期及狀況與條件的變化。該王朝的成員（他們用遊牧民族的勇氣征服了這個國家）遊牧民族的風範，分成幾個過程。

知道王朝經歷幾個過程及革命；王朝的成員（當權者）在每一個階段，表現不同的個性，它於各階是相當的，而在不同階段有異，因為個人是環境的產物（嚴格說起來，個人的性格是按照個人所處的危局而自然流露）。王朝的格局與過程一般可以歸於五類。

第一期是征服期，靠著侵入國土，打敗反對力量，克服任何因此而生的困難，自立為王，從之前的王朝手裡取得統治權。在這一階段，新王朝的領導人（或領導家族）與新生的統治民族成員是平等的，也不會被認為特別高貴，應在擄獲

物上，多分多拿，即使個人也不需要特別保護，也不覺得特別神聖。他不會比別人更享受特權，因為只有愛國主義才導致征服，而勝利之後，愛國主義不會停止[4]。

在第二期，站在王朝頂端的人，取得全國的統治權：他只給自己皇家特權（對被征服的民族），與他同一的民族，原來是平均分配（征服所獲），現在保持距離，不能親近往來。這一期的主要特徵是王權擁有者，以個人私利連絡了一大批人，酬以職位與收養[5]。他讓他們環繞自己，抵擋那些與他當時一同起事的同族人的霸氣，以及那些根據出身、有同樣王權之人的平權要求。他不用他們在政權機關，個人與他們保持距離，如果他們太靠近，他就驅逐他們。到了最後，權力歸於一人，他的家族成為出眾的皇家，那是他打好地基的。他現在急於使他們離開，壓服他們，就像早先的征服者征服的過程一樣。他比那些征服者做的還多。征服者對付的外國人，兩國分際很清楚，在愛國主義的旗幟下，一起前進作戰。他要對付的是親戚朋友，而聽他指揮的，是少數的陌生人；他必須有面迎困難的勇氣[6]。

在第三期，他讓自己沉湎於舒適生活，他已經成功了，現在享受極權的豐盛，享福過日子，人心自然如此祈求；增加歲入，建築千古紀念碑，取得萬邦聲望。因此，君主重視財政部，增加歲入，他注意歲出及歲入的平衡；他計算歲出，及每

4　相當於漢高祖起事破秦滅項。

5　阿拉伯貴族收養了許多養子或奴隸，給予特權，以後得到他們的死力。

6　相當於漢高祖殺功臣。

項支出對他的意義；他建造了很多建築物、很多連結內部的通路、廣大的城市及高崇的公共紀念碑；他接見了國內貴族及前來貢獻的番邦酋長；他很照顧為他服役的官僚們。他恩寵的人及跟前人都既富且貴；他的常備軍訓練有素；他們有足夠的軍餉，每月都發；有沒有欠餉，可從他們在閱兵大典的服裝、軍服及軍容看出。國王的盟友誇耀與國王的關系，國王的敵人坐立不安。這是那些站在王朝頂端（即征服者）的王權的最盛一個階段，從此，征服者擁有絕對的權力隨心所欲，有出眾的燦爛、富裕的光芒[7]。

在第四期，社會滿足了，保守主義盛行。站在征服者群的頂級人物滿足於持盈保泰；（他不僅是征服者部落的酋長）他與任何國王是平級的，他是貴族；他欣賞他先世的作為，亦步亦趨地模仿（穿同樣的拖鞋與鞋子）。他老是跟隨先王的步伐，且相信任何先王組織的改變，只會帶來毀滅，因為他相信先王們早已理解治世之理[8]。

第五期是浪子期及鋪張浪費期（改良主義期）。在這段時期，君主將浪費所有先王積累的財富；他沉湎於快樂及享受，為了他的親信及近侍而浪費，為小人而張勢，他把一些夸夸其談的人，委以重職，而事實上並不能勝任；因為他們既不知道應該如何做，也不知道應該避免什麼。因此，國家的老臣故舊，一貫以他們的人格力，安定社會，也傷心不論世事；於

7　相當於漢朝的文、景、武帝。

8　相當於漢朝昭、宣帝的治世。

是，他們不喜現任君主，任由世界沉淪；他的軍隊也散亂、失去了戰鬥力，因為繁華的宮廷寧願花錢享受，也不願付足軍餉；他從不任命他們做官，也不關心他們。因此，他毀滅了先王所建所築。在這一段時期，王朝墮落的跡象很清楚，它疾病纏身，無藥可醫，快速崩潰。[9]」

五個歷史階段的普遍性

英文讀者將很驚奇地發現，後面兩個時期很精確說明了，他自己國家所面臨的處境——保守主義與改良主義的鬥爭——四世紀前，一位居住非洲的作家曾經斷言。這位作家可能根本沒聽人說過有一個英國。因此，他的概念，「統治民族經歷一場生命的過程，就像個體一樣」被證實了；這是一個民族的個體生命或自然進程，這是歷史研究的目的與結論。

我們大量比較過各民族的歷史，那些統治世界的民族，依次出現，如今集中表現在歐洲，可用事實證明，而哲學家相信的，存在某種規律，告訴我們不同民族如何進入歷史舞臺，以及他們要扮演什麼角色；即使所有的男人都有某些共性，但每個民族都有不同的民族性，命定地使他完成某種生涯歷程，就像一個女人與一個男人有命定的不同天職。

無論如何不應帶有神祕色彩談論這些事，比如說，那些清醒及單純的阿拉伯人，試了千年，想進入波斯，最後如此成功

9　相當於漢朝成、哀、平帝的末世。

讓唯一真神的旗幟飄揚在波斯王墓上，就在安息統治者[10]已經被最繁華的朝廷所腐化、最褥禮的宗教[11]所迷惑、最噁心的迷信所昏亂時。阿拉伯人是那受盡踐踏、過度精緻化的社會，以及在一個永不滿足、永不給下層人機會的貴族社會任意剝削下的波斯人的解放者。同樣的道理，難道不是自然之理，歷史的發展起於南方（亞洲），現代的歐洲文明，應該從義大利與西班牙相合適的氣候區開始，春天先到那些地區，然後才去更北的地區。

如果民族要走的一定路線，我們可以從無爭議的事實導得或劃出，那麼這種結論遠勝於別的知識。它可以幫助我們認知人類的狀態及目標。有一個阿拉伯作者說：「注意看時間的故事，當你知道我們從哪兒來，那你就知道我們去哪兒。」他們要證明一個民族的命運不靠機運，或幾個人的某種行為。在一個大動亂中，幾個演員是時間的產物，時間不是他們的天才產物；如果他們逆時而作，他們不會成功。在這個意義下的歷史，也將指出在公共事務上，個人行動的影響圈。因為，如果民族的生命週期被某些定律所確定，如果特權階層無法改變路途，那麼可以得出，人類的抱怨，來自在上者不自量力地想扭轉自然方向，以及減速歷史進程，或者有破壞傾向的人，出於過分熱情，要加快自然進程的可能。出於這種歷史觀，如果我們能夠確定，在一個歷史階段（比如說，就是當今的階段），

10　應是薩珊統治者。
11　指拜火教。

一個民族不可改變的進程，一些努力使變動更平穩完成的人群，比那些以原則為口實，其實是想改變民族發展路徑、只謀私利的人們，更高超突顯。歷史將證明，第一類人壓倒第二類人，才能平衡財富，理性對抗偏見，能量反抗社會意見及遺傳的特權，說理與信仰反對偽善及基督教團的暴政，熱情對抗時尚，自由對抗金錢及奴役的力量，各種對抗的爭勝，取決於永恆的規則，即聖神的天條，由道德律來決定。單打獨鬥，不論王子或乞丐，勝者永遠是順應時代潮流的弄潮兒。

東方學的重要性

只知道歐洲的歷史，而無「東方學」的幫助，不會使我們了解一個民族的生命史，或統治民族在歷史舞臺上依次出現的事。我們不能追蹤任何一個民族，出現於舞臺，然後退場。近代民族上場的時間還沒完了，希臘與羅馬的來源很渺茫；我們知道的歷史檔案，從開始就把他們描寫地光芒萬丈。在歐洲歷史上，只有一兩次大革命，使世界的統治權，在新觀念升起時，從一個種族轉移到另一個種族，表現民族的繼承。少數希臘作者關於古代巴比倫王朝及東方國家的文章，只有在現代平行的「東方學」的歷史——那是阿拉伯作者所寫的、既準確又眾多的著作——的照耀下，才有價值。除非要故意貶低希臘歷史為不完全的，以及它的觀點與組織是次要的、更古民族的碎片，因此而視為不必要的學習，那才要添補上一些來自「東方學」的細節，才能表現各民族自然生命的各階段，以及在歷史舞臺上，各民族的遞補次序。

希臘人沒有神聖祭司階層的糾纏，去壟斷智識，使南、北鄰居都陷入蒙昧。自由使他們愛上了自然的民族及名望，愛國主義使他們到達人類從未及的完美度。藝術崇拜是他們的宗教，詩歌暗示是他們的法律條文，精緻的品味是他們的道德指導，自由是他們團結的樞紐。他們的觀念來源不明，他們的科學實質與藝術都不是自己創造的；他們或者從他們記不清的老家帶來，或者從東方國家進口[12]，改寫成更得眾的形式。最近，Creuzer[13] 選取了一些希臘作家的辭句，來證明這點。事實比證辭更有說服力；就像一個船隻的碎片，一定出現在完整船隻之後，一個花粉一定出現在一個植物之前，我們可以安心休息，如果我們發現在某一個國家裡，某些概念是調合的、易懂的、而且來源單一，即使發展不足，那也早於另一個國家把它們當成神物供奉，但是因為不了解，沒有發展得到處都是。為了要顯示東方國家與希臘的關係是如此，可以舉九層天球的理論，它在巴比倫被認為是深奧的信條[14]，在許多東方國家皆如此，它在希臘被當作宗教的基石，他們一直不能理解它。

九層天球

存在的來源，是哲學的一個大問題；生與死的主宰是上帝，生靈崇拜的物件。一定是最自然的想法，從男性原則與女

12　現代證明巴比倫的科學很成熟，可以作希臘科學的先行者。

13　德國語言學家及考古學家，1771-1858。他有一個充滿爭議的理論：荷馬的神學來自東方國家。

14　指天文學家觀測之所得。

性原則導出生命現象。男性原則即第五元素、神聖元素「乙太」[15]，所有星星都是由它構成；女性原則即地球，自古以來，都認為地球是安靜的、被動的，停在乙太環繞的中心點。亞里斯多德說：「運動的原則給世代以最初的推力。這叫男性（即父親），產生物質的（被動）原則是母性，……因此，地球被認為是女性的，以及母性的（萬物之母），天（乙太）被認為是男姓以及父性的」。如果運動是上天的特徵，那麼最遠的天球轉得最快，因此那座行星有上天最大的特徵量。因此，土星是最高的、也是最老的神；它是始祖[16]。向著它的，是它的妻子及姐妹，地球，那是跟它一樣永恆、沒有生滅的。從它們產生了萬物。Festus[17]可能是正確的，從 a satu 導出這個行星的名字。當這個理論進一步發展時，他被逐出王位。讀者會看見的[18]。

男性原則及女性原則

一旦這兩個端點被認為是男性原則及女性原則，詩人用他們的想像力，哲學家用他們的抽象力，無限制地評論它們。運動原則，即男性端點，被構想成主動、並富有超級的智慧；而

15　歐洲及印度都通行風火水地的四元素論，後來天體又須要一種新元素，命名為「乙太」（ether）的第五種元素。

16　拉丁文的土星 saturn 與始祖 sator，音近。

17　Procius Festus，羅馬人，第一世紀，猶太區財政官。

18　十六世紀時，哥白尼提出日心說，十七世紀時，牛頓提出萬有引力定律，天王星在1781年被發現，海王星在1846年被發現。以上在本書英譯文出版前的諸事，都使得托勒密的九層天球理論，不再是金科玉律。

女性端點，則是被動的，感覺的，溫和的，熱情的，同時，男性原則被想像成粗糙及自私的。大約在女性端點之上四千萬哩之處，及男性端點之下四千萬哩之處，在兩個端點的中心，必定是完美的平衡點。古代聖賢認為這平衡點就是太陽所在，但是實際上，太陽距土星是距地球的九倍[19]。托勒密同意錯誤的計算[20]，告訴我們他怎麼得出他的理解。因此，（按照托勒密的學說）太陽是天地的兒子及仲介。在它身上，表現了父母天性的合一；在它身上，有父母的熱情，在物理學上，就是溫暖，在神祕主義裡，就是愛情；它是熱力的來源。在所有古代宗教裡，太陽是再生力及拯救力，而不是創造力。但是奧義教門常常誤解了這點。

　　現在我們已經講清楚古代的三位一體，便可以進一步談論，源由於乙太的靈魂或個性，賦予各行星的諸多性質；它們可能有些不值一談的差異性，在英譯本第222頁[21]注意到了，卻無法合理解釋，世界各地賦予各行星的同一特性。

東方占卜學

　　讀者在本書的另一部分會進一步發現，在東方心理學中，男人的氣質是根基於女性化的、被動的同情，或者根基於男性化的、主動的厭惡或自私。這些非關善惡。這兩種基本性質由

19　根據哥白尼的日心說及牛頓的萬有引力定律，加上實測結果，事實上，大約五十倍。

20　上文平衡點之說。

21　關於古代各書中提到的，無現代意義的。

熱情或厭惡化生，或者與體系同在，被正義所柔化，或者與冷
靜及反思同存。基於同情的女性特質是在日光下的顯性，按照
剛才說的，男性的特質基於厭惡，是在光線之上。現在，太陽
是神祕主義的及物理的溫暖源泉，我們可見下表：

冷淡的厭惡＝壞脾氣的天王老子星（土星）

柔化的厭惡＝皇家的天王星（木星）

熱情的厭惡＝好鬥的戰神星（火星）

太陽

熱情的同情＝迷人的維納斯（金星）

柔化的同情＝退後的信使星（水星）

冷淡反思的同情＝柔情的月亮[22]

阿拉伯的占卜師[23]用上面這套理論，那是在穆罕默德之前
就有的。當他們發現做哈里發的伴當，傳布伊斯蘭教，更勝於
做清真寺的傳教師，他們占卜的說詞又變了。這套理論是古代
宗教的靈魂，蔓延於他們及阿拉伯人哲學式的科學中。

---

22 西方古代對於五大行星的命名，不同於中國用五行命名。西方的水星是神
　行的信使星，金星是美麗的愛情星，火星是火氣大的戰神星，木星是天王
　星，土星在希臘神話裡是天王老子星，在羅馬神話裡是神農星。上表要用
　西方的命名法，才能理解。

23 巴比倫盛行占卜學，中國古代有卜筮之學，甲骨文即是占卜學的工具。後
　世以《易經》為標竿，這是遠離神學的嘗試，也是科學的開端。中國古代
　的科學與道家的煉丹術有關。

希臘文化的東方源頭

在證明這套理論始於東方，以及新發現促進這套理論的修改後，更進一步，新修改可能偶然促進了政治革命；所有作者們的證言，將在本書另一冊出現。我們的目的是表明，希臘神話只是更古的系統裡，被誤解了的碎片；因此，不研究東方，希臘史沒有源頭，也不會有無限重要的歷史結論。

希臘人沒有開始神化祭司階層，那是比低層人民更高貴的，他們一直向世界貢獻如此的特質，可是後世不了解它的來龍去脈。他們把神像人性化，用故事來解釋崇拜，卻不理解這麼做的深意。從他們的故事裡，成長了詩歌，從他們的人性化的神像中，成長了美麗的藝術。這就像我們說的，詩歌藝術是他們生命的目的。但是，就在他們的故事裡，他們忠於東方的觀點，那是傳統保存好的，他們只點綴一些悅目的裝飾。

同樣地，希臘的每一種自然哲學都是東方已知的。如果，亞里斯多德把所有的古代知識都裝入腦中，當無知的人信仰權威，他運用理性；當有點知識的人神祕化一些難解的事，他盡量使常識世俗化，他引用眾多希臘作者，討論自然哲學的問題，間接暗示迦勒底人[24]與埃及人的智慧，但是很少直接提到他們，我們應該牢記，他們的大多數看法早在斯塔利亞人[25]之前，即已進入希臘，成為希臘的一部分，或者，它們是從第一

---

24 古代從亞述移民到兩河流域下游的閃族人。《聖經》及古典希臘學者及古拉丁文學者，都用迦勒底人指巴比倫的天文學家，此處應是此義。

25 馬其頓的斯塔利亞人，指亞里斯多德。

個希臘居民傳承下來，一直存在於這個國家；以及他遵照以辯證授學的師承，在那裡，每件事都立足於理性，權威只能是要被斥破的有名有姓的公論，因此成為辯論會的題目，是為了解釋和說明理性的法則，不是助長權威，理性的法則就不必指名道姓。

第五個元素乙太的義理以及亞里斯多德其他的自然哲學的要義，可以在韃靼、中國、波斯、埃及以及東方各國找到。Dioscorides[26] 及 Galen[27] 所用的藥物，半數以上，可以在波斯、阿拉伯及其他東方語言中找到，用印度的出口貨，一定是先在印度使用，再出口的。

東方對希臘的影響

當亞歷山大開發東方，不僅希臘科學，就是希臘藝術，也轉向東方。他們的詩歌，更浪漫；他們的雕刻更不奇形怪狀；以前他們的神像都像普通人，現在則像神怪[28]。當他們成長，他們的天文及醫學的流派，越來越學習東方的觀念，當他們被新材料所引導，他們越成長。托勒密採用了巴比倫的天文數據。Galen 的藥性論自古長存；這些與星辰拜祭相關，而且參透到 Galen 的觀念，更恰當來說，東方的有關生理學、解剖學、病理學的觀念，就在《藥性論》裡，有同樣的觀念，每個藥物都有藥性。

---

26 古羅馬的希臘醫生 Dioscorides 著《藥物論》〔De Materia Medica〕。
27 古羅馬的醫生與哲學家。
28 genii，現在的神像都像超人，頗有神的味道。

希臘人熟練地把從東方收集的素材（我不以為只是抄書），按照經驗集結成體系，按照理性各就各位；以前，在東方各國，它們是由信仰或神祕而存在的。當東方在阿拉伯時代復話，希臘的成果大受歡迎，因為東方發現自己的老一套，被希臘人有系統重新安排好了。

東方與歐洲古代史的關係

幾點暗示就足以說明，歐洲的古代史是不調和及不完滿的。希臘文法沒有梵文或伊朗文[29]的幫助，即無法講解。羅馬歷史還不清晰。羅馬歷史學家用的傳說，即說明他們的社會組織的歷史來源不清楚；他們既不能從他們的紀年史，也不能從大眾的傳統中找到。因此，沒有一個歐洲國家——將來也不會有——能有從它進入歷史舞臺、到它終結歷史進程，從它成長到衰落的全部生命史：以及更不可能的、我們從歐洲史所得出的、在歷史舞臺上各國依次出現的經歷。在北方，生命週期更遲緩。

相反地，東方富有經驗，生命週期很快速出現，由生命的特性而定；革命是如此暴力，不可能視而不見；一個帝國建立在另一個帝國的廢墟上。王朝像天上的流星一樣，快速燦爛發光又消失。像巴格達、庫發（kufah）、開羅（el-Kahira）等城市，如一個營地而起。例如，在阿母河上，我們看到韃靼、波斯、希臘、安息、阿拉伯及烏茲別克，反覆運算統治，在短暫

29　Zend Language 是伊朗文的俗稱。

的三千年內。在這樣經常、快速、決定性的變動中，各民族互相的關係及繼承的次序，最少與伊朗有關的事，古代波斯人所知，構成《Zend-Avesta》[30]；在《討拉特》的〈創世紀〉裡，人類完全正確地劃分成閃族人（Semite）、黑種人（Hamite）及韃靼人，包括高加索種人（Jephetites）。方舟努哈[31]有三子，閃（Semites）、含（Hamites）及雅弗（Jephetites）。Semites的子孫是閃族人，Hamites的子孫是黑種人，Jephetites的子孫是高加索人）。我們除了依照《Zend-Avesta》的說法，不能更加刻畫出及證實上面的說詞。這樣的探索更深入這篇〈前言〉的規劃，使讀者可以正確判斷阿拉伯人歷史的位置——對應別國而言。

巴比倫人與阿拉伯人

首先，我們必須要有一個清醒的對伊朗人的認識，應該說對古巴比倫人（Khunnerets）的認識，與灌溉有關。我們的

---

30 這本書講述伊朗拜火教的宗族祭祀之事，是拜火教的聖經。此書經過多次失散重整，已非西元前十世紀的原書。有一部分是講印歐人的古史，相當於中國的《書經》。這本書的傳說古史，起自石器時代的王Gaya Mareten發展牧牛業，古史中，兩族爭鬥，變動很多。例如，此書說印歐人可能原居於帕米爾高原，如今的帕米爾高原上，尚有東伊朗人的遺民。考古學說印歐人原居於裏海北岸。而《書經》是孔子刪定，它的記事開始於西元前2200年的帝堯，距離孔子已有1600年。中國古代第一個文字甲骨文，並無夏字，也無任何夏代的紀錄，遑論夏代之前的帝堯。帝堯的故事有1600年的空白。它的出世是石破天驚的。

31 即「諾亞」。

作者給我們一些珍貴的見解，說[32]：「如果水從原來的地方，退後幾百肘，那原地就成了不能耕種的廢地。」他的例子是el-Hirate[33]在他那一個時代的狀況，與幾世紀以前的狀況相比。尼尼微現在是沙漠，哈里發的花園現在也是沙漠。當太陽發出的光線落在有水的地面（女性元素），就長出茂密的植物，如果它碰不到濕氣，就成了破壞性的。就是如此，在Siwa[34]，太陽代表兩個相反性質。因此，在地面沒有灌溉，就沒有農業。去灌溉就是去控制大河，去挖新河，從濕地排水；比建築全歐洲的鐵路還要費力。因此，幾乎要動員無窮無盡的人力；而這一點，在初民的社會，只有管理廣大幅員的強有力的政府，才能做到，一個偉大政府不會是自由的——要有一個獨裁者，需要一個向廣大國家收稅的政府。Abu Yusof在寫給Harun er-Rashid[35]的一封我們應該當成公文的信件中說：「以前的荒地，現在是良田，可以用天上甘霖（雨水）、井水、溪流或大河灌溉，這些都不是誰私有之物（例如，底格里斯河、幼發拉底河、阿母河、錫爾河），用者只付什一；但是如果要用水渠灌溉，不論水渠是哪個波斯名王所挖，如Nahr el-Melik或Nahr

---

32 見第九章。原作者與英譯者都忽略了地球自轉，引起了南北向河流的河床的東西向移動。這種移動，短期幾十年是看不出來的，上千年就很驚人。例如，亞歷山大城沿尼羅河而建，千年之後，河床向東移動了一日程，以致於亞歷山大城要用井水了。

33 《舊唐書》的夏獵城。

34 埃及的有名的綠洲，距利比亞五十公里，地中海三百公里。

35 第24任哈里發，阿拔斯王朝，西元786-809。

Yezdejerd，用者都要多付Kheraj[36]，即使耕者是一阿拉伯人。」
這些規矩都是抄襲自波斯人的，要用水渠灌溉的農田要多付
錢，不要人工渠水灌溉的免除此多餘錢。

　　（在河流三角洲的）國家的居民由此而有一種特性。我們
現在重視的古巴比倫人（Khunnerets）就是如此。當種田要靠
一個強有力的皇家，種植者與專制者綁在一起。因此，不令人
奇怪，所有在河流三角洲的民族，都認為溫順是一種美德。王
者是收穫之神，如果他重視灌溉，每十二年，人口可以倍增，
如果他忽視水利，成千上萬的人，死於饑荒。這就導致氣候決
定民族性的斷言，東方專制成為慣例。但是，歷史證明，修道
士在羅馬人勝利遊行的街道上，結隊進行宗教活動。甘心為奴
的巴比倫人，生活在貝都因人（Bedouin）──地球上最自由
及最快樂的人──以及獨立的庫德人（Kurd）之間。民族性取
決於社會組織及教育。

國家的三個階層

　　一個富庶的社會產生有才及滑頭的人，他們以教育或欺
騙為生，他們是教士，他們當中只要出了一個能統一他們的
教義，又能配合當時的社會組織，因此只要社會組織繼續存
在，這個教義就會被當成神聖的，他們如此成為一個階層。因
此，在河流三角洲的民族有三個基本階層：肥胖與甘心為奴

36　阿拉伯人占領伊拉克之初，把波斯貴族的莊園收歸國有（即哈里發皇家所
　　有），收取田租，謂之Kheraj，以後擴大：一般，穆斯林不付稅，要服兵
　　役，非穆斯林付2%的免役錢。

的種植者、滑頭的傳教士、豪華的王庭及戰士；或者說，對巴比倫人而言，農人（Nabateans）[37]、教士（Magi）、王庭及戰士（Daunat）。第一階層附著於土地，第三階層不斷變動，經過Ibn Khaldun在上文提出的不同階段及革命；教士階層居於兩者之間。只要國家是建立在他們的教義上，教士們是國王與國家的主心骨：他們環繞哈里發的王庭，成立好玩的教團（savans），雖然沒什麼人珍視教義了。

當皇家（daulat）在全盛時期，他們要盡量攫取領域，既使在衰敗中亦然。滿足巴比倫貪婪心的最近地區是阿母河河畔沃野，就像巴里黑皇家認為，沒有比巴比倫更好的目標。因此，當西亞繁榮富庶，這兩個國家經常統一成一國，就是大伊朗，即西亞歷史的舞臺，我們研究的主題。

伊朗兩面受敵[38]

伊朗的西南方面臨阿拉伯沙漠，它在南方是肥沃的丘陵。

---

37 Bedouin轉入農業者。

38 在十萬年前，伊朗已經有人類居住，在七千年前，伊朗人已經開始從事農業生產，主要在西部Zagros山麓及後來波斯灣沿岸接近蘇美人的地區（埃蘭人Elamites）。西元前2900年，埃蘭帝國已建築了蘇美人式的廟宇（ziggurat）。西元前2000年以後，牧畜的印歐人分批離開裏海北岸，移民各方。第一批移向印度，第二批移向伊朗，第三批移向歐洲。這三種人的語言都很接近。移向伊朗的印歐人，與當地人混血，被稱為伊朗人。按照DNA分析，伊朗人的大部分遺傳是原始當地人的。伊朗移民帶來了馴服的牛、馬、羊。西元前十二世紀，移民帶來了改良的宗教，拜火教。這是最早的一神教，由Zoroaster改良舊教而成。他們已有上帝、魔鬼、地獄、自由意志、處女產子、救世主、死者復活、末世審判等等概念。後來猶太教、基督教、伊斯蘭教繼承之。Zoroaster以生下來會笑而聞名於世。拜火

這裡可以當成閃族人的老家。歷史上有幾個成功的阿拉伯侵略者，他們征服了伊朗。經書上提到 Nimrod[39]。在 Masudi 書的第三冊中，我們將讀到 Sheddad Ben 'Ad 的名字及其他很多人；在波斯的傳統說法裡，在穆罕默德之前 Zohad 是一個閃族征服者。同樣地，蒙古的傳言及波斯的詩人，以及希羅多德報告過，在伊朗東北方草原上的韃靼人，在塞爾柱人、成吉思汗及帖木兒之前，征服這個國家。

韃靼人

　　對伊朗而言，這兩個國家[40]像兩個相對的磁極，不論他們的民族性，或地理位置。兩個都以遊牧民族起家，而且他們的主體民族，保持移動的特性，是永遠的蠻族。但是韃靼人是牧場的士兵，而阿拉伯人是好戰的牧民。韃靼人習慣於盲目服從及紀律。他們的社會組織基於貴族的階級觀念。一個韃靼貴人可以有九罪不罰的特權[41]。韃靼人驕傲的事是做一個奴隸[42]；在

　　教在中國古稱祆教，唐代傳入中國，元代較盛。近代金庸寫《倚天屠龍記》即以拜火教為背景。伊朗移民有四大部落：米底人（Medes）、波斯人（Persian）、安息人（Parthian）及粟特人（Sogdian）。前三個部落依次在伊朗建立帝國。他們與周邊民族不斷攻戰。最初成立的米底帝國，建都於 Hamadan，於西元前612年，攻破亞述帝國的首都尼尼微，雄霸一方。此後，波斯人及安息人依次在伊朗建立帝國。

39　可能是 Sargon，意為真王，諾亞的子孫，巴比倫之王。

40　指韃靼的中亞及阿拉伯的兩河流域。

41　成吉思汗封博爾術為答剌罕，九罪不罰。追敘答剌罕的起源，柔然（Avars）已有九罪不罰。西方認為是匈牙利人的習慣。值得研究其間的異同。

42　不是一般人可以做奴隸。唐代一些大宦官常自稱「唐家老奴」。清代滿人

東方王庭，所有時代，他們老是如此。如果他們成了主人，他們就卑鄙、懶惰、殘酷，因此自掘墳墓。一個好例子是哥薩克人的被動式服從。成吉思汗可以看成韃靼人民族個性的代表。他的嚴格軍紀、軍營條理、簡單規則，使他成為歷史上最偉大的將軍，他征服地面之廣闊，對敵時驚人的勇敢，使他的傳記讀者拍案驚奇；但是，沒有一個人比成吉思汗讓人類流出更多的血，摧毀更多的地區，做出更殘酷的事。[43] 俘虜們要成為進攻他們的兄弟的肉盾，在被打死之前，要捨命向前。當他占領一個城市（譬如巴里黑）[44]，他暫時饒了居民的命，先要按照韃靼人的風俗，處理當地寺廟，侵犯居民的妻女，燒了居民的房子；當他欺負夠了居民，便不分男女，刀劍取命[45]。伊朗人稱呼韃靼「戰神之國」。

可以對皇帝自稱「奴才」。漢官不可自稱「奴才」。各國時有奴隸王朝。本書中，時有奴隸辦大事的史實：特別是北非及西班牙的歷史故事。

43 有一種說法，韃靼人是蒙古人的一部分塔塔兒人。成吉思汗是蒙古人，不是韃靼人。另一種說法是蒙古人是黑韃靼人，汪古部是白韃靼人。宋代的書《黑韃事略》即說蒙古人的事。民間用韃子表示蒙古人。說成吉思汗是韃靼人也無不可。現在有許多書研究蒙古人，除了《元史》、《新元史》外，尚有《蒙古密史》、《多桑蒙古史》（馮承鈞譯）、《聖武親征錄》等書供參考。關於成吉思汗練兵打仗，《多桑蒙古史》有詳細的紀錄。

44 蒙古軍進攻巴里黑的統師是成吉思汗的四子拖雷，不是成吉思汗。當然，成吉思汗是蒙古軍的首領及戰術的創始人，無可替代。

45 《多桑蒙古史》上冊116頁，有「蒙古軍將至巴里黑，城民納幣迎降，蒙古軍置一守將以鎮之」，並未對巴里黑屠城。以後，成吉思汗追擊箚蘭丁時，擔心巴里黑在軍後為亂，以檢括為名，驅人於野，盡屠之。但是對別的發一矢以拒之的大城，如百萬人口的馬魯（即木鹿 Merv），蒙古軍殺盡男女老幼，只餘搜殺不盡的幾個人。成吉思汗犯了反人類罪。

貝都因人

　　與此相反，貝都因人是閃族人的標準形態，他們是自由的與獨立的。他有最高貴的積極性，但是，他們比別的民族都缺少想像力，因此，他們的詩歌是抒情詩，長篇大論的史詩及戲劇，對他們是不可想像的[46]。他們的論證是清晰而邏輯的；因此貝都因是中世紀精神的奠基人。因此，阿拉伯人不是夢想與希望的仲介；他的目標是享受當下，當下的存在——當下好、當下聰慧、當下自由、當下快樂；別的民族努力的方向，是擁有或被占有——擁有物質、被智識占有、擁有權力、擁有使他們快樂的源泉——因此他們的心思被占有了，他們的腳被黃金鎖鍊綁住了。阿拉伯人在活動中，像別人一樣努力獲得財富；但是他們的天性不是要做守財奴。如果他想發財，那是為了款待朋友，比別人更手頭寬鬆，更好客，他只要得了錢，馬上花掉。這樣的浪子行徑成了宗教的律令（行捨〔alms〕，即施捨），一直延續到哈里發時代，雖然它是不利於社會的及有害於國家的。阿拉伯人不聽命於任何人；他沒有需求；幾個棗子就是一餐飯；他要拿的，就用力氣拿；強者的自然權力；但是，他為了慈善又捐出去了。因此，他覺得高於別種人，而且瞧他們不起。一個沒有需求的人，怎麼會變成奴隸？他的唯一主人是榮譽與信條：因此，一個完美的宗教可以融合這樣一個民族。他對酋長的服從，是兒子對父親的服從；不能強迫；酋

46　在唐代以前，中國人也如此，如中國的長篇小說《三國演義》在日本的《源氏物語》之後。

長的命令，更好的說法是勸告，是全部落的意志。保護沙漠居民的生命的唯一道義，是基於親情的「血仇血報」。如果一個人受害，受害人的親屬要不眠不休地，把親戚的死亡，同等施於加害人的部落上。因此，不擴大冤冤相報，免除了滅種的過份行為。

民族性與語法

就像閃族人與韃靼人的民族性截然相反，他們的語法也如此；語言像一個忠實的妻子，跟隨心靈的特性，生出不同的孩子。韃靼人當接受複合的觀念，他們用複合的詞句表達；一個詞句的文法修改或相關詞，對他的膚淺心態而言，是好幾個不同的概念；因此他用複合的名詞；他用一個字如 lordship 表示主人的架勢，就像我說過的，其實他只需要表示一個概念。在韃靼語中，複合語又加上文法上字頭及字尾的音節，極端複雜，使字義埋葬在其中。與此相反，閃族語言的豐富性，不在於複合一些沒有自然關係的概念，而在於整理字根；所以阿拉伯人說「teeth」而不是幾個牙齒；我「saw」而不是我曾經看見。阿拉伯語沒有複合詞，亦沒有文法字尾。文字形成以後，用改變母音來完成文法的要求；改變內部構造，不是用多項的併置。這種語言只能被一個抒情及重心態的民族使用，在表達一個物體時，他們著重內心的感受而不是它與周圍的關聯。閃族人的語言是德國人所謂的主體的語言，韃靼人的語言是客體的語言。讀者可能知道，如果有類似的印象，阿拉伯人可以用同一字根描述不同的物體；因此，字根 jara 有流動的意義，只

要變動母音及重音節，它可以表示一個勇敢的男孩、活潑的女孩、一艘船、太陽。貝都因人叫太陽「跑者」，如果他只注意它的運動，同樣地，他也可以叫它「大白物」或「大明」，如果他著重顏色或光彩的話——對別的概念也一樣。讀者將會發現，在很多情形下，阿拉伯人文法上的倒置法，在本書的翻譯中，保持不變；阿拉伯人的文風，事實上也是抒情的，他首先要說他感受到的。因此，我們首先讀到 Zakariya 被殺，然後才是他怎麼被殺。

伊朗的《三國志》

當伊朗的政府精明幹練，這兩個遊牧民族都來鼎力協助，共襄盛舉。我們在希羅多德對薛西斯（Xerxes）的波斯軍隊的描述中發現他們：在 Anusharwar 大王的時代，五萬個韃靼軍人齊集於波斯邊界，要求加入波斯軍隊，他們說：「我們以刀劍為生，我們的國家養不起我們了。如果你不接受我們，不供給我們與我們的家庭，那就視我們為敵人。」在 El-Wakedi 的穆罕默德的「真正征服史」，葉門的居民也是如此加入穆斯林的旗幟。居民太稠密了，所以他們去了麥廸那，要求 Omar[47] 派遣

47　即 'Omar ibn al-Khattab。穆罕默德的戰將，當時穆斯林軍的統師。他的女兒 Hafsa 先嫁給 Khunais ibn Hudhaif，他在攻打麥加戰役中，戰死。穆罕默德娶死者遺孀（Hafsa）。她保存第一任哈裡發編輯成書的《古蘭經》，交給第三任哈裡發，以後傳抄行世，一直一字不改，助成伊斯蘭教的千年大業。Omar 是正統王朝的第二任哈里發（西元 634-644）。在他任內，伊斯蘭軍占領伊朗，薩珊王朝的末王之子逃到唐代高宗的王庭。伊朗奴隸 Abu Lulu 刺殺 Omar，然後又殺了六個人，傷了六個人，最後自殺。

他們去對抗信仰的敵人。

　　伊朗的統治者，通過Ibn Khaldun所描述的生命週期。阿拉伯人與韃靼人侵略性地進入，沒有保護的種植地區，就像他們在Anusharwan的後王時期。遊牧民族靠文明地區為生，但是他們時時刻刻注意搶劫的機會。阿拉伯人與韃靼人，好像伊朗人頭頂上的兩個水庫；如果裂出一個口子，他們自然淌到伊朗頭上，而且口子越淌越大，如果控制得好，就灌溉國土，如果失去控制，就發大水了。成功使他們充滿自信心，豐盛的擄獲物引入侵略者，使他們合作。誰又擋得住一群合作的侵略者？一個有關穆罕默德的傳說如下：他對於阿拉伯人在逆境中，有雄起的願望，有一次Temimites[48]到波斯去打草穀，取得豐收，這點表露無遺；所以非常可能，他對宗教的極積性，被成功的可能性及政治方面的提昇性所激起；這更可以在《古蘭經》最後一章發現，他勸戒Koraishites[49]要團結——團結可以為他們帶來富貴與權勢。

　　這兩個民族輪流征服伊朗。在Omar率領下，阿拉伯人湧入伊朗，進一步占領鄰近的國家，直到用盡了阿拉伯的多餘人口。暴風雨停下了，他們成了各國的朝廷（就像英國的諾曼人一樣，成了戰士與貴族階層），尊循Ibn Khaldun所講的生命週期。同時，在草原上的韃靼人是人口過剩又精力過剩，而閃族人的統治者沉緬於富貴榮華。當阿拉伯人有國四世紀後，該當

48　Temim部落的人。

49　指住在麥加的貴族，起初迫害、逼走穆罕默德，他得勢以後，重用這群人。

韃靼人淹沒伊朗了。

印歐民族可能是混血

　　我們發現底格里斯河岸上，都是閃族人；像巴比倫是閃族人的學習與文化的中心點，布哈拉（Bokhara）是從蒙古語導出，據Abulghazi-Khan說，是「智慧」的意思，因為那是韃靼文化的中心；在阿母河岸上，一直住著主要是韃靼的民族。從那兒又出來波斯人及其他印度－德國民族，他們不同於韃靼人及閃族人，而西亞已沒有剩下的三角洲了。看起來，他們是這兩個不同民族的混血，如他們的語言是這兩種不同語言的集合體，有複合字也有語體內規，那必定是韃靼語與閃族語的後裔，因為一個更完美的發展必定是簡單的構造的後裔。我不堅持這個印度－德國民族的來源論，最少他們是文明的民族，而文明只能從相反民族交匯而成，就像單性不生。這樣交替被阿拉伯人及韃靼人征服，一定應該被認為是伊朗文明的原生力量。因此，這個過程比別的論點，更加說明各民族依次出現，及各種民族之間的關係。

七大氣候區

　　我們（附錄）的一位作者，Ispahan[50]的Hamza及Zend-Avesta都說有四個民族──包括閃族人、韃靼人及伊朗人──屬於七個氣候區，包圍了被動的伊朗原居民，就像雌芯旁邊圍繞了六

50　今Isfahan，伊朗。

瓣雄株，輪流侵入及喚醒它[51]。

　　印度人住在伊朗南方。在本書第十八章，作者報告了一個成功侵略印度的民族。甚至於在 Anushirwan[52] 時，他們就很強大，伊朗王在他最後一次發言時，十分擔心他們。譬如德國人，聰明的民族性，神祕好奇的傾向，不關心政治，無所作為，與奴性的伊朗農民類似，在地理方位上，與民族性上，印度與義大利類似。義大利人就像印度人，埋葬在偉大光輝的過去及今日的植被，在錫伯河畔[53]的貝納雷斯（Benares）[54]被搶劫一空的寺廟裡，做一些男人不幹的工作。法國人就像阿拉伯人；兩者都會為原則性的問題而鬥爭，為氣勢所鼓動，不怕主人震怒。俄羅斯人是歐洲的韃靼人，他們貴族的主體是韃靼人。伊朗的東南是西藏人與中國人，Hager 在一篇有深度的文章「東方的湧泉」中把他們比成突厥人。埃及在西方，從那兒，伊朗受到幾次入侵。Tyrus 及 Croesus 帝國[55]對波斯的攻擊失敗了，是古代的英國。以後，拜占庭帝國成功了，與底格里斯河域的統治者——不論是伊朗王，或哈里發——鏖戰不休。這六個民族間的爭鬥，特別是阿拉伯人及韃靼人，他們之間的關係及他們為了伊朗的權力鬥爭，給我們一個歷史舞臺上

51　一般的花朵是異花授粉，當然也有同花授粉。

52　伊朗薩珊王朝大王。

53　經過羅馬的河。

54　比喻詞，原地在今印度北方邦的 Varanasi，古代鹿野苑，佛陀得道後，第一次講佛經之處，所謂「初轉法輪」。

55　按照希臘史學大師希羅多德的記錄，即 Lydia 帝國，古希臘在今土耳其的帝國。

民族繼承的大場面；至於印度、中國、埃及與小亞細亞之間的
鬥爭就不那麼重要；那是王朝與王朝相戰。那些衝突不使我們
更加理解，讓民族成長的第一原理，只是做些有違民族利益與
皇家利益的事。

阿拉伯民族史是完整的興衰史

　　這就說盡了民族之間的關係，與他們在歷史舞臺上相繼出
現。我們現在進一步說明阿拉伯民族的權力史，比任何歐洲國
家都供給更好的材料，以研究民族的生命史。這是完全的歷
史，我們有可以信任的說詞，從他們登上舞臺，又退回他們的
沙漠老家。

　　他們的詩歌、傳統故事以及外族作者都告訴我們，阿拉伯
人在穆罕默德之前，與今天一模一樣。他們沒有國家，只有家
族；因此，他們沒有進步，當著一個民族，也沒有退步；就
像我們說的，他們努力的方向，不是擁有，而是存在：存在
與個體的生命同長久，擁有繼續長在。貝都因人的歷史是家族
譜系，只談生命的傳承。它不論國家的變革，不論藝術及文章
的變化，以及他的祖先做了任何有益社會的事，因為以上幾樁
事都與「擁有」有關；因為觀念的改變，權力與財產從一個階
級，轉移到另一個階級，國家革命因此有效。遊牧人的觀念不
會進步，因為人類的自然觀點永遠是一樣的；智識是一種擁
有，受了發現而改變，它是無用的，如果不能應用於生命與財
產。當波斯人與拜占庭人疲憊於享受，沉迷於文明的形態，他
們已經失神落魄，阿拉伯人得寸進尺、逐步迫近，他們人口太

稠密，使他們反思；需要是發明之母。阿拉伯各處都出現先知；基督教出現後六世紀，Arius宣布自己反對三位一體神學之後的三世紀，穆罕默德傳道的上帝的教義，成功戴上了王冠。

伊斯蘭教史

在阿拉伯眾族中，Koraishite部落排名第一，他們認為倭馬亞家擔任哈里發，對保障他們的自由，遠勝於宣稱神意所在的阿裡家族（Alites）[56]。倭馬亞不過是酋長，經過了生命的五個階段[57]，特別是前兩個階段已完成了。Hejjaj Ben Yusof[58]用el-Kufah及el-Basrah兩地人民自己的鮮血，撲滅自由的精神。這一場溫和的、父母官似的皇家洗禮，犧牲了二萬一千人的生命。他們的死亡並不發生在光天化日下，而是在監獄裡，死在劊子手刀下——順民是豐衣足食。光天化日的犧牲者無數。Hejjaj是阿拔斯朝的先行者，雖然他是敵人。阿拔斯朝的新政權也經歷五個階段。他們是阿裡家族及國王們（不是酋長們）支持的，他們不被Koraishites及盟友們支持，而是被住在底格里斯河畔又衷信神權的Nizar部落及呼羅珊人民支持；當他們經歷了阿拉伯征服的震撼，他們首先需要的是一個皇家，去制

56　Ali ibn Abi Talib的後人的家族。一般稱為Alawites，並非Alites。阿裡是穆罕默德獨女法提瑪的丈夫。這個家族是穆罕默德血脈之所在。阿裡是正統王朝的第四任哈里發，在內亂中被害。他是什葉派的始祖。

57　見前面Ibn Khaldrun所言。

58　倭馬亞朝的伊拉克統治者。

止貪污腐化的省長們，以及興修水利。阿拔斯王朝特別代表了第三期與第四期。在第六世紀（回曆）初期，阿拔斯王朝要謝幕了；只有武力與金錢，才能給人權力，每個郡守都割據自立。伊斯蘭教的每個小王都經過上面的生命階段；他們特別代表最後階段——改良主義與分解。到現在為止，國王的權力來自阿拉伯人的征服，雖然有些國王是韃靼人；例如塞爾柱人、成吉思汗系的、帖木兒系的王權都靠韃靼軍隊支持。在不同程度上，阿拉伯人回到沙漠裡，或溫順地成了農民。他們的固有的民族性消失了，他們就像幾千年前被他們放在那兒的、而一直在那兒的Nabateans。

阿拉伯史是信史

這些生命的階段寫入了阿拉伯的歷史，沒有人比他們的歷史學者更忠實。直到他們被證據說服，他們就如此相信，並且仔細記錄他們得到資料的一串消息來源，記下那一串提供古代事實的人名。東方學家在寫下歷史之前，應該研究這一串人的生命與個性，這樣他們才能估計故事的可靠價值。Al-Masudi在第一冊裡只給我們一個例子[59]，在最後一章有許多例子。一個阿拉伯的歷史學家可以轉述一件與自己的觀點不合的事。我們找到本書作者的一個例子，他轉述了el-Jahit關於獨角獸的荒謬說法。在歷史學上，這樣簡潔的說詞遠勝於現代評判論文，我們可以舉個例子。德國詩人歌德在他的《西東詩篇》

59　見第三章。

（*Westeastlich Diwan*）中說，以色列人的出埃及到敘利亞[60]，最多在沙漠裡停留了兩年。他的證據，慘不忍睹，我們不提了。Ibn Khaldun 信守聖經，認為以色列人不經過沙漠的艱苦鍛練，時間沒有淘汰被埃及人奴化的一代人，培養新一代人成長，以色列人不足抗衡（在迦南的）非利士人[61]。

歷史學的目標

我們努力證明，歷史研究的成果，應該是對眾民族的生滅史的一種觀點；以及連結各民族的生滅史，查明各統治世界的民族的繼承史。我們確定，從歐洲史得不出這種結論；因為現代的民族，還設有走完他們的歷史進程；而希臘與羅馬（我們必須用許多時間說明，因為有文化的人們，被彌天蓋地的古典希臘文化所籠罩）從東方借來了組織、科學的實體以及藝術；因此，只有東方研究才能使我們完成上述結果。我們試圖用有關伊朗的幾個論點，來照亮民族互相繼承；這就是我們的作者要點出的歷史舞臺。最後，我們要明白表示阿拉伯人的權力的歷史，是唯一的一個民族的傳記，可以用來衡量其他民族的標準。現在，我們的作者可以表現他對這兩個目標[62]的貢獻。無論如何，讀者最好能仔細讀完《黃金草原》，並自己判斷。我

60　指到迦南（Caan）。

61　摩西帶領以色列人出埃及後，在西奈沙漠居住多年，老人死光後，在約書亞率領下，奪取流著牛奶與蜂蜜之地——迦南。非利士人，迦南的居民，原為地中海的海民（sea people）。此事以後，在歷史上銷聲匿跡。以上是聖經傳說，並無任何歷史證據。

62　一個民族的生命史及民族領袖權。

們可能充分地說，除了歷史，作者涉及了幾乎所有關於阿拉伯科學、詩歌及日常生活的各方面。因此，有時候可能用別的作家，補充不足，以給讀者對於阿拉伯人，在權力高峰時代，一個完美的理解；說明Masudi如何取得歷史的資料；幫助讀者批判史實；對阿拉伯人培養科學與藝術的時機及辦法，拋射出幾道光線。對於第一點[63]，我們起初準備在每一冊的終了，加上一個附錄，或寫一個備忘錄；但是時間不夠，它們被推遲到本書上下卷每卷的最後一冊終了，後來決定本書增加一冊，包括阿拉伯文學史，到Masudi時代，及本書作者的傳記、他的文人朋友們。為此目標，我收集了有關幾千個作家的作品及傳略的訊息，有些是他們自己的文稿，有些是後世作家的簡介及布告，特別是原作已失的部分[64]。

文獻

我看過，有些仔細讀過，幾乎有二十本《黃金草原》的全書或部分，保存在公眾圖書館或私家收藏，在巴黎、萊頓（Leyden）、牛津、劍橋以及倫敦。如果算入別的作家的提示，我接觸到的書本有五十本之上。有些錯誤在每一本出現；可是變化多端。看起來，自傳的抄寫錯誤，可能是第一版本的《黃金草原》根據的手抄本看不清楚，使得作者在《警告書》[65]裡，聲明再印第二版改正，但是第二版已俟。這樣使批判本書

63　即上文所說的，完美的理解。
64　此冊並未出版。英譯者只出版了原著的第一冊英譯文。
65　作者的作品僅剩兩本傳世。這是其一。

幾不可能。讀者與其指出翻譯之不足，不如欣賞已成之譯文。

　　本冊譯自萊頓的一個稿本（第537項之a），它共有32章。它是一個很有知識的人寫的古本，因此是可靠的本子。但是，有時候他發現原本有錯，他以錯改錯。無論如何，這是最好的本子。在頁邊的空白上，有時候可以找到另一個人加上的有意義的改寫。我很感謝神學博士Weijers教授及萊頓大學圖書館屬下的人文機構的協助，使我能細讀這個稿本；因此，在歐洲沒有一個地方，像荷蘭這樣幫助東方學；沒有一個大學能有這麼豐富的收藏品，而沒有一個稿本會損壞或喪失。如果能同樣如此，多少稿本會不被蟲蛀，牛津大學在文學方面，能取得多少榮譽！在我把譯文送去書店之前，我把它與幾個版本比較：如我的尊敬的朋友M. de Gayangos的一個稿本。他努力豐富東方史學，好像為了朋友而收集文稿，開放自己的存書，由朋友自由取用。這個稿本太新，抄寫員不夠小心，但卻是全本。巴黎亞洲學會的稿本，只有前幾章，不全。

　　萊頓稿本（第282項，a）包括前69章。它比別的Masudi稿本好，但是有許多錯誤。

　　劍橋稿本不完善；但是它的前主人Burckhardt先生修繕它，使它成為全本。除此以外，我還有皇家巴黎圖書館的簡本及其他。

　　Munster爵士賞臉把我的譯文從頭到尾用英語成語檢查一遍，以改正錯誤。但是，不可能湊合阿拉伯風味與天才的英文成語，除非從頭一句一句重寫。再發現的不合英文成語的譯文，不應歸之於爵士閣下——而譯者珍重聲明，他遇到許多翻

譯原作時的難點，求教於爵士閣下，從他那兒得到很多指點，使他深刻了解原作。在很多情形下，文學性的翻譯更勝英文成語的標記法；讀者應該很容易發現。

第一章

原作者前言

　　Masudi曰：在我們的書《時間的歷史》的前言部分，我們已經描述了地球的形狀，它的市鎮，奇景，海洋，高與深，山脈，河流，礦產，各樣的水，沼澤，海中島與湖中島。我們也描寫了大建築物及崇高的神廟，以及它們的歷史，我們給出萬事的開始及最後呈現的面目，我們關注可居人處，以及從陸變海之地，或者從海變陸之地；同時我們要注意變化的原因，包括直接的自然因素及間接的遠程因素。在那些作品裡，我們應用各地區頭頂上的星星，劃分各氣候區，在地面劃線，決定區域的範圍。我們也細談歷史，及關於開天闢地的不同說法，以及印度人及其他教外人士認為重要的事。我們提到聖書以及別的書，還有猶太法則的經典。在這樣的開場白後，我們在那些書裡，按照他們的來源、等級以及宗教，提到消失的國家的古王，著名人物，過去的部落。當著光陰的過客，我們討論他們的靈動的組織，哲學家的箴言，國王或皇帝的歷史。在另一章裡，我們跟蹤先知們的歷史，聖徒與信徒，一直到上帝送來了穆罕默德以完成祂的豐收。我們繼續我們的歷史論述，報告

他的誕生，青年，先知使命，聖遷[1]，軍事征伐，不論是他親自指揮，或軍事將領指揮，直到他死去。

　　然後我們接著說哈裡發及他們的帝國，那是在不斷內爭中成長的，又跟Fatimah[2]的後人Taleb族人（Talebites）作戰，一直到現在我們寫這本書的時候，即el-Mottaki Lillah朝，回曆332年。

兩本大書的簡本

　　寫完《時間的歷史》以後，我們寫了另一本歷史書《中冊》，用紀年法紀錄了從創世到我們完成了我們的巨著的故事，及接下來的《中冊》。以後，我們認為應該為大書寫一個簡本，把《中冊》變短，因此我們可以把它們的內容的要點縮小，加入那兩本書所忽略的科學推理。如果有人覺得過分簡略，我們願意致歉，那是因為我們旅途勞頓，海程驚險，沙漠兇惡，使我們心勞力絀，致使讀者不滿意。我們旅行的目的是獲取新知。我們要眼見是實，親自目睹異域風情。如此這般，我們去了印度、黑人區、占婆海以及爪哇島。我們經歷了東方與西方。有時候，我們在呼羅珊[3]的極邊，另外一個時候，我們去了亞美利亞、亞塞拜然、er-Ran[4]及Bailkan[5]的中心地，我

1　指先知離開麥加到麥地那。
2　法蒂瑪，穆罕默德的女兒。
3　伊朗的東北角。
4　亞塞拜然的兩大河之間的三角地帶。
5　亞塞拜然的南部。

們又回到伊拉克及敘利亞。我們從地球的一方到另一方，就像太陽光照各地。就像詩人說的：「我們在國內各地漫遊，有時在極東方，有時去了西方，就像太陽，心裡的熱情不減，太陽不達到一般人旅行不能到的地方，太陽停不住。」

各類書籍

我們能與各種文化與不同政治的國王們交往，相比之下，我們認為他們的炫耀的行為失去了光芒，火焰熄滅了。他們有很多的財富，但是很少智慧。你會發現他們自我滿足與愚昧，無文化與缺陷，滿意於意見，看不到眼下要發生的事。因此，這樣的知識不是值得我們追求的，我們也不以為值得花時間去努力。所以，我們另寫了關於不同意見及不同信仰的書，如《宗教信仰導論》，及《宗教信仰短論》，以及《生命的奧秘》，還有另一本書《（哲學的）教條的主旨的排列》。

上文提到的最後一本書，包含法律的原則，判決的根據；對論點的爭辯，法院的權威；拒絕聽取意見與求情；關於作廢的律令以及替代的律令的知識，以及在什麼範圍內，只有唯一的意見。特殊與一般，強制與禁止，不準與可行等的不同，被認為合理的習慣，一個人的行為準則，先知的例子，歷代的判例。對這些問題，我們加上自己的看法，有些是有爭議的，有些是與眾人相同的。

「對伊瑪目問題的反思，主張伊瑪目應由家族世襲的人的意見，及主張通過選舉的意見，雙方引用章句（古蘭經及其他聖書）以資證明。」《關於伊瑪目的誠意書》

　　同時，我們對這些問題，在我們的書裡，偶爾插入一些評論，關於試驗的或神祕的科學，有證據的或隱秘的，過去的或現存的科學。

　　我們要求讀者注意：那些警惕的人看到的，聰明人反思的，他們提到光彩奪目，照亮世界的，後來耗盡無餘，幾經研究復原，再成為著名及光耀的、可能要進一步註譯的。我們進入了統治藝術，如城市管理，它們的自然定律及其分解合用。

　　我們開始猜測關於原始世界、世界的成分、天體，以及有形、無形，以及稠密、相反的。

　　我們很希望能寫歷史書，或解釋世上萬事，或寫最好的智者與哲學家的一致的例子，或寫世上存留的值得讚賞的事，或科學的消化所存。我們發現作家們有兩種寫作方式，一種是寫成長篇，一種是寫成短篇；那就是，一種清晰，一種簡要。但是，我們發現隨著時間加長，歷史記載增多了。記憶超過了理解與會意。這些都靠著他們的能力去記憶。每個氣候區[6]的居民，都不能完全理解當地的奇妙處。沒有一個追求科學的人，聽到當地人報告他們的地方時，能夠不用心想想[7]；但是他可以信任一個旅遊四方的人，一個終日思考的人，一個注意細節的人以及收集各種趣聞的人[8]。

6　阿拉伯人仿照巴比倫人，把世界分成七個氣候區。

7　保持懷疑。

8　只有比較，才能理解。

本書所用之阿拉伯的論文集

　　許多人在不同時間，寫了不同價值的歷史書，各人的能力不同，按照各自的機智與天賦，例如，

1. Wahb Ben Monabbih.
2. Abu Mikhnaf Lut Ben Yahya el-Ameri
3. Mohammed Ben Ishak
4. El-Wakedi
5. Ibn el-Kelbi
6. Abu Obadiah Mamer Ben el-Mothanni
7. Ibn Ayyash
8. El-Haithem Ibn Adi et-Tay
9. Rah-Sharki Ibn el-Ketami
10. Hemmad er-Rawiyah
11. El-Asmai
12. Sahl Ben Harun
13. Ibn el-Mokaffa
14. El-Yezidi
15. El-Otbi el-Omawiy
16. Abu Zeid Said Ben Aus el-Ansari
17. En-Nadhr Ben Shomail
18. Obaid-ullah Ben Ayesbah
19. Abu Obaid el-Kasim Ben Sallam

20. Ali Ben Mohammed el-Medaini

21. Demad Ben Rafi Ben Selmah

22. Mohammed Ben Sallam el-Jomhi

23. Abu Othman Amr Ben Bhr el-Jahith

24. Abu Zeid Omar Ben Shabbeh en-Nomairi

25. El-Azraki el-Ansari

26. Abu Saib el-Makhzumi

27. Ali Ben Mohammed Ben Soleiman en-Naufeli

28. Ez-Zobair Ben Bekkar

29. El-Injili

30. Er-Riyashi

31. Ibn Abid

32. Ammar Ibn Wathimah

33. Abu Hassan ez-Ziyadi

34. Isa Ibn Lahiah el-Misri

35. And-ur-Rahman Ben Abd-ullah Ben Abdul-Hokm el-Misri

36. Abu Keisan el-Hadi

37. Mohammed Ben Musa el-Khowarezmi

38. Abu Jafer Mohammed Ben Abi-s-Sari

39. Mohammed Ben el-Haithem Ben Shebamah（Shebabah）el-Khowarezmi

40. Ishak Ibn Ibrahim el-Mausili，《歌詞》及其他書的作者。

41. El-Khalil Ibn el-Haithem el-Harthemi.《戰爭的戰略及行軍》及其他書的作者。

42. Mohammed Ben Yezid el-Mobarred el-Azdi

43. Mohammed Ben Soleiman el-Minkari el-Jauheri

44. Mohammed Ben Zakariya el-Ghallabi el-Basri（el-Misri）

45. Ibn Abi-d-Dunya（er-Rainf）是 el-Moktefi Billah 的教師

46. Ahmed Ben Omar（Mohammed）el-Khozaf，以安條克的 el-Khakani 知名於世。

47. Abdullah Ben Mohammed Ben Mahfuth el Beladi el-Ansari，他是麥廸那的 Ibn Yezid Imarah Ben Zaid 的伴當。

48. Mohammed Ben el-Barki Ben Khalid el-Waki el-Katib，《探索》的作者

49. Ahmed Ben Mohammed Ben Khalid el-Barki，上一位的兒子。

50. Abu Said es-Sokkari

51. Ahmed Ben Abi Taher《巴格達的歷史》及其他書籍的作者。

52. Ibn el-Wesha

53. Alf Ben Mojabid《倭馬亞王朝史》及其他書籍的作者。

54. Mohammed Ben Salem Ben el-Betah（en-Nettah）《阿拔斯王朝史》及其他書籍的作者。

55. Yusuf Ben Ibrahim《Ibrahim Ben el-Mahdi 的傳記》及其他書籍的作者。

56. Mohammed Ben el-Hareth et-Taghlebi（eth-Thalebi）。 他為 el-Fath Ben Khakan 寫了《國王的禮節》，他也寫了別的書。

57. Obaid-ullah Ben Abdulla Ben Khordaabeh，他是最好的作家，他的筆法是許多作者模仿的範例。他們學習他的筆跡及抄襲他的作品。任何人只要閱讀他的作品《歷史的鴻篇》

就會同意我們的斷語。他非常仔細收集材料，全新排列史實，內容豐富。那兒有波斯及各國的歷史，各國王及他們的傳記。他的另外一本書是《道路與郡國》。那兒有我想找的材料。每次用它，我都會讚美它。

58.《穆罕默德的傳記》，從他出生到逝世，他以後的哈裡發及國王，直到哈裡發 el-Motadhed Billah ，他們時代發生的事故，及他們的慣例。作者：Mohammed Ben Ali el Hosainiel-Alawi ed-Dinaweri。

59. Ahmed Ben Yahya el-Beladori 的《歷史》，同一作者寫書名為《諸國及它們被先知聖遷後所說服或征服，以及穆罕默德及眾哈裡發的征服史，圖片說明》。作者在書裡談到東西南北各國。我們不知道還有什麼書談論征服史，比這本書更好。

60.《Jerrah 的兒子大衛王的傳記》，這是波斯歷史的匯集本，還提到別的國家。作者的孫子是丞相 Ali Ben Isa Ben Dawud Ben el-Jerrah

61.《關於伊斯蘭之前及之後的事件、狀況及時代》，作者：Abu Abdullah Mohammed Ben el-Hasan Ben Siwar 以 Ibn Okht Isa Ben Ferkhanshah 為名。

62.《Abu Isa Ben el-Monajjim（天文學家）的傳記》，主要依據《五部經》。書裡也談其他的先知及國王。

63.《倭馬亞王朝的歷史》，他們的道德，他們與別的大家族不同的本質，他們得勢以後的新作風。作者：Abu Abd-ur-Rahman Khaled Ben Hesham el-Omawiy。

64. Abu Bishr Ed-Daulabi 的《歷史》

65. Abu Belr Mohammed Ben Khalaf Ben Waki，the Kadi 寫的一本非常好的書，關於歷史，旁涉及別的問題。

66.《傳記與歷史》作者 Mohammed Ben Khaled el-Hashemi

67.《歷史與傳記》作者 Ishak Ben Solaiman el-Hashemi。

68.《哈裡發們的傳記》作者 Abu Bekr Mohammed Ben Zakariya er-Razi，他也寫了《Kitab el-Mansuri》及一些藥學書。

69. Abdullah Ben Moslim Ben Kotaibah ed-Dinaweri 的幾大本書，內容廣泛，是他的百科全書，以及別的著作。

70. Abu Jafer Mohammed Ben Jarir et-Tabari 的書。這本書無與倫比，這本書補充了所有其他的書。他收入了各種知識，使他的書開卷有益。難道不是嗎？作者是那個時代的神童，又是最虔誠的人。他統一了各大城的神聖原理，又深知各城的傳統與經典。

71. 我們可以同樣的敘述 Abu Abdullah Ibrahim Ben Mohammed Ben Orfah el-Wasiti 的書。作者是文法家，綽號是 Niftawaih[9]。他的歷史書充滿了最好的書的提煉品，很有用。他是當代最好的作家。

72. Mohammed Ben Yahya es-Suli 的書是範例。他寫了《阿拔斯王朝及其詩歌的歷史的論文集》以及《Beni Abbas 的大臣們傳記》。他寫下許多耳聞目睹而不為人知的趣事。他除了

9　我的老學生 Hajja 博士（數學家）的朋友 I. Hammoudeh 博士告訴我，Nift 是漆黑，Sibawaih 是一著名的波斯學者，研究阿拉文法稱名於世，兩字合成，意為「黑色的文法家」。

多知外，又多聞及善署文。

73. 同類作品有《大臣傳》。作者 Abul-Hasan Ali Ben el-Hasan，他的筆名 Ibn el-Mashitah，這本書寫到 er-Radhi Billah 朝結束。

74. 同樣有成績的是 Abul-Faraj Kodamah Ben Jafer el-Katib。他是一個既好又優雅的作者，總是選擇最恰當的字表達意思，就像我們可以從他的歷史書《春天的花朵》中找到。他的最好的書是《貢獻記》。這兩本書經得起對他的歡呼。

75. Abul-Kazim Jafer Ben Mohammed Ben Hamdan el-Mausili el-Kakih 寫了他的歷史著作《（可喜愛的）el-Bahir》，這是與 el-Mobarred 的《Kitab er-Raudhat（花園）》相反的作品。

76. Ibrahim Ben Mahawaih el-Faresi。他引發了 el-Mobarred 的著作《el-Kamil（完美書）》。

77. Ibrahim Ben Musa el-Wasiti 的著作《大臣傳》。他寫這本書反對 Mohammed Ben Dawud Ben el-Jarred 的同名書。

78. Ali Ben el-Futh el-Katib，筆名 el-Motawwak，寫《el-Moktader 的幾個大臣傳》。

79. El-Misri 的著作：《眼睛的花朵及心靈的光明》。

80. Abdur-Rahim Ben Mohammed el-Warrak 的《歷史》，一般稱為《el-Jorjani es-Sadi》。

81. Abu Zokra el-Masili 的《Mausil 及他處的歷史》。

82. Ahmed Ben Abi Yakub el-Misri 的《時代史》包含阿拔斯家族及其他家族的歷史。

83. Abdullah Ben el-Hosain Ben Sad el-Katib 的《哈裡發史，阿

拔斯家族及其他》。

84. Mohammed Ben Abil-Azhar 的關於歷史及其他題材的著作。這本書的題目是《造反與革命》。

85. Renan Ibn Thabet Ben Korrah el-Harrani 有一個著作，材料他不熟也不是他本行。它的形式是他寫給一個在政府工作的朋友的信件，包括倫理學的長段議論以及把靈魂的劃分成知識靈魂，動物靈魂（或作用），植物靈魂（或作用）。他從柏拉圖的兩本書的《共和國》裡節取管理城市的綱領意見。他也講明王權及大臣的責任。他更進一步談起歷史，他相信他根據有威信的說法，但是除了他生活所在的 Motadhed Billah（哈裡發）王庭，他目睹了他們的歷史，他沒有其他目擊證人的經歷。他記下他在王庭的日子，然後他從一個哈裡發寫到另一個哈裡發，他寫的與歷史不合，與各個的歷史學家寫得兩樣。既使他的歷史比較好，既使他沒有講自己沒有見過的事，無論如何，他從事一些沒有職業訓練的事，一些超出能力的工作，也應該被責備。他應該寫下那些他獨步天下的各種科學，例如《歐幾里德的科學》，《（三角學）正割論》[10]，《論〈天文大全〉》，《論圓形》；或者他應該參加解釋蘇格拉底、柏拉圖、亞里斯多德等人的體系，天體的系統的處理，氣象現象，大自然。討論原因，關連，結論。討論定理，複雜的三段論法。討

---

10 希臘人從相似三角形得出三角函數，傳入印度，笈多王朝以後盛行於印度。

論自然與迷信。又，物質，維度，形象，形式的測量學
（立體測度學），以及有關的哲學問題。如果他只寫這類問
題，沒有人可以抱怨他的工作，因為他生產了與他職業相
合的工作。但是，有知識的人有其不足之處，聰明人有其
看不見之處。因此，Abdullah Ben el-Mokaffa 說：「寫書的
人暴露了自己，如果書寫得好，他有好聲名，如果書壞，
他也得壞聲名。」

本書大綱

　　我們只提出年表，歷史書，傳記，公文，知名的作家，不
提那些寫傳統，包括各人的筆名、生活及背景的作者的歷史作
品：因為這本書不大到可以包括那些題材。除此之外，在我們
的書籍《時間的歷史》及《中冊》，我們提到任何使自己出眾
的人，寫了他們的傳記，他們的趣聞，我們記載了科學家，他
們的階層；我們從先知的伴當開始，以下我們寫出每一代的大
人物，按照時代次序，至到回曆332年，（如果他們同年）用
他們的職業及意見劃分，如，他們是大城市的神職，或某類意
見、教派、體系及爭論的領袖。

　　為了引起對內容的響往及好奇，以及使心靈急於熟悉歷
史，我們用歷史的顯著的以及引導性的故事構成了這本書，我
們為這本書取名《黃金草原及珠璣寶藏》[11]，至於更細節的描述
則在我們以前的作品中，我們從大本裡，選擇了一些有趣的部

11　中譯本以《黃金草原》為名。

分，構成了本書。我們貢獻這本書給國王及有學問的學者，其中有所有有用或值得好奇的題材，呈現在時間長流中的學問。

　　我們指向我們以前的作品的題材，我們重複一個高智力及見識廣博的人應該知道的每一件事。沒有一行科學，沒有一件有趣味的事，我們不談；沒有一件重要的事，我們不著重提出。我們用結論的方式表達它們，另有散於各處的醒目句子，以及偶爾的提示，使讀者理解。

對偷書的詛咒

　　任何改變文字意義，抽去它的基礎，污染了消息的光亮，掩蓋一個段落的輝煌，作一個改變或移換，選擇或抽取，改變作者的名字，願他承受上帝的憤怒！復仇馬上到來，願不幸落在他身上，如此強烈，使他受不了，使他魂飛魄散。願上帝把他當做一個使人反思的例子。願上帝取回所有恩賜給他的恩惠。願創造天地的上帝剝奪所有恩賜給他的能力及任何榮寵，不論他是任何教派或任何信仰。

　　我們把這些咒語放在本書的前言，也放在本書的終結，可能使那些壞心眼的人，不去做那種事。上帝在看著他，觀察他。生命的空間很短，去另一個世界的距離很小，我們都要回歸上帝。

　　以下我們附加出本書各章，及各章的內容。

第二章

原書各章目錄

　　我們在上一章，聲明了本書宗旨，在本章我們要給出目錄，即本書的次第，讀者可以一目了然。

　　三章：一切的起源——創世紀，從阿丹（即亞當）的第一代到易卜拉欣（即亞伯拉罕）。

　　四章：易卜拉欣（即亞伯拉罕）的故事，以後的先知——以色列子孫的國王們。

　　五章：達吾德（即大衛）的兒子素萊曼（索羅門）的兒子羅波安王及他以後的以色列諸王。先知們的簡史。

　　六章：在爾撒（耶穌）與穆罕默德之間的先知們。

　　七章：印度簡史，他們的想法，他們的國王們的來源，他們的生活方式，他們宗教儀式。

　　八章：全球，海洋，河流的發源，山脈，七大氣候區，它們頂上的眾星以及其他題材。

　　九章：一個海洋變位的簡史，以及大河。

十章：一個阿比西尼亞海的報告（I），它的範圍，海灣及海峽。

十一章：各種關於漲潮、落潮的說法，及眾多意見。

十二章：希臘海（即地中海）的長與寬，開始與結束。

十三章：Nitus海及Manitus（黑海）及君士坦丁堡海峽。

十四章：裏海及它的鄰海。

十五章：中華帝國，它的國王們，他們的生活及政府。

十六章：海洋的全域觀，它們的奇景，海島及岸上諸國，國王們的傳承，以及其他。

十七章：高加索，阿蘭國，Serir國，可薩國以及突厥的各族，保加利亞人，Derbend人，此地區的各國及各國王們。

Masudi曰：以上本書各章的內容。在每一章，我們按照以上的列表，指出內容，以及別的有關歷史，與來龍去脈。但是我們會分段提起。我們在以前的作品談到同一題材的論點，將特別標明。

以至仁至慈的真主之名。

第三章

創世紀[1]

萬物的起源，創世的過程，世代的相傳。

真主造天地

Masudi曰：各門派有知識的穆斯林都同意，全能的真主不靠模型，無中生有創造了宇宙。依賴Ibn el-‘Abbas[2]及其他人的權威傳下來的傳統，首先被創造的是水[3]，在它之上是真主的寶座，當真主要完成創世之功，祂讓水呼出霧氣，那從水上上升，祂稱它為天界。祂要水乾下去，就露出了土地，祂把土地

1　請參看伊斯蘭教四大天經之一的《討拉特》的「創世紀」。
2　穆罕默德的親戚，《古蘭經》的學者，他的子孫是阿拔斯王朝的哈里發們。
3　古希臘與古印度都有風、火、水、地的四元素論。可以看出這種理論來源甚古。類似的，古中國的《尚書》有箕子與周武王的對談「金、木、水、火、土」的五行論。這六種元素中，水是化合物，風、土（地）、金是混合物，以上都是無生物，木是生物，火是有形無質。也可以說，地是固體，水是液體，風是氣體，火是電漿（plasma）。古巴比倫與古埃及都認為水是最重要的元素，西元前七世紀的最古的希臘哲學家泰勒斯（Thales）也如此。古伊朗則主張火。佛說一切皆空，「四大（元素）皆空」。亞里斯多德完善了四元素論：每個元素又由它們的四大性質（冷、熱、乾、濕）而定，例如，熱濕是風，熱乾是火，冷濕是水，冷乾是地。

變成地球，又把地球分成七個地球[4]。這些工作花了兩天，星期天與星期一。他在一條魚身上，創造了地球，在《古蘭經·筆章》有提到「努奈」（Nun）用筆書寫，以及用魚。水又在一塊光滑的石頭上，石頭在一個天使的背上，天使站在一塊盤石上，盤石由天風支持。《古蘭經》也提到過這塊盤石[5]，魯格曼對他的兒子說：「我的小子啊！善惡的行為，雖小如芥子，隱藏在盤石裡，或在天空中，或在地底下，真主都要顯示它，真主確是明察的，確是徹知的。」[6]當魚擺動時，引發地震。但是，真主用山脈鎮住大地，使大地穩住。對這一點，《古蘭經》隱喻道：「祂把山脈丟到地上，使它穩穩定住，不然它會隨你一起動。」祂花了兩天創造了山脈，地上生物的食物，以及樹木，這就是星期二、星期三。因此，《古蘭經》上說：「你說（噢，穆罕默德）怎麼能不信仰那兩天創造地球的祂？以及他們怎麼能給，那位給山脈箚根又賜以天福的世界的真主，找一個伴當呢？祂對所有向祂禱告的人，一體回應。」

然後祂上升到霧氣的上蒼。祂對天與地說：「來吧，不論你願不願意。」它們回答：「我們很高興來。」那些霧氣是水吞吐的。真主創造了頭一個天，然後把它分成七個天[7]。這是兩

4　這是對應七層天，見下。有多層地球，對應到地獄。拜火教有地獄的概念，後來，猶太教、希臘宗教皆如此，以後基督教、伊斯蘭教繼承之。佛教的地獄起初在鐵圍山，以後改在十八層阿鼻地獄。

5　在〈魯格曼章〉。

6　此處引用《古蘭經》中譯本原文。

7　巴比倫人觀看天象，發現維納斯星的週期，與眾星因地球自轉而引起的週期不同，深入觀察，發現五大行星及日月的週期都不同，因此想像有七層天。

天完成的，星期四與星期五。星期五被稱為結合日，因為真主在那天，結合（完結）了天與地的創造。真主說我要啟示每個天有什麼，那就是說，在它裡面，祂創造了什麼，例如天神（angels），海洋，Bord峰（mountains of el-Bord）。這個世界的天是綠色的，由綠寶石構成。第二層天是白色的，銀子的。第三層天是紅色的，紅寶石的。第四層天是白色的，珍珠的。第五層天是黃金的。第六層天是黃寶石的（黃玉）。第七層天是光亮的，它布滿了單足而立的天神，他們讚美真主，因為他們距祂那麼近。他們的單足穿過第七個地球，穿過第七個地球有五百年的距離，他們的頭在真主寶座之下，但是沒碰著。他們說：「除了真主，沒有真主，祂坐在光榮的寶座上」；這就是他們說的，從創世時到審判時。

在寶座之下是海洋，從那兒有所有生物的食物。真主命令，開始流動，祂意願如此，從天到天，一直流到一個叫「el-Abrem」的地方，然後祂命令風，它把命令帶給雲，它通過雲就像通過篩子。在這個世界的天下，是一個充滿動物的海洋，受了永恆的命令，這些動物聚居如同地球的海洋的水。

真主創造精靈

當真主完成創世，在祂創造阿丹[8]之前，祂用精靈填入世界。祂用火來創造他們，其中一個叫易卜劣廝（Iblis）[9]。真主禁

8　即基督教的亞當。

9　後來成為惡魔，即基督教的魔鬼。

止他們流動物的血，以及一個成為其他的對敵。當時易卜劣廝發現他們有劣跡時，沒有罰則，他請求真主把他升到天際，與天神們一起崇拜真主，有最大的虔誠。真主派遣易卜劣廝率領一隊天神，反對精靈，天神們把精靈們驅逐到海島，殺死他們如真主之意。

真主任命易卜劣廝為這個世界的天界的守護者。他的心中，充滿了自傲。

真主創造阿丹（即亞當）

當真主意願創造阿丹時，祂對天神們說：「我將給地面一個代理人」；他們回話：「誰是這位代理人呢？」祂回說：「他會有孩子們，一代不如一代，他們會忌嫉，互相殺害。」他們說：「噢，真主，你放下一個生物，他會傳播腐化，流血，我們歌唱、讚美禰、歌頌禰。」祂說：「我知道你們不知道的事。」

然後祂派遣天神加百利（Gabriel）到地面，為祂挖一塊泥土。但是地說：「如果你敢取一點土，為了躲開你，我要飛到真主那邊。」他空手而回。然後，真主要邁克爾（Michael）去，地向邁克爾說他對加百利說過的話，邁克爾也無功而還。然後，祂派遣了死神，地就飛到真主邊（也說了同樣的話），他說：「如果我沒有完成我的任務，我飛到真主邊。」祂取了黑、紅、白的泥土，所以阿丹的兒子們是不同膚色的。第一個人被稱為阿丹（Adam），因為他是從地球表面（Adim）取得的。別人有不同的說法。真主任命死亡的天使管理死亡。

　　真主把泥土揉好，祂把它晾了四十年，一直等它成了泥團；然後祂又等了四十年，直到它發出怪味、變質了。這就是照《古蘭經》的說法「用怪味的塵土做出的模型」。然後，祂給泥巴一個人的形象，但是沒有靈魂；它會產生一個叮格吟的聲音，就像一個陶土的器皿，它又如此存在了一百二十年，或者，如別的威權人士說的，四十年。這就是說，像《古蘭經》所說：「有一段時間，人是不值得注意的。」天使們經過它時，都心懷恐懼，特別是易卜劣廝。有一次他經過它時，腳踩了一下；它像一個陶土的器皿一樣，發出了叮格吟的聲音。《古蘭經》的言詞隱喻了：「從這叮格吟的聲音像陶土的器皿。」但是有些人賦予「叮格吟」不同的意義。

易卜劣廝（即魔鬼）與人

　　易卜劣廝從它的嘴進去，從它的背出來，真主告訴他說：「不要穿過我創造的」。

　　當真主打算把靈魂吹進它，祂要天使們崇拜它[10]。他們除易卜劣廝外，都做了。由於驕傲，他拒絕這麼做，並且說：「噢，真主，我比他更好，您用火創造了我，用土創造了他：火比土高貴；更進一步，您任命我為地球的上天的代理人，我一身羽毛，裝飾光的圍巾，加上高貴的帽子。我在天上、地下都崇拜您一位。」真主對他說：「離開這裡，你這個壞東西，我詛咒你，直到最後審判日。」他向真主請求一個固定的罰

10　跪拜它。

則，直到最後審判的復活日[11]，真主要他向前看到那個日子。因此易卜劣廝（Iblis）得到他名字的原意。

阿丹有了靈魂

對於真主要眾天使崇拜阿丹的因由，有許多不同的看法。有些人相信阿丹只代表崇拜的方向（Mihrab），而真主是崇拜的標的。真主的僕人應該遵從真主的命令，在這個測驗中，聽從真主的指令。也有另外一種意見。真主吐氣進入阿丹，當氣運行到那部份，它就開始感覺。真主說，人是這麼快就造好了。

當真主的氣息吹進阿丹，他打了個噴嚏，真主對他說：「學說這句話，讚美真主，你的主人會對你仁慈。噢，阿丹。」

創世紀的來源

Masudi曰：我們所說的創世，是啟示的記載，從古代傳遞到近代的傳統，被保存下來的古代傳說。我們記錄了口耳相傳的傳統，以及文字的記述[12]。

這裡有證據的權威學說，世界是被創造的（不是從永遠的過去就存在），這也被宇宙的性質所表明。但是，我們不在我們的記錄中，引用那些接受啟示的宗教，並同意我們的記錄，跟隨傳統（不是推測）；我們也不討論與我們不同的意見，或

---

11 據一些穆斯林說，易卜劣廝的處罰是引誘人為惡。
12 屈原在《天問》中說：「遂古之初，誰傳道之？上下未形，何由考之？」

與我們相反的意見。我們在以前的書籍裡，都詳細談過。不過，在這本書的很多部分，我們將總結性地提到這些學說，不論它們是建立在猜測、辨論或者爭論上，我們將牽涉不同意見、教派，但是我們要從歷史的觀點去探索。

穆罕默德的出現

根據信徒的總司令，Ali Ben Abi Taleb[13]所留下的傳統，告訴我們，當真主意願定下宇宙的規律，埋下世代的種子，製造創世，在創造地球，及升起天空之前，首先創造塵土。祂居住在祂不可比擬的榮光中，帶著祂唯一的力量。祂放出一條光線，照亮一顆微塵。這顆微塵升起，光線鎖定浮動微塵的中心。這就代表了我們的先知，穆罕默德，真主降福於他。真主說：「你被選擇了，被選舉了。我的光線落在你身上，我豐盛的禮物給你。為了你，我在地上鋪滿了壤土，要河水流動；為了你，我舉起了上天，定下獎賞與罰則；為了你，我創造了天堂與火獄。我提拔了聖殿（holy-house，即麥加）的居民到神聖的啟示，並且啟示他們，從我的知識的神祕性，理性的微妙，我不讓他們停留在無知無識。他們將對世人證明我的存在，並且是我全能及唯一的見證人。」

當真主說完了這句教條（即伊斯蘭教徒的「除了真主沒有真主，穆罕默德是真主的先知」），取得了（與創造物不同的）超級大權及全能。

13　穆罕默德的堂弟與女婿，第四任哈裡發，正統王朝。什葉派的太祖。

當真主有如此性質後，祂向創造物宣稱，已選定穆罕默德為世間代理人，並向創造物表示，聖靈將指引他，光明將是他的，在公告眾所周知的正義的法律（即穆罕默德的宗教）之前，他的家族的精神帝國，它的光輝的成功是前定的。然後，真主隱藏祂的創世於知識的神祕性中。此後，祂擴大地球，擴大時間，祂使海水漲潮與退潮，祂升高浮沫與霧氣；祂把寶座放在水上，祂把土地升得比海水高，祂要創造物服從祂，並且認祂為真主。

真主創造天神，部分從祂為此而創造的光明，部分從祂的創造物發出的光，祂聯合穆罕默德的使命的專職與祂全能的教條。所以此事是天界比世界先知。

阿丹的尊貴性

當祂創造阿丹，祂讓所有天神都知道他的極度尊貴及廣泛的知識，為了證明此點，祂要他給萬物命名。

真主要眾天神把阿丹當成崇拜的方向（Mihrab）、麥加的禁寺（Kabah）及清真寺內最尊貴的部分（Kiblah），光線與正義的神靈要向他祈禱。

真主告訴阿丹，他的天性。但是真主沒提祂下降給他的高貴尊嚴，因為祂當著眾天神之面，稱他為伊瑪目。他是受了極度神庇，以及真主用時間的輕紗藏匿的光點，直到穆罕默德降世。

穆罕默德的使命

　　祂公開以及私下召喚人類（去信仰真正的宗教），祂向他們坦白以及祕密地傳教。以及穆罕默德被任命為，在未來保持正教，並且為尚未出生的世代，那些在他之前接受光明，他們點出了他的神祕，理解他的光輝歷程，他安慰了那些在無信仰時代的　牲者。

　　這一點光明在我們之間的出眾人物（阿裡族人）間傳遞，在我們的伊瑪目身上放光。我們是天上地下的光輝。我們帶來解救，從我們有知識的寶庫。我們是所有行為的中心，我們引導了證明它的完善；我們是伊瑪目的大印，我們是國家的解放者；我們是最高貴的創造物，我們是一切中的選民，我們是真主在這個世界的證據；因此從我們的寶座發出的利益是最佳的。這個傳統是傳自 Abu Abdullah Jafer Ben Mohammed，他得自他的父親 Mohammed Ben Ali，他得自他的父親 Ali Ben el-Hosain，他得自他的父親 el-Hosain Ben Ali，他得自信徒的總司令 Ali Ben Abi Taleb。我們不想敘述所有傳遞給我們這個傳統的管道，以及我們得到的各種不同的說法，在我們以前的書籍中，我們已經談得很完整了，我們也聯繫各種說法到各個權威，以及如何推導。在這本書裡，我們要避免長篇大論及用辭過多。

創世紀的各種說法

　　我在《五部書》裡，發現關於創世的歷史是這樣的：上帝

的創世始於星期一，終於星期六，因此猶太人選擇星期六為
他們的神聖日。《新約》的信徒說他們的基督在星期天從墳中
復活，因此他們慶祝星期天為他們的神聖日。但是知道神的律
令，並且它的根源的出眾的人[14]，說創世始於星期天，終於星
期五。在星期五，靈魂被吹入阿丹。這是四月六日。然後哈娃
（Hawwa，即Eve，「夏娃」）用阿丹的脅骨被創造了[15]。

14　指穆斯林。

15　創世紀的要點是人類始祖阿丹及哈娃的創造。這種把人類的來源歸之於一
　　男一女，是一種誤會。例如，近代生物考古學，用半倍體（haplogroup）
　　的研究，有「出非洲」說，有所謂「第一亞當」，「第一夏娃」，這很容
　　易引起誤會：以為近代科學證明人類的祖先是一男一女。其實不然，譬如
　　說，一個村莊內，有兩戶人家，姓張與姓李，張家生了兩個男孩，李家生
　　了兩個女兒。兩家通婚，第三代都姓張了，第三代各家都有兒女。以父傳
　　子的半倍體來研究，指向張先生，張先生相當於第一亞當，以及母傳女的
　　半倍體來研究，則指向李太太，她相當於第一夏娃。其實張先生與李太太
　　並非配偶，沒有產生子女。李太太不是唯一的祖母，張太太也是第三代的
　　祖母。張先生不是唯一的祖父，李先生也是第三代的祖父。生物考古學並
　　沒有說人類來源於一男一女。《進化論》的要點是物種學，物種從生物樹
　　上分枝，是受了隔絕、食物等等的影響，通常是一大群生物體，某種隔絕
　　基因傳遍了群體，單獨成立一個物種，通常是這一大群生物的遺傳基因有
　　多樣性。當然，也有例外。例如獵豹（cheetah）：所有獵豹的皮膚可以互
　　相移植，沒有生物體的排斥反應。據估計是幾萬年前，獵豹幾乎滅絕，只
　　剩下極少數的獵豹，互相生殖，現代的獵豹都是它們的子孫，都是近親。
　　但是人類的皮膚不可以互相移植，估計人類一直是一大群。有時生物的分
　　枝是漸進的，有些是斷然的：例如牛與馬已分成兩物種，這是斷然不同，
　　但是驢與馬可以生殖無生殖力的騾子，這是它們還沒有完全分開。在希臘
　　古代，騾子產子是大凶之兆，西元前480年，波斯人進攻希臘，歷史學家
　　希羅多德認為當時騾子產子，波斯人會大敗，果然。在西元前3000年，
　　人類就配種生產騾子。用同樣生物學的理論，人類生產出無子（沒有生殖
　　能力）的西瓜、橘子及無子的香蕉（靠出芽法，無性繁殖）。獅、虎、亞
　　洲豹與美洲豹可以混合生殖，它們生產的雄仔無生殖力。這是它們在漸漸

阿丹被逐出樂園

　　他們開始住在樂園（Paradise）裡那一天的三小時，又待了三小時，即一天的四分之一，相當於地上二百五十年[16]。真主驅逐他出樂園。真主把他放在錫蘭，哈娃去了Jiddah[17]，易卜劣廝去了Baisan[18]，蛇去了Isfahan。

　　阿丹被放在錫蘭的ez-Zahun峰[19]；他用樹葉覆蓋身體，當樹葉乾了後，風吹葉飛全印度。據說印度的香料由此而來。也有人不以為然：真主是無事不知的。他們說，如此這般，蘆薈木、丁香、madder、麝香及印度特產的各種香水。在這座山峰上，閃亮著鑽石以及各種寶石。在印度的海島上，有smyris，在海底有珍珠。當阿丹從樂園下來時，他帶了一粒麥子[20]，三十個果樹的切枝，十個有果皮的樹：波斯核桃（Juglans regia），一般杏仁（Amygdalus communis），歐洲榛子（filbert-nut，Nux avellana），阿月渾子堅果（pistachio nut），罌粟（poppy），板栗（chestnut），石榴（pomegranate），香蕉，一般（Musa paradisiaca）敘利亞橡子（Syrian oak）。

　　分開。在未來，某種隔離基因流傳，幾千萬匹馬與幾千萬匹驢子會完全分開。現代的各民族還是同一人種，因為可以生下完全的混血兒。二十萬年前，智人與直立猿人分開，也是一大群智人與一大群猿人，經過長久時間才分開，並非一男一女立刻與猿人分手。

16　道家講「天上一日，地上千年」，與此同。

17　麥加到紅海的港口。

18　以色列北部，以後達吾德（大衛）殺死直魯特（歌利亞）之處。

19　即阿丹峰。

20　宗教家解釋人類食物的來源。

它們之間有十個有果核的：梨，杏，大馬士革李子，棗樹，Ruellia guttata無極林[21]，枸杞樹（medlar-tree，即Mespillum），棗樹（the jujube-tree，即Zizipha rubra），the Lontaris domesica的果實，櫻桃。其中有些沒有皮也沒有任何保護層，全都可食，也沒有核；例如蘋果，木梨（quince），葡萄，梨，無花果，桑葚，橘子，黃瓜（Cucumis pepo），另外一種黃瓜（Cassia fistula），瓜（melon）。[22]

據說阿丹與哈娃（即夏娃）從樂園下來時，即分開。他們同意在Arafat（即已知）再見，該地就如此命名。

阿丹的子女

阿丹想哈娃，就去看她。她就懷孕，生一男一女。男的叫該隱（Cain），女的叫Lubed，後來她又生了一男，他們叫他哈比爾（Habil，即Abel），一女叫Iklimiya。對於阿丹長子的名字有些爭議；多數人，包括那些讀過《舊約》的，相信他的名字是該隱，但是有些人說他的名字是迦必爾（Kabil）。Ali Ben el-Jahm在他關於創世的詩篇裡說：「我們有一個兒子，我們叫他該隱；我們有了他以後，我們又努力，哈比爾成長是我們的另一個果實，該隱一樣長好，他們要好得分不開。」

相信《舊約》的人說，阿丹讓哈比爾的同胞姐妹跟該隱結婚，讓該隱的同胞姐妹跟哈比爾結婚，因此雙生子女在婚姻

21　Lote-tree，伊斯蘭教的神話樹。
22　從上面所列的植物名，可知當時人的知識範圍。現代植物學的學名多達幾百萬種。

中，分開了。阿丹所採取的婚姻法則因此是，把有血緣關係的人，分得越遠越好，因此，用分離的辦法，避免惡果，以及後代衰弱的影響。Magian[23] 說阿丹不反對近親通婚，所以他們也不反對。他們有一些關於這件事的玄理，因此他們相信兄妹結婚、母子結婚都是一件好事。我們在《時間的歷史》第十四冊有詳細的敘述。

兄殺弟

哈比爾與該隱給真主獻祭。哈比爾從他的畜群中及所有物中，選擇最好的，把它們帶來當犧牲。該隱則選擇最壞的。真主在《古蘭經》說了整個過程[24]。該隱在敘利亞的大馬士革附近的沙漠 Ka 謀殺了哈比爾。他用一個石塊打他的頭部。從此，動物從人類學到了謀殺；它也開始幹壞事及謀殺。當他謀殺了他，他急於隱藏屍體，他扛起它（在肩膀上）到處亂走（不知道該怎麼辦）。真主下降了兩隻烏鴉，一隻殺害了另一隻，又掘地把屍體埋了。當該隱看到此事，感到很恐怖，說：「傷哉！我怎不能像這只烏鴉那樣，把我弟弟的屍體掩埋起來呢？」然後，他掩埋了他[25]。當阿丹聽到了謀殺，他有抬不起頭的傷痛。

23　拜火教的傳教士，很可能拜火教也有創世紀的傳說。

24　見《古蘭經》第5章30節：「他的私欲攛掇他殺了他的弟弟。」

25　這是《古蘭經》的文字。宗教家主張該隱是第一個掩埋死人的人。那大概是西元前六千年。其實，幾十萬年前的舊石器時代的古人已知掩埋死人。埃及人把死人做成木乃伊，帝王埋入金字塔，一般人埋入土裡，墳上堆墳，見 Ebn Haukal 的《The Oriental Geography》關於埃及的 Teneis。西元前十三世紀，兩河流域的亞述人把死人埋在房子底下。古代一神教的宗教

　　Masudi曰：有一首眾人傳唱的詩歌，眾口一詞說是阿丹傷痛時作的，歌詞如下：

「青野都不同了，裡面的一切都改變了。

地球的一切都變壞了。

一切有生命、有顏色的都不同了；海洋也失去了它可愛的面貌。

居民把他們的田間收獲變成毒藥與苦果，一個敵人傳染了我們。

咒語沒有放過男人，就像目睹；該隱殘酷的殺害哈比爾，親密的笑容像敗葉一樣落下。

我的份兒是哭泣；哈比爾在墳墓裡安息。

我看到生命充滿了悲傷，我在它裡面僅有憂愁。」

家並不主張埋葬死人。最初的一神教的宗教，波斯的拜火教，認為埋葬死人污染大地。人死以後，應該放在「無聲塔」（towers of silence）上，由鳥獸處理。類似西藏人的天葬。但是，西元前五、六世紀的波斯阿契美尼德王朝的太祖，信仰拜火教的居魯士王有陵墓。這使歷史學家疑惑居魯士王的宗教信仰。在拜火教之外的地區有別的葬法。希臘墓葬用面具，例如，征特洛伊城的希臘軍統帥阿加曼農（Agamemnon）用黃金面具。金字塔中也偶爾有黃金面具，例如圖坦卡門。中國商代有墓葬及西南民族有「懸棺」之法。唐代拜火教傳入中國，稱「祆教」。葬法從民俗，有墓葬及土葬。據《大唐西域記》卷二，佛教有火葬、水葬、野葬之法。水葬及野葬把屍體交給魚鱉及鳥獸。宋代蘇軾有詩「老僧已死成新塔」，當時有骨灰塔葬，或西藏的肉身塔葬。伊斯蘭教嚴禁火葬，因為按照《古蘭經》，地獄是火獄；也因為最後審判日，已成骨灰，不好復原。規定土葬、速葬、儉葬。屍體洗淨，白棉布裹屍，面朝麥加側臥。但是也允許海員海葬，戰死者帶血葬。中國伊斯蘭教的葬禮又加上民俗，例如有七日、頭月、四十日、周年之類，比較複雜。

　　我在很多歷史書籍，傳記，宗譜裡發現，當阿丹說上面的話時，易卜劣廝從一個能聽到聲音、但是看不到形狀的地方回說：

「你抱怨田野，以及它的居民，你覺得地球變狹了。
你與你妻子哈娃很快活，不管這個世界的荒涼；但是我的深思與機械在工作，直到豐盛的果實都成熟了。
如果不是全能的真主的憐憫阻止我，我要毀滅這永遠美麗的天界。」

　　在另外一本書，我發現阿丹聽到一個聲音，他沒找聲音的來源，那聲音說了一句自成一套的對句：

「噢，阿丹。兩個都得死，生者將作死者的犧牲品。」

　　當阿丹聽到這句話時，他的痛苦與傷感增加了，對他來說，兩個都沒有了，只有他還活著；因為他知道，殺人者死。

真主預示先知的臨世

　　真主啟示阿丹：「我要從你產生我的光明，光明要從光榮的管道以及高貴的根源流過，我要提升這個光明到所有其他光明之上，使它成為先知（穆罕默德）的大印。他要被最好的伊瑪目連續繼承，直到時間終了。我要使世人回答他們的呼喚，我要使它在他們的群眾裡放光。純潔化及神聖化你自己，讚美

真主；然後接近你的妻子，在她被純潔化後，我的諾言將從你
身上降臨到你們生育的孩子上。」阿丹按照他接受的命令去
做；當哈娃有孩子時，她的前額有一層光澤，光線使她的眼睛
與眉毛發亮，直到她生產。然後，她生下施師（Seth或Shith，
即《舊約》的塞特），他是最美的小孩，強壯又形態完美，身
裁對稱。從他的前額隆起記號處，有一點光線照射出來。阿丹
給他取名施師。真主的禮物在他身內休眠，直到他長大；當
他成熟後，阿丹使他熟悉他的使命，真主的諾言，並且告訴
他，他將是真主的代理人及阿丹死後的繼承人，去支持地上的
真理。這個使命將被他的子孫所繼承，繼承者是出眾的及光榮
的。當阿丹如此這樣告訴施師時，施師保守祕密，當時他守著
它的神祕性，至到另一個時期，才公開於眾。不久，阿丹就歸
真了，那是星期五，四月六日，就是他被創造的時辰；他活了
九百三十歲。施師是阿丹子孫的監護人。據說阿丹遺留四萬子
與孫。

　　有關阿丹墓地的爭議。有人以為在Mina[26]el-Khaif大清真
寺。別人認為在Abu Kobais山峰的洞穴裡。施師對當代人行使
了法官的職責，並教導他們以天經（啟示於過去的先知），以
及真主啟示於他的書籍。

阿丹的子孫輩

　　施師生以挪士（Anush，即Enos）。當他的妻子從他那兒

26　在麥加附近的谷地。

懷孕，那個光線轉移到她身上，直到她生產，然後嬰孩就保存了那束光線。當以挪士成長，施師告訴他，他的身體埋藏著什麼，以及他先天的重要性；他命令他給他的孩子，適當的教育，配合他們的出眾及高等身份，以及告訴他們同樣教育他們的孩子，當他們能理解時。這個傳統代代傳承，直到這個光線傳到Abdul-Motalleb（穆罕默德的祖父），他的兒子Abdullah以及先知[27]。

　　這是各教派有爭論的所在，特別是注重證據的派別與大眾選舉的派別。保衛證據主義是伊瑪目主義者，他們成立什葉派，擁護Ali Ben Abi Taleb及他與法蒂瑪[28]的孩子們。他們相信真主不會在任何時候，讓人類沒有一個人宣揚真主的宗教（領導眾信徒）。這種人或是先知，或是人類的衛士，他們在名字上，就很清楚是對的人，或者根據真主與先知的譜系。選舉主義是被各大城市的神明所保護，Motazilites是Khawarij[29]的一個教派，Morjiites，以及很多承認傳統及大眾接受的意見（正統派），以及Zeidian的一個教派。他們相信真主與先知要他們從全國選出一個人，這個人是伊瑪目，因為有時候真主不送來代理人。什葉派認為這個伊瑪目是尊貴的領袖位置的篡位者。

　　完成這一本書，我們有機會照亮這些不同意見及不同教派爭論的差異性。

27　這種用光線傳承的理論，實際上是血統論。
28　穆罕默德唯一存世的女兒。
29　泛伊斯蘭主義者，主張哈裡發由戰爭決定，方知真主屬意。

　　以挪士耕種地球。有些人考慮在阿丹之後，以挪士是人類的祖先，不讓阿丹的其他子女各有一份，但是別人不作如是觀；真主更知道（哪個是對的）。在以挪士的時代，該隱被殺了。他的被殺有各種說法，請見我們的書《時間的歷史》以及《中冊》（皆佚）。

　　以挪士歸真於 Teshrin[30] 三日，活了九百六十歲。他有一個兒子叫該南（Kainan）。先知的光線在他的額頭上閃爍。他的父親要他作先知職務宣誓，他種田一輩子。他活了910歲，歸真於七月（Tamuz）。該南的兒子叫瑪勒列（Mahalayil）。他生雅列（Lud），是先知光線的繼承人，他發誓要保護真理。據說在他的時代，該隱的子孫發明了許多樂器。雅列的戰爭及其他相關的故事，可以在《時間的歷史》裡找到。施師的孩子們與該隱的子孫作戰。印度的一個民族，可以溯源到阿丹，從該隱導出先祖。他們住在印度被稱為 Komar[31] 的地方：這個國家，以 Komari 蘆薈而出名。

努哈（諾亞）方舟

　　雅列活了962年，歸真於三月（Adar）。他由他的兒子易德列斯（Akhnukh，或 Enoch，或 Edris，《舊約》稱為以諾）繼承，他與 Edris（講師）先知是同一人。Sabeans[32] 認為他即

30　十月或十一月。
31　在南印度尖端。
32　貝都因人轉從農者。

是信使星（Hermès）那就是Utarid（水星）。真主在書[33]中說到他：「祂把他放在高位上。」他在世上活了三百年或更多。他是第一個教人過好日子，及第一個用針的人[34]。對他，真主啟示了三十本書，對施師，真主啟示了二十九本書，裡面有二個公式：「除了真主，沒有真主」，以及「讚美真主」。他的後人是他的兒子瑪土撒拉（Matushalekh），他的額頭上有先知的光線，他耕耘田地。瑪土撒拉有很多孩子。有人說保加利亞人、俄羅斯人、斯拉夫人都是他的子孫。他活了960年，歸真在九月（Ilul）。他的繼承人是拉麥（Lamek）。在他的時代，天下大亂。他歸真時，999歲。拉麥的兒子是努哈（Nuh，即Noah，諾亞）[35]。在他的時代，貪污與邪惡在地上到處都是。努哈起來成為真主的宣道師，但是一般人反叛成性，厭惡宗教，他們都不聽他的。真主要他製造一隻船，當他做好了船，天使加百利帶來阿丹的棺木，裡面是他的屍體。他們在三月九日進入船隻。當努哈及全家上船後，真主用洪水淹沒大地五個月。然後，祂命令大地吞下洪水，上天停止下雨，方舟停在el-Judi[36]。El-Judi在Masur[37]，延伸到Jezirah Ibn Omar，那是屬於el-

---

33 【英譯者註】古蘭經。

34 中國古人在四萬五千年前已用針，早於他。

35 蘇美人神話，遠古時期有大洪水，淹沒大地。考古學家根據地層淤集，知道西元前2900年，蘇美人地區有一次大洪水。這應該是聖經洪水故事的原型。Masudi不一定相信這次大洪水是全球性的。本書第十五章，他用中國皇帝的金口說，這只是兩河地區的區域性洪水，不是中國人的民族記憶。雖然Masudi用宗教的傳統說法，把中國人說成努哈的子孫。

36 《舊約》說是阿拉臘山。

37 在伊拉克北部。

Mausil[38]的區域。這座山距離底格里斯河八日程。船停在山頂上，遠處可見。

他們說當真主命令後，有些土地怠慢了，沒有立即吞下洪水，別的土地接令即行，很快吸收了洪水。聽令的土地，挖出的是甜水，真主懲罰那些不太聽話的土地，使挖出的水是鹹的，地面是沙漠。吞不完的水，流入某些地方的深谷。這是大海的原始來源；他們是真主毀滅世界的遺留物。關於大海的計算與描述將是本書以後的重點。

努哈的三個兒子

努哈從方舟裡走出來，同他一起的是他三個兒子，閃（Sam）[39]、含（Ham）（黑種人的祖先）及雅弗（Jafeth）（印歐族的祖先）[40]，三個媳婦，以及四十個男人、四十個女人。他們在山上平坦處建設了一個鎮，他們叫它「八十」（Themanin）。這樣一直叫到我們的時代（回曆332年）。這八十個人的子孫滅絕了。真主用努哈的子孫遍布了祂創造的世界。這隱喻了《古蘭經》的話：「我們保存了他的直系子孫，那就是還存在的。」真主最懂這些話的意思。那個拒絕努哈幫助的人，努哈對他說：「上來吧，孩子」，他是Yam[41]。

38　今Mosul，伊拉克。

39　閃族的祖先，閃族包括猶太人及阿拉伯人。

40　當時沒有注意到東亞還有另一族黃種人。

41　《舊約》上無此人，只出現在伊斯蘭教經典，據說是努哈的第四子，拒絕主，後來淹死。

努哈劃分地球給他的兒子們，一人得一部分當產業。他詛咒他的兒子含，因為他眾所周知對父親不恭[42]。他說：「我詛咒含，他的子孫將是他兄弟的子孫的奴隸；但是閃被祝福了；真主會擴大雅弗，他將住在許給含的土地。」[43]依照《摩西五經》，努哈在洪水之後，又活了325年。有些歷史學家有不同意見。

閃離開了，他的孩子們跟他一起；他們占據了指定給他們的土地與海洋。在這本書裡，我們將敘述這些事。

現在我們要說人類的分裂，及努哈的三個兒子，雅弗、閃及含分割地球。

閃族人

閃居住在地球的中央部分，從聖地（即麥加與麥地那國）到Hadhramaut[44]、甕蠻國（Oman）以及Alij[45]。在他的子孫中，我們提到亞蘭（Arem）及亞法撒（Arfakhshad）。

亞蘭的一個孫子是Ad Ben Us（Uz）Ben Arem；他在Ahkal er-Raml住下。真主送了先知Hud到Ad族。他的另外一個族人是Themud Ben Ad Ben Arem。他們在el-Hijr（阿拉伯的Petrea）定居，在敘利亞與Hejaz[46]之間。真主送去了他們的兄

42　含看到光著身體的努哈。
43　此點與《舊約》不同，在那兒，被詛咒的是含的兒子迦南。
44　阿拉伯半島南部。
45　在伊拉克東南部。
46　在沙地阿拉伯的紅海岸，包括麥加。

弟 Saleh。他的歷史是眾所周知的，在展開本書時，我們會插入他的簡史，以及別的先知的歷史。

Tasm 及 Jadis 是路德（Laud，亞蘭之子）的兒子，領有 el-Yamamah 及巴林（el-Bahrein），他們的兄弟 Amalik Ben Laud Ben Arem 的子孫以後，一部分住在聖城，一部分住在敘利亞。他們構成亞摩利（Amalik）族人，散布全國。他們的另外一個兄弟阿曼（Ommaim Ben Laud）在 Faris[47]。

我們要在本書（的二十三章）中，談論這個問題，它的題目是「波斯人的源起，以及歷史學家的看法」；有些作者把 Kayumerth 與阿曼聯繫上。另外一些人相信阿曼定居在精靈的土地上，即 Webar 地，這是一些阿拉伯歷史學家的看法[48]。

Ad Ben Us 的兄弟 Abil Ben Us 的後代住在麥廸那。

閃的另一個孫子是 Mash Ben Arem Ben Sam。他去了巴比倫；他的兒子是 Nimrud Ben Mash[49]。他建築了巴比倫塔，以及 Shat-el-Forat 上的橋樑。他統治了五百年。他是納巴泰人（Nabateaans）的國王。在他的時代，真主分化了語言；因此，閃的子孫講十九種不同的語言，含的子孫十七種，雅弗的孩子卅六種。在這本書裡，我們要更進一步談到各民族在地球上分散，以及他們在伊拉克離別時寫的詩篇。

---

47 波斯灣的波斯岸。

48 現代歷史學家認為，波斯人是西元前二十世紀，在裏海北岸畜牧的印歐人的子孫，並不是閃族人。

49 可能是 Sargon，意為真王。

有些人相信法勒（Falegh）為各民族劃分了地球，所以他叫法勒，字義是「劃分者」。

沙拉（Shalekh）是亞法撒（Arfakhshad Ben Sam Ben Nuh）的兒子，以及法勒的父親，法勒劃分了地球；法勒是易卜拉欣的眾先祖之一。希伯（Aber，希伯來人之祖），沙拉的另一個兒子，是Khatan的父親。Khatan的兒子Yarob，是地球上第一個被他的孩子們尊為國王的人。國王是最高榮譽的頭銜，也是眾人詛咒的名詞。有人說在這之前，已經有人用這個頭銜了，那就是Hirah國[50]的國王們。Khatan是所有葉門國人的父親，在本書（的第四十二章）有題目是「葉門，本國人民的來源，對此問題的不同意見」。他是第一個說阿拉伯語的人，至少他是第一個變化詞根、使詞意清晰的人。

約坦（Yoktan Ben Aber Ben Shalekh ）是Jorham的父親，Jorham是Yarob的堂兄弟。Jorham族最初居住在葉門，講阿拉伯語；以後，他們移民到麥加，根據他們的傳統說法，我們要談這些事。Katura的孩子們是他們的堂兄弟。更之後，真主要易司馬儀跟他們住在一起，他因為婚姻關係，跟他們成一體，他們是他子女的叔叔與舅舅。

《舊約》的信仰者相信拉麥（Lamek）沒死[51]；真主對閃說：「我要永恆地保存他，我要他永恆地守護阿丹的遺體。」閃把阿丹的棺材埋葬於地球中央，任命拉麥守護它。閃在九月

---

50 《舊唐書》的夏獵城。
51 《山海經》有長生不死的故事。

（Ilul）的一個星期五歸真，活了六百歲：他由亞法撒繼承，
亞活了四百六十五年，他在四月歸真。他的後裔是沙拉，死
時四百三十歲，由他的兒子希伯繼承，他在田間種地。在他
的時代，地球的各處爭議四起：他死時，三百四十歲：他的
兒子法勒（Falegh）繼承他，他死時二百三十七歲。我們已經
談過他，以及他在巴比倫時遇到的言語混亂[52]。他的繼承人是
他的兒子拉吳（Arau，即Reu）[53]，某種說法，認為巨人Nimrud
誕生於此時段。拉吳活了兩百歲，死於四月。他的兒子西鹿
（Sharukh，或Selu或Xilu）繼承他，在他的時代，由於許多因
素，引入崇拜偶像及圖片。他活到二百三十歲，由他的兒子拿
鶴（Namur）取代，他遵守父祖的先例：他活著的時候，發生
地震——那是從來沒有的。他是生活藝術的發明家，又創造
了許多樂器。在他的生命期，印度及其他國家成形。他活了
一百四十六年，由他的兒子他拉（Tarah）繼承；他拉即阿幸
爾（Azar，《古蘭經》之名），易卜拉欣之父。在他的時代，
Nimrud Ben Kanan崛起了。在他統治下，拜火與光的宗教[54]首
先出現，在此派別裡，他引入一些（神聖的）規矩。在這個時
代，世界上有大騷亂，烽煙四起。不論東西，都成立了帝國與
省區。

52　即《聖經》上，上帝給各族人不同語言，使人類不能合作完成通天塔的故
　　事。
53　或說Arau是Reu的父親。
54　指拜火教。

易卜拉欣出世

就在這個時候，天文與星象的預測成了科學。天上劃為星野，天文儀器出現了。人類開始了解天象的意義。星象師根據天象，預測明年有一個嬰兒會出生，他會戳穿這個夢想[55]的愚昧，毀滅他們的崇拜。En-Nimrud[56]下令殺害這名嬰兒。但是易卜拉欣被藏起來了。他拉與阿宰爾是同一人，在二百六十歲時歸真[57]。

55　指拜火教。

56　可能是Sargon，意為真王。

57　以上所傳的宗教人物，沒有任何歷史證據，西方歷史學者考古無所得。其故事的可信度，與中國黃帝與夏禹故事的可信度類似。

第四章

易卜拉欣¹及以後的先知

易卜拉欣出世

　　當易卜拉欣長大，他從躲藏的山洞裡走出來，觀察自然現象，思考它們的意義。他注意到維納斯星（金星）的升起²，他說：「這是我的主！」當月亮升起，那是更亮了，他歡呼：「這真是我的主！」但是，當太陽表現它的儀態萬方，他驚奇叫喊：「這是我的真主！」評論家不能同意易卜拉欣語言的意義。有些人認為要看句子的前後次序及比喻，有些人認為這是在他懂得真理之前，他還在取得真理的過程。加百利（天神）現在找他，教導他宗教，以及通知他，真主選擇他為先知及朋友。（我不相信以下的解釋）他得到真主的助力；得到真主助力的人，不會犯罪及墮落，也不會崇拜永生的唯一大神之外的假神³。

1　註：即亞伯拉罕
2　金星是巴比倫人所發現的第一顆與眾不同的星，第一顆行星。
3　後世把猶太教、基督教及伊斯蘭教等閃族人的宗教歸於亞伯拉罕宗教。三教皆崇拜唯一、全知全能的創世真神，以及都有最後審判。其實，三教的

易卜拉欣因為人民崇拜偶像而責備他們。當他輕視他們的神靈以蔑視他們，他們很受不了，這引起了公眾的注意，el-Nimrud把他抛入火裡：真主使火變涼，他沒受傷。那一天，地球上各處的火都不熱。

易司馬儀

等易卜拉欣到了八十六或九十歲，哈哲爾（Hajir）為他生下易司馬儀（Ismail），哈哲爾是撒拉[4]的女奴。撒拉是第一個相信易卜拉欣的人。她是拿鶴的兒子、易卜拉欣的叔叔彼土利（Batuwil）的女兒。這是有爭議的，就像我們以後要提出的。

魯特

魯特，拿鶴的兒子他拉的兒子哈蘭的兒子（the son of Haran Ben Tarikh Ben Nahur），是易卜拉欣的姪子，是相信他的人之一。真主送他去五個城，所多瑪（Sodum）、蛾摩拉（Ghomura）、押馬（Adruma）、Saghura以及Safura。魯特的人民叫Mutafikah。某些評論家從「謊言」（Afak）導出這個字。真主在《古蘭經》裡隱喻了這點[5]。這五個城在esh-Sham[6]與Hejaz[7]之間，接近敘利亞的兩省——約旦與巴勒斯坦。這五個

源泉拜火教也是如此，但也可能是為了民族主義的原因，被排除在三教之外。

4　易卜拉欣的妻子Sarah，意為王后。

5　這五城的居民是不信神的謊言家。

6　敘利亞。

7　聖城麥加所在的省份。

城直到今天（回曆332年）還是很荒涼的，那些石頭有醒目的黑色線條記號。魯特跟這些人，同居了二十年，向他們傳教；但是他們不信他，因此真主的懲罰下降，就在《古蘭經》載明[8]。

易司馬儀去麥加

當哈哲爾為易卜拉欣生了易司馬儀，撒拉對她產生嫉妒；因此，易卜拉欣帶著易司馬儀與哈哲爾到麥加，把他們放在那兒。在《古蘭經》中，說起此事，易卜拉欣說：「真主啊，我把我的孩子放在荒涼的谷地，您的神聖宮殿。」真主聽到了他的禱告，給他們Jorhomites及Amalikites兩族人為同伴，又使男人愛護他們。

魯特的人民，在易卜拉欣時已毀滅，因為他們的腐化。請見《古蘭經》[9]。

易卜拉欣以兒子為犧牲

真主命令易卜拉欣犧牲他的兒子；他表現遵真主之命；但是，當他把兒子面朝下放在祭壇上，真主用羔羊替換了他[10]。

然後，易卜拉欣與易司馬儀建築了宮室的基礎（麥加的寺廟）。當易卜拉欣一百二十歲以後，撒拉為他生了易司哈格（Ishak）。對易卜拉欣犧牲他的兒子的事，有許多爭議，有

8　七章，78-82條。

9　《古蘭經》第九章。

10　《古蘭經》三十七章，一〇七條。

人相信易司哈格是犧牲品，別人說是易司馬儀。如果它發生在Mina（一個靠近麥加的谷地），那是易司馬儀，因為易司馬儀從來去過Hejaz；如果它發生在敘利亞，那是易司哈格，因為易司馬儀被帶離敘利亞後，再也沒有回去[11]。

易卜拉欣歸真

撒拉歸真，易卜拉欣與基土拉（Kitura）結婚，她生了七個兒子：心蘭（Zimran），約珊（Yokshan），米但（Medan），麥德彥（Madyan），伊施巴（Ishbak，Nishan），書亞（Shukh）及Kir。易卜拉欣在敘利亞歸真，活了一百七十歲：真主啟示他十本書。

以掃與葉爾孤白

在他父親歸真後，易司哈格娶了彼土利之女利百加（Rabeka）[12]，他生下雙胞胎以掃（el-Aisu）及葉爾孤白（Yakub）[13]，但以掃先出世。當他們出生時，易司哈格六十歲，幾乎瞎了。他任命葉爾孤白管理兄弟，繼承他的先知任務。他給以掃對自己孩子的主權。易司哈格活了一百八十五歲才歸真，他與他的父親，真主的朋友，葬在一起。他們的葬地是眾所周知的；在耶路撒冷城外十八哩處，在一個清真寺裡，人稱易卜拉欣之清真寺，在易卜拉欣之野。

11　就猶太教、基督教及伊斯蘭教而言，人試探主是大忌，主卻不斷試探人。
12　此人是撒拉的妹妹。可能誤記。
13　即《聖經》之Jacob，又名「以色列」。

易司哈格要他的兒子葉爾孤白去敘利亞，要他及十二個孩子負責先知的任務。他們的名字是流本（Rubil），西緬（Shimaun），利未（Lawi），耶胡達（Yehuda），亞設（Yessajir），西布倫（Zebalun），優素福（Yusof），本雅憫（Benyamin）[14]。

葉爾孤白很怕他的兄弟以掃，但是真主保護他：葉爾孤白有五千五百頭羊，答應給以掃十分之一，因此他可能不受以掃的傷害，因為他怕以掃的浮躁與衝動。真主保護他之後，他不怕以掃了（因此他不交給以掃什一之稅），但是，他的子孫代受了懲罰，因為他不信守諾言。真主告訴他：「你不聽我的話，因此以掃的子孫將管理你的子孫五百五十年。」這是羅馬人毀滅耶路撒冷[15]，到 Omar Ben el-Khattab[16] 征服那座城的時間差距，在這段時間，以色列的兒女是被奴役的[17]。

優素福（即 Joseph）

優素福是葉爾孤白之最愛。他的兄弟嫉妒他，他們的嫉妒心態是他與他的兄弟們故事的根源，那事在《古蘭經》裡，真主用了先知們的舌頭述說。

14　只有八個名字，缺的四個名字是 Dan，Gad，Naftali 及 Asher；這十二人的子孫成為以色列人的十二部落。

15　西元70年。當時，羅馬人把許多猶太人驅逐出城，西元135年，羅馬人第二次占領耶城，清除猶太人。從此猶太人浪跡天涯，到第二次世界大戰後復國。

16　第二任哈裡發，正統王朝，西元634-644年。

17　有時間差距 550＋70＜634。

　　葉爾孤白在埃及歸真，活了一百四十歲。優素福送他去巴勒斯坦，葬在易卜拉欣與易司哈格的墓地。優素福也在埃及歸真，享年一百一十歲。

　　他們把他的遺體放在一個石棺裡，用鉛封好，再塗上油漆，隔絕空氣與水，在孟菲斯城，投入尼羅河，在那兒有優素福清真寺。有人說，優素福遺命與他的父親葉爾孤白同葬於易卜拉欣清真寺。艾優蔔（Ayyub，即Job）活在他的時代；艾優卜的全名是Ayyub Ben Amus Ben Dezaj Ben Dawayil Ben el-Aisu Ben Ishak Ben Ibrahim。他在敘利亞的大馬士革高地的Hauran區，從那兒灌溉平原，以及el-Jabiyah[18]。他發了財，又保佑生了許多孩子。真主考驗了他，剝奪了他的財產與孩子們。

　　他忍受了考驗，真主把他的所有歸還給他。他的故事記載在《古蘭經》[19]。他的清真寺及他洗浴的泉水，一直到現在（回曆332年）都很有名：它們距離約旦省的Nawa及el-Jaulan不遠，在大馬士革與Tiberias[20]之間。這個清真寺及泉水，距離Nawa約三哩。他的妻子因產褥熱而歸真時，他受心傷而休息於上的石頭，還保存在這個清真寺。

穆薩（即摩西）的故事

　　那些相信《摩西五經》以及別的古經的人，說穆薩（Musa Ben Misha Ben Yosuf Ben Yakub）是在穆薩（Musa Ben

---

18　【英譯者註】在大馬士革附近的村莊。

19　【英譯者註】二十一章八十三節。

20　在Galilee湖岸。

Amram，即猶太教的摩西）之前的先知。他是尋找el-Khidhr Ben Melkan Ben Falegh Ben Aber Ben Shaleh Ben Arfakhshad Ben Sam Ben Nuh的人。

有些相信《舊約》的人說，el-Khidhr即是Hidhrun Ben Imayil Ben Elifaz Ben el-Aisu Ben Ishak Ben Ibrahim；他被主送當先知，他使整個國家信教。

穆薩（Musa Ben Amrun Ben Fahit Ben Lawi Ben Yakub，即摩西，葉爾孤白的四世孫，易卜拉欣的六世孫）在巨人法老在位時，身在埃及。法老的名字是el-Walid Ben Mosab Ben Moawiyah Ben Abi Nomair Ben Abil-Holus Ben Leith Ben Haran Ben Amar Ben Amalik。他是埃及的第四任法老，身材高大，壽命很長。以色列的孩子們[21]在優素福歸真以後，成了奴隸，生活在傷痛之中。算命的、天象師、魔術師都對法老說，有一個孩子要出生在埃及，終結他的權力，在埃及呼風喚雨。法老被嚇著了，他命令殺死孩子們。按照真主的指示，穆薩的母親把他拋入尼羅河，這些都記載在《古蘭經》[22]。

在這時，先知舒阿卜（Shoaib）活著。他的全名是Shoaib

21　葉爾孤白也稱以色列，原意葉爾孤白的子孫，意為以色列的人民。

22　這個故事在中東地區一再出現，最早是西元前二十四世紀的阿卡德帝國的太祖Sargon王的生命史。之後穆薩（即摩西）寫了《討拉特》（摩西五經），是猶太教最重要的經典，因此他是猶太教的祖師爺。許多歷史學家對他的事跡有興趣。可是追查埃及古史也好，在據說有他的事跡的地方掘地三尺也好，都沒有發現任何痕跡。此人好像船過無痕，雁過銷聲。我們只能說，在宗教上他是實的，在歷史上他是虛幻的。不僅是他，所有在他之前及之後的宗教人物，都如電光泡影，無跡可蹤。中國的黃帝、夏禹也如是。

Ben Thoriel Ben Dawayel Ben Marik Ben Anka Ben Madyan Ben Ibrahim[23]。

　　他說阿拉伯語，並被派到麥德彥（Madyan）當傳教師。當穆薩從法老處逃走，他去見先知舒阿卜，娶了他的女兒，《古蘭經》有記載。真主命令穆薩帶領以色列的孩子們去el-Tih[24]；他們的數目是六十萬成年人，不計未成年的。

　　在西奈山（mount Sina）上，真主給穆薩的石碑是綠寶石製成的，字是黃金字。當穆薩從山峰下來，看到以色列的孩子們崇拜一隻牛犢，他大吃一驚，以至於石碑脫手摔碎了。他撿起碎片，把它們及別物放入會幕（tabernacle）的Tabut es-Sakinah。會幕由哈倫（Harun）負責，因為他是當時的先知工作負責人。對穆薩啟示的《穆薩五經》在他在沙漠時完成了[25]。哈倫歸真，葬在Mowab峰，距esh-Sharah山脈以及西奈峰皆不遠。

哈倫墓地

　　他的墳地是眾所周知的；它在一個恐怖的山洞，有時候在夜裡，一個很響的啐語，嚇壞了每個活物。有人說他沒有被埋，只是放在那裡[26]。這個洞是很奇怪的，就像我們說的。七個月後，穆薩歸真了，活了一百二十歲。有些作者說，穆

23　易卜拉欣的六世孫。
24　【英譯者註】西奈山附近的沙漠。
25　現傳本不是原本，見後。
26　【英譯者註】這是一個火山洞口。

薩歸真於哈倫之後三年，穆薩進入敘利亞，與Amalikites、
Korbanites、Madyanites以及各種族作戰如《摩西五經》所說。
真主給穆薩十本書，完成了一百個神聖的教條。有次序的，
真主啟示他希伯來語的《五經》，那裡有規定、禁律、同意、
禁止，規則、法令。它分五部sifr，即「書」。穆薩用6750
mithkals[27]的黃金做櫃子，儲存這份聖約。

約書亞I，死海

哈倫以後的高級牧師是約書亞（Yusha Ben Nun），他是
以法蓮（Ephraim）人。雖然穆薩活了一百二十歲，他沒有一
點年老的痕跡；哈倫也不顯老：兩個人看起來，都很年輕。
穆薩歸真後，約書亞率領以色列人進入敘利亞。這個國家有
Amalikites及別族的巨人國王們。約書亞派出遠征軍，對付他
們，發生了很多戰爭。他征服了在Ghaur、即死海附近的Ariha
（Jericho，耶利哥）以及Zar。死海浮起潛水夫，不容魚及任何
生物存在，就像邏輯學的作者（即亞里斯多德）以及古代與現
代作家所觀察到的。死海從Tiberias湖通過約旦河水。Tiberias
湖從大馬士革地區的Kafra el-Keraun湖得水。約旦河通過死
海很長的距離，而不與死海的水相混[28]；但是在湖中央，河水
沉了[29]。沒有人懂得為什麼有了豐沛的河水，湖面還不上漲[30]。

27　中東的黃金計重單位，每單位約4.6克。

28　河水快速流入，又比湖水輕，所以不相混。

29　應該是河水的鹽分漸漸增加，趨近湖水，因此擴散消失。

30　明顯是因為氣候炎熱，流入量小於蒸發量，湖面日降。

關於死海有很長的故事及報導[31]，我們插入它們到《時間的歷史》及《中冊》，又加上那些產於此地，形如瓜類而分成兩類的石頭。他們被稱為「猶太人石」，哲學家敘述，醫學家應用來治療膀胱結石；石頭分男石與女石，男石治男人，女石治女人。另一產品是瀝青（bitumen，因為比重的關係，瀝青浮出水面，便於採集）。地球唯一的另一個沒有生物的湖，是在亞塞拜然的湖，我曾掛帆於彼。它在Ormiah市與el-Maraghah之間，被稱為Kabudan[32]。許多古代的作者們談論死海沒有生物的原因。雖然他們不考慮Kabudan湖，但是，同樣的原理必然作用於彼。

約書亞II

敘利亞的國王，es-Somaida Ben Hauber Ben Malik，向約書亞進軍，兩軍幾次遭遇戰，結果是國王戰死，約書亞占領全國[33]。約書亞接觸到別的巨人國王及亞摩利人（Amalikites）國王，他派遣兵團進軍大馬士革。他活了一百二十歲[34]，他的全名是Yusha Ben Nun Ben Ephraim Ben Yusuf Ben Yakub Ben Ishak

---

31 死海始於三百七十萬年前的地殼運動，現在是地球最低地，低於海平面430.5公尺，中國的最低點是低於海平面145.41公尺的吐魯番盆地。死海是少有的超重鹽湖，為海洋鹽分的九點六倍。

32 應為Khabodan。在Ebn Haukal的《The Oriental Geography》中，被稱為Armia湖。

33 現代絕大多數的歷史學家的看法，雖然猶太教、基督教、伊斯蘭教都承認約書亞奉主之命行事，但是歷史上，實無其人，僅是傳說或神話而已。以此推之，以前的人物，壽命長達百年或者幾百年，皆是傳說或神話人物。

34 後文說他活了一百一十歲，與《舊約》同。

Ben Ibrashim[35]。有人說他對亞摩利（Amalekite）的國王Samaria
Ben Hauber開戰，他的國家是艾拉（Ailah）國，朝向麥德彥
（Madyan）。Auf Ben Said el-Jorhomi說下面的話，隱喻此事：

> 「您沒看到Ibn Hauber，Ailah的亞摩利人：他發熱，並且
> 全身燥動不耐煩，看見八萬以色列軍隊，有的帶甲、有的
> 不帶甲，侵入了他的領地。
> 亞摩利人的軍隊，徒步在他後面前進，趴下或跑步，看起
> 來都一樣：似乎他們從來都沒有見過麥加的騎兵。
> Somaida從來沒有如此大敗過。」

　　在敘利亞Belka區的某個村莊裡，有個人叫巴蘭（Baalam
Ben Baur Ben Samum Ben Ferstam Ben Math Ben Lut Ben
Haran），答應了信教的呼喚：他的人民要他詛咒約書亞；但是
他做不到。他建議亞摩利人的國王向以色列軍隊的方向，送上
一些美婦人。他們接近這些女人，上天降下瘟疫，殺死七萬男
人。巴蘭是《古蘭經》所提到的人，看到真主的跡象，還是背
教。

　　約書亞活了一百一十歲，歸真。迦勒（Kaleb Ben Yufenna
Ben Baridh Ben Yehuda）站在以色列孩子們的前列。約書亞與
迦勒得到真主的寵愛。

35　易卜拉欣之子易司哈格之子／葉爾孤白之子／優素福之子／以法蓮之子／
　　嫩之子／約書亞。

約書亞的身後事

　　Masudi曰：我在另一部《五部經》裡，發現在約書亞歸真後，Cushan-rishataim[36]統治以色列八年，直到他歸真。Othnayil（Othnayil Ben Amayayil Ben Kazin即Kenaz之子Othniel），耶胡達人[37]，統治了四十年，殺死了Cushan-rishataim，以及住在Belka的Marib的巨人。在他之後，以色列的孩子們崇拜偶像。真主允許迦南人統治他們十年。在這之後，他們被Amlal el-Ahbari（高級牧師）統治四十年。他的繼承人是Shamwil（Samuel），他統治到塔魯特（Talut，即Saul）接位。在他任期，直魯特（Jalut，即Goliath）——巴勒斯坦的巴孛（Berbers）國王——入侵。

　　Masudi曰：按照我們開始敘述歷史的線索，以色列孩子們的首領以及主管，在約書亞之後，是迦勒（Kaleb Ben Yufenna），在他之後，是非尼哈（Finehas Ben el-Oziz Ben Harun〔Aaron〕Ben Amran），他做了以色列二十年的法官。他們把穆薩的書放在銅櫃裡，用鉛汁封鎖，然後把它拿到耶路撒冷的廟宇的岩石上。這是在廟宇建築之前。這個岩石裂開，在空洞裡，出現另一塊石頭。當非尼哈把銅櫃放在石頭上，岩石就合上如前。非尼哈之後，以色列人被Kushan el-Atim（即Cushan-rishataim）——美索不達米亞王——管理，因為他們崇

36　兩河流域北部的統治者。

37　Jehuda，即Juda。

拜偶像，因此他們受了八年苦。然後，Othnayil（Othnial）Ben Yufenna，迦勒的兄弟，耶胡達人，作了四十年法官。他之後，Mowab國王Aglum（Eglon）征服他們，嚴厲統治他們十八年。然後，是Ahud，以法蓮（Ephraim）族，他們五十五年的法官。當他做三十五年法官時，宇宙是四千年[38]：但是這被紀年法所否定了。他被他的兒子Shaan（Shamgar，Anath之子）繼承。然後，他們被Bilis（Jabin），迦南人，敘利亞國王，征服了二十年。然後，他們被一個叫Dabura（Deborah）的女人統治，某些人說，這個女人是前任的女兒。她與一個叫Barak的男人，聯合統治四十年。在她之後，他們被麥德彥人的眾族長們征服，即Urib（Oreb），Zerneb（Zeeb），Buria，Dara（Zebah），Salana（Zalmunna），七年三個月。然後，Jidaun（Gideon），Menasha家族，四十年。他殺死了麥德彥諸王，被他的兒子Abu Malikh（Abimelech）繼承。然後是以法蓮族的Thula（Tola），二十三年。然後是Menasha家族Nas（Jair），二十二年。然後，Ammam（Ammon）的國王們，十八年又三個月。然後是伯利恆（Beit Lehm）的Yehtun（Jephthah），七年。然後是Samsun二十年。然後，他們被巴勒斯坦王征服了四十年。然後，高級牧師Ilan（Heli）四十年。在他的時代，巴比倫人[39]征服了以色列的孩子們，取得以色列人賴以致勝的

38　根據目前的天文學知識，開天闢地的大爆炸始於137億年前。四千年是太短了。

39　古巴比倫帝國已於千年前亡國，新巴比倫帝國還有幾百年才出世，這裡是新亞述帝國。

法櫃（ark），把它搬到巴比倫。他們把以色列人及他們的孩子們當成俘虜，將他們逐出家園。

先知 Hizkil

就在此時，發生有關 Hizkil（Ezekiel）族人的事，雖然他們有幾千人，他們恐懼（敵人給他們的）死亡，而離家逃亡。真主對他們說：「你們死亡吧」，當他們死了，祂又使他們復活。然後，又降下瘟疫，只有三個部落活下來。一個躲到海濱，另一個躲到海島，第三個逃到山頂；經過許多冒險事跡，他們回到家鄉，對 Hizkil 說：「您聽過別人有我們這樣的經歷嗎？」Hizkil 回答：「我從來沒有聽說，有人像你們一樣逃避真主。」七天以後，真主降下瘟疫，他們死得一個不剩。

塔魯特王

在高級牧師 Ilan 之後，Ashmawil（Ashmawil Ben Baruha Ben Nahar，即 Samuel）統治。他是一個先知，辦理以色列人的行政二十年。真主給他們和平，並降福於他們。但是之後他們遇到了新麻煩，他們對 Ashmawil 說：「請你替我們立一個國王，我們就為主道而戰鬥。」[40] 他受命任塔魯特（Talut），即 Saul Ben Kish Ben Abiyal Ben Sarur Ben Bakhurat Ben Asmida（Aphiah）Ben Benyamin Ben Yakub Ben Ishak Ben Ibrahim，為他們的王：他給他權力，以色列人從來沒有像在塔魯特領導下

---

40 《古蘭經》2章，246條。

這麼團結[41]。從以色列人在穆薩領導下脫出埃及，到塔魯特上位，一共572年3個月。塔魯特原來是制革的皮匠。他們的先知Ashmawil對他們宣布：「真主確已為你們立塔魯特為國王了。」（據真主說，）他們說：「他怎麼配做我們的國王呢？我們是比他更配做國王的，況且他沒有豐富的財產。[42]他的國權的跡象，是約櫃降臨你們，約櫃裡有從主降下的寧靜，與跡象的遺物（真主給以前的先知們）。」約櫃停留在巴比倫十年。他們在天曙時，聽到天神繞著約櫃飛行所發出的噪音，它被抬走了。

達吾德（即大衛）

查魯特（Goliath，歌利亞）是非常強壯的，他的軍隊及領導是很多的。當查魯特（他的全名是Jalut Ben Balud Ben Diyal Ben Hattan Ben Faris Ben Nasud Ben Sam Ben Nuh）聽說以色列人認塔魯特為王，他率領幾隊巴亨軍隊（蠻人軍隊）從巴勒斯坦進向以色列。Ashmawil命令塔魯特率領以色列的孩子們出軍與查魯特作戰。真主用一道測驗在巴基斯坦與約旦之間的河上，那記在祂的書上。當士兵們非常渴的時候，命令要他們

41　這是猶太人信史的開始，以前的開天闢地故事，一直到出埃及，沙漠中流浪，到征服迦南地，是很吸引人的，許多歷史學者、考古學家想證明蛛絲馬跡，百年努力都是白費勁。他們發現幾千年前，當地居民即連續又平穩地生活，只發現猶太人的村莊沒有豬骨頭，既無大群去埃及，也無大群從埃及來的跡象。另外一些歷史學者，鑽研埃及古史，也無所得，沿途挖掘，也都空手而回。

42　見《古蘭經》第2章，246條。

用不同的方式喝水：那些懷疑的人要像狗一樣喝水，他們被查
魯特殺得一個不剩。塔魯特從他的軍隊中，選擇了313人，其
中包括達吾德（Dawud，即David大衛）的兄弟，有達吾德本
人。兩軍相遇，戰況膠著。塔魯特激勵自己的軍隊，如能對戰
查魯特者，得他的國土三分之一，並與自己的女兒為婚。達吾
德與他對戰，用他食物袋的石子殺了他。他用彈弓射出它，查
魯特倒地。這在《古蘭經》有記錄，真主說：「達吾德殺了查
魯特……這是真主的跡象。」

達吾德稱王

　　有人說，達吾德在食物袋中，有三個石子，它們融合成一
個石子；他們說他用這個石子，殺了查魯特。關於這個石子，
有好幾個評論，我們寫入我們以前的書。有人流言說塔魯特殺
死了那些（像狗一樣）舔河水的士兵，不聽真主的命令，而非
查魯特。我們談論鎖子甲的故事，他們的先知預測，沒有人能
征服查魯特，除非是那個穿上這個鎖子甲正好的人；達吾德穿
上正好；我們給出戰鬥的細節，以及乾枯的河流：我們談起塔
魯特國、巴孛國歷史，它們的來源，在我們的書《時間的歷
史》，我們要在這本書的後面，在合適的地方，給出一個巴孛
人的簡史，以及他們如何擴散到地球。

　　真主賜予達吾德以榮名，塔魯特的名字黯淡失色；因為塔
魯特拒絕實現他的諾言。但是當他看到達吾德得人望，他把他
的女兒嫁給他，給他他的三分之一所有，三分之一的收入，三
分之一的裁判領域，三分之一的子民。這樣做了之後，他嫉妒

他，想剝光他所有。但是真主不准許，達吾德宣布不同意。達
吾德所作所為都成功。塔魯特死在夜裡，在眾神靈壓迫之下，
坐在王座上。他死後，達吾德統治整個帝國[43]。

　　塔魯特統治二十年。達吾德殺死查魯特的地點，據說在約
旦Ghaur地區的Baisan。

　　真主使鐵為達吾德變軟，他做鎖子甲。真主使山脈與鳥類
服從達吾德，他們與達吾德一起歌頌真主。達吾德在el-Belka
地方，與Mowab人作戰。真主啟示他一百五十章希伯來文
的《宰逋爾》[44]。他三分之：其中一個三分之一，預言了Bokhta
Nassar（Nebuchadnezzar，巴比倫王朝的太祖的歷史；另一個
三分之一預測Athur人會對他們做什麼；一個三分之一包括警
告、講道以及音韻。在《宰逋爾》裡，沒有法律、禁令、可
行、禁止。達吾德做什麼事都成功；在地球上各地，既使那些
不信教的人，造反成性的人，都對他敬愛。他在耶路撒冷為信
仰建築了殿堂，也就是說，Beit el-Makdis。這個廟宇在現代還
在，它被稱為達吾德之廟。它是耶路撒冷最高的建築物，你可
以從它的頂上，遠眺死海及約旦河。

43　達吾德是猶太教、基督教及伊斯蘭教都敬重的人。他大約出生於西元前
　　1040年，對應於中國周成王年間，稱王於西元前1010年，在周成王、康
　　王之際，逝世於西元前970年。他既是先知又是國王，既握教權又掌政
　　權，一代聖主也。他的兒子素萊曼也是同樣重要。達吾德又好音樂，三教
　　的《宰逋爾》（聖詩集）都是他傳下。他做錯了事，也會向真主懺悔。見
　　後。有些歷史學者認為猶太教創於西元前七世紀，所以達吾德可能是神話
　　人物。

44　即聖詩集Psalm。

對於達吾德有一個兩造的故事，在《真主之書》裡，有隱喻到它。達吾德，在他聽另一造發言之前，就下了判詞：「他問你要你的母羊，是不對的。等等。」《古蘭經》的評論員們關於達吾德的錯誤（《古蘭經》認為他錯了），有不同意見。有些人給出與我們相同的看法，那是被下列詞句所證實的：「我任命您為我們在地球上的代治人，等等。」但是，有些人說兩造的故事是一個比喻，隱喻 Uria Ben Henan，在《古代記》及其他書籍中，他被殺。達吾德經過了四十天的絕食與哭泣，以示悔改。他有不少於一百個妻子。素萊曼是他的兒子：他表現了天才，當他的父親充任法官審判案子的時候，他都在場。真主給他說話與審判的智慧，在《古蘭經》中有「我們給他們智慧與判斷力，等等」。當他要死時，他任命素萊曼為他的繼承人[45]。達吾德統治約旦與巴勒斯坦四十年。他有六萬士兵的軍隊，帶劍有盾牌，好馬；他們正當壯年，既勇敢又精幹。

洛克曼

在他的時代，聰明人洛克曼（Lokman）在艾拉（Ailah）及麥德彥出名：他的全名是 Lokman Ben Anka Ben Madyan Ben Merwan。他是北部蘇丹人（Nubian），Lokain Ben Jesr 的自由奴。Lokman 出生在達吾德統治的第十年。他是一個奴隸，很有德，真主賦予他智慧，他因為智慧及節制欲望而生活出眾，至到尤努斯（Yenos Ben Matta，或 Jonas，見《古蘭經》，第 10

---

45 從後文可見，素萊曼十二歲繼承王位。

章的章名，及第37章，139-148。西元前八世紀的先知，奉真主之命，去了尼尼微）被送到el-Mausil國的尼尼微。

素萊曼（即所羅門）

達吾德歸真後，他的兒子素萊曼是先知府的主持人及法官。他把他的法權擴充到每一個子民，他的政府是堅強的，他的軍隊是服從的。素萊曼開始建築Beit el-Makdis（聖城廟），它被稱為真主賜福的最遠的廟。當廟建築完成後，他在旁邊為自己築了一個房子。在我們這時代，它被稱為「復活教堂」，這是耶路撒冷最大的教堂；有幾個別的大教堂，如達吾德提過的Sahyun（Sion，錫安）教堂，達吾德埋葬的el-Jesmaniyah教堂（可能是聖處女瑪利亞教堂）。真主給素萊曼比前人更多的寵愛，祂使人類、精靈、鳥類、風都服從他，就像在《真主之書》所寫的那樣。素萊曼統治以色列孩子們四十年，歸真時五十二歲。

第五章

以色列之分裂

達吾德之子素萊曼之子羅波安為王，以及他的後王。以後
先知們的簡史。以色列之分裂。

羅波安王，及他的後王們

當素萊曼逝世時，他的兒子羅波安（Rakhoboam）繼承王
位。他在開始時統治所有部落；後來他們除了耶胡達及本雅憫
（Benjamin）都離開了他[1]。

那十個部落的王是耶羅波安（Yeruboham，即 Jeroboam），
他打了幾次仗，崇拜一隻鑲有寶石的金牛犢。他統治二十年
後，真主毀滅了他。

以後素萊曼之子羅波安之子亞比雅[2]，三年。然後，亞薩[3]，
四十年。然後是約蘭[4]，他引入偶像（星斗）崇拜：他統治一年

1　此時以色列人分裂為兩國，北部的北以色列國及南部的耶胡達國，北以色
　　列國以撒馬利亞為首都，耶路撒冷是耶胡達國的首都。

2　Abijah，即 Abya。

3　Asa，即 Ahar。

4　即 Yoram，按照《討拉特・歷代志》，亞薩與約蘭之間，尚有約沙法
　　（Jehoshaphat）。

（或八年）。然後統治者是一個女人，名叫亞他利雅（Athalan
或Athaliah），她消滅了達吾德家族，只有一個男孩[5]沒死。以
色列的孩子們對她的殘暴很憤怒，過了七年，殺死她，另立那
個男孩為王。他七歲得立，統治了四十年或更少。然後是亞瑪
謝（Amaziah，即Amasya）五十二年（或二十九年）。在他統
治期間，他經常與先知以賽亞（Isaiah，或Shaya）接觸。他打
過幾場戰爭，我們在《時間的歷史》有敘述。他之後是約旦[6]
十年，也有人說十六年。他之後是亞哈斯（Ahas），他引入偶
像崇拜，是一個不義之王。巴比倫[7]最偉大的國王之一，巴行[8]
進軍攻擊他。經過亞哈斯與巴比倫王[9]的長期戰爭，亞哈斯被
俘，（以色列的、耶胡達國的）部落的城市及民居被毀。

猶太人與撒馬利亞人之分裂

在他統治時，猶太人與撒馬利亞人[10]開始了宗教上的爭
議，撒馬利亞人不承認達吾德有先知的使命，認為從穆薩以
後，沒有先知。他們從哈倫的後裔選擇首長，在我們的時代，
在約旦與巴勒斯坦[11]，他們住在分開的市鎮，例如Ara，那是在

5　約阿施，Joash。

6　Yutham，或Jotham。在他之前，還有烏西雅（Uzziah）王。

7　其實是新亞述。

8　Baghin無此王，英譯者說別本是西元前八世紀的Tiglath-Pileser，他是新亞
述帝國之一王。

9　其實是新亞述王。

10　即耶胡達國與北以色列國。

11　後文的註，提到西元前720年，新亞述帝國滅北以色列國，俘虜人民北去
米地國，之後的結局成迷。或說他們接受了拜火教的一神論，創立猶太

el-Ramlah與Tiberias之間，以及遠到Nabolos（Naplous）（即謝鎮〔shechen〕，在耶路撒冷北49公里處）的市鎮。在最後提到的城市，他們的人數是很多的。他們有一座神山，他們叫Tur，在某些時刻，他們在神山祈禱。他們在祈禱時，敲打銀鈴，就是他們說：「別碰我。」他們相信Nabolos是一個聖城，是葉爾孤白之城，是他的羊群吃草的地方。撒馬利亞人屬於兩個教派，兩派不相容，也與別的猶太人不相容。兩派之一，叫Kushan，另一派叫Dushan（或Rushan）。兩派之一相信宇宙沒有起點[12]，以及類似的教條，我們不得談論這些，因為太難談清楚了，在這本討論歷史的書籍裡，我們不好表白教派的意見及教義。

耶胡達之滅國

亞哈斯在位十七年，被巴比倫王俘虜[13]。在囚禁時期，他有了一個兒子，兒子叫希西家（Hezekiah，即Hizkiya）。希西家維護真主的宗教，消滅偶像。在他為王時，巴比倫王西拿基立（Sennahrib）[14]進軍耶路撒冷。他跟以色列人打了幾仗，損失慘

教。拜火教已有上帝、魔鬼、地獄、自由意志、處女產子、救世主、死者復活、末世審判等概念。後來波斯的太祖居魯士王攻破米地國，釋放北以色列人回國。

12 即沒有創世紀。

13 應為新亞述王。

14 新亞述王朝的Sennacherib王，西元前705-681年，他把亞述帝國的首都移到尼尼微。在他之前，西元前720年，Tiglath-Pileser III王已滅了在撒馬利亞的北以色列國，俘虜兩萬七千以色列人到米地國，接受拜火教的影響。這些人被稱為「消失的十部落」。後來，米地國與新巴比倫聯合攻破新亞述的首

重；但是他最後俘虜了許多部落[15]。希西家統治到他逝世，二十
九年。

　　希西家之後，他的兒子瑪拿西（Manasseh 或 manasha）。
他殺死了先知以賽亞（Isaiah），給了一個壞例子，臣民學樣。
真主派遣羅馬國王君士坦丁討伐他[16]，用了幾個軍團，侵入他的
國家，他的軍隊潰散，他成為俘虜。他被囚禁在羅馬二十年。
他改正自己的行為後，被復位。他統治到死，二十五年。有人
說三十年。

　　他的繼承人是阿蒙（Amon 或 Amun），他既不信真主，也
不聽真主，他崇拜偶像。當他褻瀆真主到了極致，瘸子法老從
埃及帶了大軍討伐他，大殺以色列人以後，把他捉去埃及，他
死在那裡。他統治五年。有些作家的算法不同。在他之後，他
的兄弟 Tufil 繼位[17]，他是先知 Danial 的父親。當他在位時，以巴
里黑為首都的波斯帝國的波斯王，命令阿拉伯的伊拉克總督尼
布甲尼撒（即 el-Bokhta Nassar）進軍以色列[18]；他殺了很多他們

都尼尼微。以後，伊朗的太祖居魯士王攻下米地帝國，釋放他們回家。有
些歷史學家認為猶太教於西元前七世紀，由被俘去米地國的猶太人成立。

15　耶路撒冷沒有失守。

16　君士坦丁是西元三、四世紀人，此事不可能。英譯者認為是抄書人亂寫。
　　Masudi 的原文應是 Atur 王 Mardokempad。

17　《討拉特・歐宰爾》有不同的記錄。在他之後，他的兒子約西亞（Josial）
　　繼位。

18　歷史上，尼布甲尼撒是新巴比倫帝國的國王，他的兒子尼布甲尼撒二世
　　進兵以色列的耶胡達王國。這是在西元前 587 年。以色列人被俘虜到巴比
　　倫。從此千年，巴比倫是以色列人的聚集地。有學者認為猶太人於西元前
　　六世紀，在此地創立了猶太教。以後，西元前 539 年，伊朗的阿契亞美尼
　　王朝滅新巴比倫帝國。

人後，把他們俘虜到伊拉克。他把《五部經》、先知的書及先王的世代紀都從耶路撒冷的廟宇拿走，丟到一個井裡。約櫃也落入他手裡，他放在他的國家裡。被俘的以色列人據說是一萬八千人。在這個時候，先知耶利米（Jeremiah）在。尼布甲尼撒對埃及發起戰役，殺了埃及國王瘸子法老。他向西方進軍，捕捉了一些國王，占領了一些市鎮。

以色列之復國

波斯王娶了一個被俘的以色列女子，生了一個孩子。以色列人被俘兩年以後，被釋放回家。當他們回到自己國家後，撒拉鐵的兒子所羅巴伯（Zerubbabel，the son of Salathel，或 Zorobabel，the son of Selathiel）為王。耶路撒冷的市鎮重建了，所有破壞也恢復了。他們從井裡得回《五部經》，國家繁榮了。國王用了四十六年休養國家；他命令他們按時祈禱，及其他法律規定的事項，那些被俘時顧不上的。

撒馬利亞人相信從井裡得到的《五部經》不是穆薩給他們的原本，而是有一大堆偽造、改造及變造。猶太人偽《五部經》的作者是所羅巴伯（Zerubbabel）[19]，他收集了那些憑記憶念出的經文，真本《五部經》在撒馬利亞人手裡。這個國王統治了四十六年。這段歷史的另一種說法是跟猶太婦人結婚的是尼布甲尼撒，是他釋放了以色列俘虜。

---

19 一般學者認為是Ezra根據多人的記憶重寫，有如中國漢代的「伏生傳經」，沿用至今。

易司馬儀的後裔

在易卜拉欣之後，他的兒子易司馬儀主管宮室（克爾白廟，在麥加）。真主任命他為先知，派他去亞摩利人處，葉門的一些部落處，禁止他們崇拜偶像。他們的一些人成為信士，可是大部分人還是執迷於假宗教。易司馬儀蒙得神庇有十二個兒子，即 Nabet（Nebaioth），Kidar，Abdil，Mibsam，Maisa（Mishma），Duma，Dowan，Mita（Massa），Hedda，Taim（Tema），Yetura，及 Nafis。易卜拉欣宣立易司馬儀為他的繼承人，易司馬儀立 Nabet 為儲，也有人說立了 Kidar。當易司馬儀逝世時，是一百三十七歲，埋葬於麥加廟（即 mesjid el-Haram）裡黑石的位置[20]。在他之後，他的兒子 Nabet 負責管理這座廟。他謹守他父親的行為規範及宗教。

爾撒（即耶穌）之前的先知

在達吾德之子素萊曼及爾撒之間，有好幾個先知們及聖者，如耶利米（Jeremiah，或 Aramaya）、丹尼爾（Daniel 或 Daniyal）、Ozair（Ezra）（他的先知的尊嚴是可否認的）、以賽亞（Isaiah，或 Shaya）、希西家（Hizkial，或 Ezekial）、以利亞斯（Elias，或 Ilyas）、以雅撒（el-Yasa，或 Elisha）、優努斯（Yunas 或 Jonas）[21]、Dul-Kifl[22] 以及 el-Khidhr[23]。Ibn Ishak（或

---

20 黑石是一塊八吋大小的石頭，是伊斯蘭教的信物，一說是天然隕石。
21 即在鯨魚肚中，生活了三天的人，見《古蘭經》第37章，139-148。
22 很多爭議。
23 見第三章。

Ibn Abbas）有一個經典性的報告，說耶利米（Jeremiah）裝聖人（不是真先知）。另一個先知是宰凱裡雅（Zakariya 或 Zakarias）他是 Adan 的兒子，達吾德的子孫，耶胡達人。他與 Imran 的女兒利習雅（Lishya，即伊利莎白，Elizabeth）結婚，她是爾撒麥西哈（Isa，即耶穌彌塞亞）的母親麥爾彥（Maryan，即聖母瑪利亞）的姐妹[24]。Imran 是 Maran Ben Yoakin 的兒子，也是達吾德的後人。利習雅與麥爾彥的母親是含納（Hannah）。利習雅生下葉哈雅（Yahya，即約翰 John，即施洗約翰），他是爾撒的姨兄弟。他的父親宰凱裡雅是個木匠。猶太人散布流言，說他要傷害麥爾彥，因此要把他處死，當他知道他們的意圖，他就躲在樹裡，藏在一個樹洞；但是，真主的敵人，易卜劣斯（魔鬼）向他們指出他的位置。他們劈開那棵樹，把他切成一斷一斷的。當麥爾彥的姐妹伊麗莎白生下宰凱裡雅之子葉哈雅[25]，她從王權之下，帶了她的孩子，逃到埃及。

當他（葉哈雅）成長後，真主命他去以色列的孩子們（這是習慣寫法，意為以色列的人民）那裡。他向他宣導真主要他們做的，及禁止他們做的，他們把他弄死。以色列人多次造反，真主從東方送來一個名叫 Hardash（Herodes）的國王。在他統治之下，所有正人都與宰凱裡雅之子葉哈雅同一命運；經過長期擾亂，他才停止流血。

---

24 按照基督教的新約，兩人同族不同宗，不是姐妹，甚至不是表姨姐妹。

25 猶太人傳言未來的基督是達吾德的子孫，所以葉哈雅是可能的基督。葉哈雅與爾撒誰是真基督？《新約》說葉哈雅（即施洗約翰）承認自己不是基督。

麥西哈・爾撒（即彌賽亞，耶穌）

　　當麥爾彥十七歲時，真主命天神加百利去見她，他把聖靈吹到她身上。她就懷了孩子麥西哈・爾撒，麥爾彥之子的基督身份的一個要素，是由於麥爾彥[26]，她在一個村鎮生下他，這個村鎮叫伯利恆，那距耶路撒冷有幾里路。那是在十二月[27]的第二十四日。在《古蘭經》裡，真主說了他的歷史[28]，基督徒相信爾撒起初遵守古老宗教的教規。他在約旦省Tiberas城一個叫el-Madras的猶太教堂[29]，花了29年或30年讀（及聽講課）《五部經》及別的古書。某一天，他在讀先知Elias的書，他看到在字行之間，寫了「您是我的先知以及我舉出的，我為我選擇了您。」他闔上書，遞給教堂的牧師，出去說：「真主的言語充滿了人子。」有人說爾撒住在約旦省，el-Lajjun區一個叫拿撒勒（Nasarah，或Nazareth）的市鎮。因此基督徒（在阿拉伯

---

26 即聖母馬利亞，是達吾德的子孫。基督教與猶太教及伊斯蘭教的根本不同點是爾撒與穆罕默德的身份，基督教認為爾撒是真主之子，而有「父、子、聖靈的三位一體」。猶太教不承認爾撒是真主之子，伊斯蘭教僅承認爾撒是眾先知之一，所以沒有三位一體。伊斯蘭教認為穆罕默德是最後的先知。伊斯蘭教宣稱《摩西五經》及《新約》皆非原本，代之以伊斯蘭教的《討拉特》及《引支勒》。

27 按照敘利亞曆法，第一Kanun即十二月。

28 【英譯者註】見《古蘭經》第三章。

29 人類建築房屋的遺跡，最早的是西元前6000年的耶利哥（Jerico），他們建築了平頂的房子，門在房頂上，用可以移動的梯子出入，有如西藏人的碉堡。以後，政權與教權亞重，所以建築富麗的王宮及廟宇。例如，埃及、巴比倫、希臘、印度、羅馬。中國最古的房屋，是西元前4000年半地穴式的「半坡遺址」，之後是傳說的西元前二十世紀夏禹的「玄宮」（黑房子），爾後中國祭祀的地方，稱為「社」，日本的名詞還是如此。

語）被稱為拿撒勒人。我去看過那座教堂，基督徒非常尊崇。那裡有石棺，藏有屍體，一種油質流出，像基督徒所信仰的一種水果（Roob）的濃汁。

麥西哈[30]走到加利利湖，在那兒他找到幾個漁夫[31]，他們是西庇太[32]的兒子，以及幾個邊緣人。馬太（Matta或Matthew）[33]、約翰（Yohanna，或John，漁民）、馬可（Mark，或Markush，漁民）以及路可（Luka，或Luke，漁民）是寫《福音書》及保留麥西哈聖跡的四位使徒：他們報告了他的誕生，及他被宰凱裡雅的兒子葉哈雅（也叫施洗約翰），在加利利湖受洗，那湖水流入約旦河；真主榮譽他，而通過他實現的奇跡，猶太人怎麼對待他，直到他三十三歲時升天。

在《福音書》裡，有一個關於麥西哈、麥爾彥以及木匠憂素福的長篇報導，但是，我們不好加入此處，因為真主沒有提起[34]，先知穆罕默德也未涉及。

30　即彌賽亞，救世主。
31　住在河邊、湖邊及海邊的舊石器時代古人，已知食用魚類，日本的琉球群島有二萬二千年前的海蚌製魚鉤的遺物。埃及金字塔的壁畫已有漁夫。
32　Zebedee，或Zabada。
33　稅吏，一般猶太人不與稅吏為伍。
34　在《古蘭經》裡，在《引支勒》即伊斯蘭教版本《新約》裡，有紀錄。

第六章

耶穌的後賢

　　在那一段時間的人物，即在爾撒（即耶穌）與穆罕默德之間的時間的人物。

　　Masudi曰：許多生活在爾撒與穆罕默德之間的人，信仰真主的唯一性[1]，並且相信真主送他到世上（為先知）。但是，他們之中有或沒有一個先知，都被否認。有人說易卜拉欣之子易司馬儀的子孫Hantalah Ben Safwan是一個先知，被送到Ashanti we-Rass，他們也是易司馬儀的子孫，分為兩個部落，一個叫Kodman，另一個叫Yamin或Rawil，都在葉門。當Hantalah Ben Safwan遵照真主，在他們當中站起來，他們殺害了他。以色列孩子們的一個先知，耶胡達人，受到真主的啟示，說尼布甲尼撒接到神聖的命令，前來與他們作戰[2]：祂消滅了他們。影射這一件事，真主說：「當他們感受到我們的力量，他們激動了……死亡與消災。」據說他們是希木葉爾人[3]，這也被他們

1　即不贊成「三位一體」。

2　他們不理。

3　葉門的原住民。

（希木葉爾人）之一的一個詩人寫了弔詩：

> 「我的淚水為Ashab er-Rass、Rawil而流，對Kahtanites部
> 落的懲罰，使那些不信主的人，從此歸拜真主了。」

　　依靠Wahb Ben Monabbih的權威，可以說雙角人（Dul-
Karnein）與亞歷山大大帝是同一人，生活在爾撒之後[4]，與穆罕
默德之前。他夢到他接近太陽，他抓住太陽的東西兩角。他
把這個夢告訴他的人民，他們叫他「雙角人」（即太陽的兩
邊）。關於他，有很多不同意見，都可以在我們的書《時間的
歷史》及《中冊》找到，我們會給他的歷史一個瀏覽——在本
書的章節，當我們研究希臘與拜占庭帝國時。

洞中七個睡著的人

　　同樣地，歷史學家不互相同意於洞中人的故事[5]：有人說他
們生活在這段時間，有人有不同的看法。我們要加入一段他們
故事的簡要：在本書的（十八章）關於羅馬皇帝們的文字中。

4　英譯者認為Masudi熟知亞歷山大之事，不至於把西元前四世紀的人亞歷山
　　大大帝，誤寫成西元後的人。因為阿拉伯歷史學者，特別是Masudi的習慣
　　是遇事如有根據則記，不由本人判斷真假。當然亞歷山大的事，知道時代
　　錯誤，但是雙角人的故事，流傳千古。當然，也有可能，這是某一葉門國
　　王的故事。
5　這是基督教與伊斯蘭教的神奇故事。類似避秦的「桃花源記」，故事是在
　　西元250年左右，七個青年基督徒，逃避羅馬官吏的宗教迫害及追捕，躲
　　入山洞，睡了一夜，洞外已過三百年。出洞再見人世。基督教已成羅馬的
　　國教。伊斯蘭教徒請參見《古蘭經》18章，9-26。

對於其餘的，我們把他們的冒險故事寫在《中冊》，以及更早出版的《時間的歷史》。

George

生活在爾撒之後的人們中，有一個人叫 George。他生在有的使徒還活著的時候。真主使令他去見摩蘇爾（el-Mausil）國王，勸他信仰基督教，但是國王殺了他，真主使他復活，又第二次送他去，國王又殺了他；真主又使他復活，第三次送他去；現在，國王燒死他，把骨灰丟入底格里斯河。真主毀滅了這個國王，及所有跟隨他的臣民。聖經的追隨者傳述這個故事，它在討論起始的書裡，以及 Wahb Ben Monabbib 及其他作者的（穆罕默德的）傳記中。

三個使徒

另外一個在這段時間出現的人是 Habib en-Nejjar，他生活在敘利亞的安都（Antioch），是一個統治國家的暴君，崇拜偶像。麥西哈送了兩名使徒去見他，要他信仰主。他把他們關起來，加以虐待，一直到真主幫助，祂又送了第三個人。至於這個人是誰，是有不同說法的；多數作家認為他是彼得（如果我們用希臘文），這位使徒的名字用阿拉伯文是 Siman，用敘利亞文是 Shamun。這是 Shamun，混合者（brasser）。

但是很多歷史學家及基督教各派的共同意見是，第三個幫助他們的使徒是保羅（Paul），而那兩個已被關押的是多馬（Thomas）及彼得。他們有一個長時間的與國王的對談，表現

奇蹟與證明：他們治好了天生瞎子、大麻瘋、使死者復活。保羅成功使國王接見，他得到國王的好感，國王放了他的兩個同伴。Habib en-Nejjar[6]來了，當他看到他們的跡象時，他相信了他們。在《古蘭經》中，真主用下列的話來說明：「我曾派遣兩個使者去教化那些居民，但他們否認了他們倆的使命，我就以第三個使者去援助他們倆等等，一直到有一個人從城中最遠的地方跑來。」[7]

彼得與保羅在羅馬被殺。許多人說，在他們長時間與羅馬皇帝及魔法師Saiman[8]接觸後，他們頭朝下，被釘在十字架上。在基督教勝利以後，他們被放在該城教堂的水晶棺材裡。

在《中冊》裡，我們會敘述上面的故事，當我們談羅馬的奇事時，我們跟蹤麥西哈的使徒們，及他們散布全球的事。我們要在這本書裡，簡論他們的故事。

火坑

火坑故事的撰寫人，生活在這段時間，發生在葉門的Najran國，當時是卷髮王（Du Nowas）當國，他殺了耳環王（Du Shenatir）。他是一個猶太人；聽到Najran城有跟隨麥西哈的人[9]，他自己來到Najran城，掘了一個大坑，填滿燒紅的火，宣告居民信仰猶太教：跟從他的人，就自由無事；但是那些拒

6　統治者。
7　我們引用中文《古蘭經》原文，第36章，14-20條。此經中，沒提到國王。
8　即Simon Magus。
9　即基督徒。

絕遵命的人，就被丟入火坑。來了一個女人，帶了一個七月大的小孩，她拒絕污蔑她的宗教。她被帶到火坑旁，當她恐懼的時候，真主讓小孩說話，他說：「媽媽，別怕，要有信心，您不會再遇到一個火坑。」他倆都被推入火坑。他們是真信者，相信真主的唯一性，不像現代基督徒那樣（相信三位一體）。這樣的殘忍，震動了一個叫 Du Thaleban 的人，他向羅馬皇帝求救。羅馬皇帝寫信給附近的阿比西尼亞國王 Nejashi 關於這件事。這就是阿比西尼亞侵入葉門的根源。他降伏了這個國家，直到 Du Yasan[10] 得到 Anushirwan[11] 的助力，聯繫了幾個國王的協助[12]，我們記錄在我們的書《時間的歷史》及《中冊》；我們要在（四十三章），當我們討論 Du 姓及葉門王時，給這些事一個總結性的陳述。

先知 Khaled 的故事

Khaled Ben Sinan el-Absi 也生活在這一段時間：他的全名是 Khaled Ben Sinan Ben Ayyath（Ghaith）Ben Abs[13]。他被先知（穆罕默德）提到，先知說：「有一個先知被他的國家毀了。」故事是這樣的：阿拉伯地區大火，引發了阿拉伯人的騷動與不安，因此，拜火的行為普遍了，許多人都這麼做，Khaled 拿

10　【英譯者註】希木葉爾人國王，領有 Yasan 谷地者。

11　即伊朗薩珊王朝的著名國王 Krosrow I，這個名號是「不朽靈魂」的意思。

12　才驅逐阿比西尼亞人。

13　Khaled 男子名，意為不朽。此人是作家中的聖賢，自認為爾撒後的唯一先知。

一根棍子打火，他大聲叫：「來，來，靠著真主恩典，我們能贏：我進入火圈，他們冒出火焰，我退出火圈，什麼獎賞也沒有」：這樣，他消滅了火災。當他快死時，他告訴他的兄弟們：「當我被埋葬後，一群希木葉爾種（Himyartes）的野驢子要來，有一個沒有尾巴的驢子領著牠們，牠在我墳上蹶踢子。當你看到這件事時，打開墳墓，我會走出來，向你們報告發生的每一件事。」當他們埋葬了他，他們看到他所預言的一切；他們準備把他挖出來。但是他們之間，有些人反對，說：「我們擔心這樣會驚動別的阿拉伯死者，阿拉伯活人會責怪我們。」[14]當他的女兒來到先知處，聽到他唸（《古蘭經》的句子）「啊！他是永恆的真主，」她說，「家父也用同樣的句子。」在本書的另一部分，我們將進一步談論這個人。

先知Riat esh-Shanni的故事

Masudi曰：在這一段時間，還有Riatesh-Shanni：他最初屬於Abd el-Kais部落，後來是Shann部落。他信仰在穆罕默德的使命之前的麥西哈的宗教。他們聽到上天發出的聲音：「地面有三個好人：Rait esh-Shanni，修士Bohairah[15]，以及一個未來的人[16]。有人發現Riat的每個孩子的墳上，都有小雨灑水。

---

14 阿拉伯墓地形如西方墓地，整齊排列死者。

15 即景教修士Bohira，他觀察到樹枝與雲層移動，替九歲的穆罕默德遮蔭，因此察覺到他的先知身份。

16 指先知穆罕默德。

Assad Abu Karib el-Himyari

另一個生活在這個時候的人是 Assad Abu Karib el-Himyari[17]。他是穆罕默德先知的信徒，雖然他活在先知的七百年前。他說：

> 「我宣布穆罕默德是創造萬物的主的先知；如果我生在他的年代，我要做他的大臣與親友。」

他是首先把克爾白寺[18]外裝皮套的人，他說：「我把主命為禁寺裝上外套，用富麗的彩色包住它。」

Koss Ben Saidah

部落 Iyad Ben Nizar Ben Maadd 的人 Koss Ben Saidah 是一個阿拉伯的哲學家，他相信主送來先知們。他是那個說：「活著的會死，死了的會飛，長大的吃了走路的。」他的智慧與智力成了成語。El-Asha（詩人）說：「比 Koss 還聰明，比洞穴的囚人還勇敢，在遼闊的叢林裡。」（這個謎語的謎底是獅子）

從 Iyad，有一個代表團去見先知，他問他們關於 Koss。他們說他死了；穆罕默德說：「我似乎看見他在 Okat 的趕集會[19]，騎著一匹紅色的駱駝，說：「人民啊！集合吧，聽我說，哭泣

17　他是葉門國的國王。

18　麥加的禁寺，明代《瀛涯勝覽》稱為「愷阿白」。

19　每年十一月初一到二十在 Nakhlak 附近的 Okat 大集會。

吧，活著的會死，死了的會飛，長大的吃了走路的。但然後，上天會告訴我們，地面會要我們去沉思，各海起浪，眾星落下，天頂升起，地面穩當不動。」Koss 以主的名義起誓：「比起你們的宗教，主更接受另一種信仰。為什麼人們走了就不回來？哪兒更好？或者他們結束了？他們睡著了？他們都走同一條路？但是他們行為各異。他（對先知）說了一些詩句，我忘了。」

Abu Bekr es-Sadik[20] 起立說：「我記得這些詩句，噢，真主的先知。」他背誦詩句如次：

> 「我知道一些名人在我們面前逝去，我看到他們走向死亡而不反抗。在我的沉思中，我看到同樣的事：他們不論大、小，都消失了。走了的人不會回來，活著的人不會就停在後邊。我確定沒有例外的，他們都會去。」

先知說：「希望主對 Koss 仁慈。我希望祂以祂的豐盛獎賞他。」

Masudi 曰：Koss 用詩歌、警句、出眾的舉動，使自己出名，這些事，我們都記錄在我們的書《時間的歷史》及《中冊》裡，在那裡，我們有他對醫學、鳥語及徵兆對命運的影響的研究，以及他自然科學的知識。

20　即 Abu Bakr es-Siddiq，先知的伴當，第一任哈里發。

Abu Said

Zeid Ben Amr Ben Nofail 是那個時代的名人。Abu Said 是他的兒子，是穆罕默德先知答應進入樂園的十個人之一，是 Omar Ben el-Khattab 的姪兒。Abu Said 反對崇拜偶像，對誰都說。el-Khattab 向麥加的愚人們通報，並把他送入他們的權力圈。他們制裁他，他住在 Hera[21] 的一個洞穴裡。他祕密到了麥加，然後去了敘利亞；他繼續講宗教上的推測，直到基督徒給他下毒。他死在敘利亞。他與國王及翻譯有幾件事往還，以及在他與大馬士革的 Ghasanite 王之間的事，我們都記錄在以前的書裡。

Omaiyah 的故事

Omaiyah Ben Abi-s-Salt eth-Thakefi[22] 也是一個在這個時代使自己出名的人。他是一個詩人，一個非常穩定的人。因為與敘利亞商業來往的關係，他認識幾個信仰啟示的人，有猶太教徒與基督教徒：他讀他們的聖經，知道阿拉伯人會出先知。在好幾個詩篇裡，他處理宗教信徒的題材，敘述上天與地球、日與月、天神與先知。他也慶賀先知的使命，死者復活，天堂與地獄。他歌頌真主，承認祂的唯一性，詩句如次：

---

21 【英譯者註】麥加附近的山區。
22 七世紀詩人，一神論者，是猶太教與基督教的教外人士，與倭馬亞王朝不同宗。

「讚美歸於主，沒有像祂的。不懂這條真理，就是對不起
自己。」

下面的句子，表示他對樂園的看法：

「沒有閒扯，不幹壞事，也不沾名，這是他們永久的家。」

Omaiyah之死

　　當他聽到先知的使命，他非常憤怒與不高興，但是，無論
如何，他到了麥地那，準備做一個穆斯林，可是嫉妒心改變了
他的初志，他回到et-Tayif[23]。一天，他與一個女子參加一個酒
會，一隻烏鴉落下，叫了三聲，就飛走了。Omaiyah問大家：
「你們知道烏鴉說什麼嗎？」大家回答：「不知道。」他宣稱
牠說Omaiyah活不到第三杯酒。酒會的人說這是不可能的，他
說：「那就舉杯吧！」當第三巡酒到了Omaiyah，他暈倒了，
長時間毫無生氣。然後，他說：「我為你服務！我為你服務！
──你叫我來。我是受到聖寵、而又不知感恩的人。你是至
上的，噢，真主，原諒一切吧，難道你有一個不犯錯的僕人
嗎？」他又說了以下的詩句：

「審判日是一個嚴肅的日子；想一想就使青年人的頭髮變
灰。」

23　今麥加省Taif，夏季涼爽。

「在天上，希望能到一個山頂，放牧一群野山羊，直到那
一天。」

「誰也活不久，一個人活了一世紀長，也得走。」

說完這些詩句，他嘆了口氣。嘆口氣後，他的靈魂離體
了。

Omaiyah 的警句

Masudi曰：非常了解阿拉伯人的戰爭時代，及過去歷史的
古史學家如Ben Dab，al-Haithem，Ben Adi，Abu Mihknaf Lut
Ben Yahya以及Mohammed Ben es-Sayib el-Kelbi。下面的故事
是Koraishite[24]把族人說的「用你的名字，噢，我的真主」寫在
每篇文章之首的最初原因。Omaiyah Ben Abi-s-Salt，Thakefite
人，同一些他的族人及其他人去敘利亞。在商隊回程路上，
他們停留在一個站上，他們一起吃晚飯的時候，一條小蛇出
現並接近他們。他們其中一人，朝小蛇的臉部撒沙子，小蛇
就離開了。他們準備好上路，整理好畜獸，正離開休息站。
不遠的地方，一個老女人，柱著拐杖從沙丘上，下來說：「你
們為什麼不能對一個到你們晚餐桌前的小孤女多關懷些，給
她點食物？」他們問她：「您是誰？」她回答：「我是爬行者
的母親。或者幾年內，你們遭厄運，或者靠著真主，你們會
弄錯路，在這個國家裡四散。」然後，她用拐杖敲打地面，

---

24 麥加貴族，起初反對穆罕默德，後來與他合作。

揚起砂子，說：「他們的家離得遠遠的，他們的畜獸跑得光光的。」駱駝開始躲人，似乎每一匹都馱著一個易卜劣斯；誰也拉不住，牠們在谷地裡逃散。我們從一天晚上忙到次日早上，好不容易，我們歸攏牠們。當我們使牠們跪下載貨繼續行程時，這個女人又出現了，像第一次那樣，拿著她的拐杖，說同樣的話；駱駝又開始躲人，誰也沒辦法。又次日，我們努力去歸攏牠們，去裝貨。那個女人又來了，重複第一天、第二天的事，駱駝們又跑了。在月光下，我們拚命找我們的負重動物，我們對 Omaiyah Ben Abi-s-Salt 說：「對於我們的情況，您怎麼說？」他爬上那個女人出現的沙丘，從那個沙丘的另一邊下來，又爬過下一個沙丘，又從另一邊下來，他看到一個基督教小教堂，裡面點著蠟燭，一名白頭髮白鬍子的男人橫躺在教堂門口。他繼續說：「當我站在他面前，他抬起頭問：『你是一個信徒嗎？』我說：『是的』，他進一步問：『你的同伴[25]從哪一面對你說話？』我說：『從左耳。』他詢問我同伴衣服的顏色。我回答：『他穿黑色的。這是精靈的習慣，您最好別如是。在這種事情上，從右耳說話，最好的服色是白色。但是，你求什麼事？』我告訴他老女人的事，他回答說：『您講真話。但是她不老實。她是一個猶太女人，多年前死了丈夫，她要不斷玩同一套魔法，如果能毀滅你，她會做的。』Omaiyah問：『我們怎麼能脫離呢？』他說：『集合你的駱駝，如果她再來施展魔法，那你高調說七次，然後低調說七次』『用你的

25　當時宗教受迫害，此處同伴應是指引人的意思。

名字，噢，我的真主。』『那她就不能害你們了。』」

　　Omaiyah回到商隊，報告了他的經歷。那個老女人又來了，做她以前做的事，他高調說七次，然後低調說七次，「用你的名字，噢，我的真主。」講完以後，駱駝不跑了。女人說：「我知道你的人，他是上面白，下面黑。」他們繼續他們的行程；第二天他們看到Omaiyah得了大麻瘋，臉上、脖子、胸部都是，下半身是黑色的。當他們到了麥加，他們講了這件事。城市居民開始在文章前面，按上「用你的名字，噢，我的真主。」這個公式一直使用到伊斯蘭教興起；此後使用新的公式：「以至仁至慈的真主之名」。

　　除此之外Omaiyah還有幾件冒險故事，我們都寫入《時間的歷史》以及其他的書。

Warakah

　　另一個在這一段時期的人Warakah（Warikah）Ben Naufel Ben Asad Ben Abdul-Ozza Ben Kosaiy是Khadijah[26]的堂兄[27]。Khadijah的父親是Khowailid，她是先知的妻子。Warakah研讀聖經並參與討論，因為他要求增加知識，避免崇拜偶像。他告訴Khadijah，穆罕默德會成為阿拉伯人的先知，但是人們會對不起他，他被編排成說故事人。他見到先知，對他說：「噢，我的堂兄弟（阿拉伯人的特別用語，即朋友之義），在您的生

26　她出生麥加世家，是一富孀，穆罕默德曾為她管理商隊。後二人結婚，她是穆罕默德的第一個信徒。她與先知的女兒法蒂瑪為什葉派崇敬。

27　景教的牧師。

涯中，您要堅強，靠著祂，Warakah 的靈魂在祂手裡，您是國家的先知。人們會對不起您，人家叫您騙子。把您從自己的家裡趕走。跟您打架。我只希望能活到那個時候，站在真主那一邊。」

他死的時候是基督徒，還是穆斯林？這是弄不清的事情；有些作者說，當穆罕默德做先知工作時，他早死了[28]，不同意的人提出下列他對穆罕默德的頌詞：「他是溫和的，不記前仇的，永遠不要報復，既使受到傷害，也不發脾氣，不恨之入骨。」

Odasah

另外一個活在這段時間的人是 Odasah，尼尼微人 Otbah Ben Rabiah 的自由奴；當先知到 et-Tayif 傳教，他見到先知。這一次，先知在棕櫚樹叢，與當地居民有長時間的討論。雖然他承認先知，在 Bedr 戰役[29]戰死時他是基督徒。

Abu Kais Sarmah

Abu Kais Sarmah Ben Abi Anas 是屬於 Beni en-Nejja 部落的 Anas 的兒子之一。他過著一種節欲的生活，衣服粗陋，不拜偶像，把他的居室改建成一個小教堂，來月經的女人及染惡習者，不允入內；他尊崇易卜拉欣的真主。當先知到了麥廸那，

28　他死於 610 年，正當真主開始啟示先知之年。

29　回曆二年，穆罕默德率領三百人，從麥地那出發，伏擊麥加商隊，與千人的麥加援軍戰而勝之。是伊斯蘭史上的轉捩點。

他加入伊斯蘭教，並證明是一個好的穆斯林。為了他，《古蘭經》上有啟示[30]，所謂（黎明的啟示）：「可以吃，可以飲，至黎明時天邊的黑線與白線對你們截然劃分。」他對穆罕默德有如此的言詞：「有十人一隊的人，一隊一隊到麥加，看看能不能找到一個愛護真理的人。」

Abu Amir el-Ausi

Abu Amir el-Ausi 的名字是 Abd Smr Ben Saifi Ben en-Noman，屬於 Beni Amr Ben Auf，el-Aus 族人。他與 Abu Hantalah 是同一人，家姓 Ghasil el-Malayikah，是一個酋長，過著一種節欲的生活，衣服粗陋，當時是不知光明的無知時期[31]。先知到了麥迪那，他與先知長談。此後，他帶了六十個青年奴隸去敘利亞，死的時候，是個基督徒。

Abudullah Ben Jahsh el-Asadi

另一個生活在這一段時間的人是 Abudullah Ben Jahsh el-Asadi：他是 Asad Ben Khozaimah 部落人。在 Abi Sofyan Ben Harb 的女兒 Omm Habibah 嫁給先知之前，他娶她為妻。他讀過聖經，傾向於基督教。當穆罕默德開始先知的工作，他與別的穆斯林一起，帶著 Omm Habibah 移民到阿比西尼亞。他揚棄了伊斯蘭教，死時是基督徒。

30　見《古蘭經》第2章，187條。
31　指伊斯蘭教未興時。

　　他習慣說：「我們懂，你想張開你的眼睛。」這句話的意義是來自剛生的小狗；據說一隻狗，當出生以後，牠想張開眼睛，（他表演張開眼睛）但是，如果牠努力張開眼睛，而張不開，那牠就完了。他死後，阿比西尼亞王Nijashi把Abi Sofyn的女兒Omm Habibah嫁給先知，給她一份四百迪納爾（dinars，銀幣）的嫁粧。

Bohaira

　　修士Bohaira也生活在這段時間；他是基督教的教徒，他在基督教的書上，被稱為Serjis（Sergius）。Bohaira屬於Abdulkais部落。當穆罕默德十三歲，與Abu Taleb、Abu Bekr以及Belal到敘利亞的一次商業旅行，他們經過Bohaira，他坐在小房間裡，他認出先知，把先知的外貌與在先知身上的跡象與他的書相比較，又觀察到雲層在他坐下時，替他遮蔭。Bohaira把他們當客人招待，對他們十分恭敬，請他們用點心。他從他的小房間出來，觀看先知兩肩之間的印記，用手撫摸，相信他。Bohaira知會Abu Bekr以及Belal先知的命運，請求先知從同一條路回來。他警告他們小心聖經的信徒。他的叔叔Abu Taleb心裡有數，與他同時回來。當他回到麥加後，認識了Khadijah，她收到的他的旅行故事及那些跡象，這使她相信他是先知（先知接收到天使加百利轉達真主的啟示，先知集為《古蘭經》。有少數基督徒說，他關於《討拉特》、《引支勒》的知識，其實是Bohaira告訴他的）。

三、四、五、六章小結

Masudi曰：這是從創世開始，我們知道的歷史進程的複習。我們只談在書本（經書，特別是《古蘭經》）裡提到以及啟示的事實，它們都由先知們解釋過。現在，我們要找出印度王國的起點，簡短反思他們在宗教上的推測，然後我們跟隨別的帝國的紀錄，就像我們在聖書上發現的一樣，我們給出以色列國王們的紀錄。

第七章

印度簡史，他們的宗教觀點，他們王國的來源

　　Masudi曰：所有既能成熟的反思又能深入研究的，而且又能洞察人類歷史及人類起源的歷史學家，一致同意在遠古時期，印度人是人類中，享受和平與智慧的紅利的那一部分人。當人們結成團體，形成社會，印度人用他們的帝國擠進行列，征服那些國家，要當眾國之主。印度人的大人物說：我們是開始，也是目的。我們是完美的，優秀的，也是完備的。這個世界上，所有有價值的，有重要性的事物，全是我們原創的。我們不允許任何人拒絕我們，或反對我們；我們要攻擊任何敢向我們舉劍的人，他只能戰鬥或投降[1]。

1　按照大陸飄移學說，一億二千萬年前，南半球的超級大陸Gondwana分裂一塊土地，向北飄流，在五千萬年前，這塊土地撞上歐亞大陸，堆起了喜馬拉亞山脈，這塊土地就是印度。本書發表於十世紀，當然不能預知之後的歷史研究。二十世紀的考古發掘發現，大約五萬年前，印度已有非洲移民居住，大約六、七千年前，今巴基斯坦的印度河流域的原始印度人形成城市，發展農牧業與文字，在西元前3500到2700年，即中國的傳說黃帝時代之前，印度河流域的人民已有文字，在西元前2700年到1800年，印

145

度河流域的文字進一步發展，他們遺留四千多枚印章，一半是圖形，一半是拼音文字符號，可惜經過努力，還不能解讀。他們種植大、小麥，與兩河流域同。西元前五千紀時，已種植棉花，紡紗織布。中國至宋末元初，黃道婆才在中國推廣植棉織布。中國比印度晚了六千年織棉布。他們用泥磚、木柱及草席建築房屋，四面圍成四合院，富有者有樓房。他們也善盡文化傳承的義務：例如雞的傳播世界。當時，他們開始飼養自泰國進口的紅毛原雞（red fowl）。中國南部可能更早從中南半島進口原雞，原雞從中國南部傳到東亞各地，從印度傳播到中東、歐洲及非洲。甚至有人預測，百萬年後，考古學家將把我們這個時代稱呼為「雞人」時代，因為我們吃的雞實在太多了。又如稻米的傳播。大約西元前9500年到西元前6000年，在中國南方長江流域的「河姆渡」等地開始種稻。當時在中國史前傳說之前：一直到西元前2600年，傳說的黃帝族、即夏族，才在山西與苗族大戰。那麼久遠的時候，在「河姆渡」等地居住的先民，據現在推測，可能是「前南島民族」（pre-austronesian），即中南半島居民及臺灣原居民的先祖，以後他們的子孫逐步與夏族混血。前南島民族的先祖開始種植粳米，西元前2500年，傳到印度，品種改為秈米。在西元前2000年以後，印歐白種人自中亞移入印度北部。在西元前1500年，他們有許多文字書寫系統，記口耳相傳的經書，如波羅米文（Brahmi，書寫許多語言系統，例如梵文、驢唇文〔Kharosthi，傳說是驢唇仙人所制，有驢唇文佛經，洛陽有驢唇文的殘井欄，南疆尼雅（Niya）在漢代通用驢唇文，有不少遺物〕）、巴利文（Pali，據說佛陀時代，是佛陀傳道的摩竭陀國的俗文，現存佛經的兩大系統是漢文系統及斯里蘭卡的巴利文系統。據說，兩者的經文不完全相同：例如，《心經》經文在漢文有「四大皆空」，在巴利文是「四大近空」，一字之差，差別多了）。再如甘蔗，甘蔗原產於印尼的新幾內亞島，西元前七世紀傳到印度，見佛經，西元一世紀歐洲人始知，稱「蘆葦產蜂蜜」。西元五世紀時，由印度僧人傳到中國，開始種植甘蔗，見梁代陶弘景的《增補本草綱目》，製糖之法在唐太宗時代傳入中國。約略同時，印度商人把植蔗製糖之法，傳到中東。十五世紀傳到歐洲。另有竹蔗源自臺灣的原居民及中國南部的原居民，竹蔗傳到日本，製作「和三盆」糖。甘蔗與竹蔗原來都是豬的飼料。現在世界的作物生產量，甘蔗第一，玉米第二，稻米第三。以前糖果是帝王的享受與帝王的獎賞，現已遍及民間。印度文明次於兩河流域的蘇美人文明，可能早於埃及文明。原始印度人可能是蘇美人的近親，居住在印度河（本書稱彌蘭河，《多桑蒙古史》稱為申河）流域。人類文明始於農業或畜牧業。農業需要水的灌溉，重要的是兩河、尼羅河、印度河及黃河，而北美的馬雅文明是建築在一群小河上。其中兩河、尼羅河及印度河都是自南流向北或自北流向南。例如

印度河自北流向南，由於地球自轉，帶少量向東動量的河水，流到下游，遇到大量向東動量的土地，河水衝擊河流西岸，因此河床逐漸向西移動，河水逐漸遠離農莊，帶來印度河文明的消亡。人類所認識的印度史是印度河文明消亡後，大約西元前二千紀的初期，略相當於中國傳聞的夏代，在裏海北岸畜牧的、從非洲移民的印歐人，南下通過阿富汗，進入北印度，當時印歐人傳唱了史詩《大戰書》（Mahabharata），帶著吠陀經、馬戰車，移民於印度半島向東流的恆河流域，這是印度的吠陀時代。印度進入青銅及鋼鐵時代。最初，只有高溫才能煉鐵，鐵很珍稀，之後南印度的煉鐵術逐漸發展，鐵成為賤金。印度逐漸結成眾小國，傳唱了另一部史詩《羅摩 那》，內容是王子羅摩，四處尋找他被虜的妻子Sita（希臘美女海倫私奔，引起十年特洛伊之戰，流名千古。印度女子Sita被虜，引出印度兩大史詩之一，留芳萬世。中國女子妲己被稱為九尾狐狸）。可能是寫印度征服史。最後他到錫蘭島搜尋，才找到Sita。印歐人融合原始印度人的宗教，成立複雜而又廣泛的印度教以及四階層社會制度。原始印度人退入西、南印度，自立門戶，稱為達羅毗荼人（Dravidians）。之後到了西元前600年的佛陀時代，各小國合併成十六大國，這是印度的古代。印度到了西元前四世紀亞歷山大大帝東征印度的時代後，孔雀王朝才統一印度。印度的對外貿易逐漸展開。在西元前，漢代的張騫在阿富汗，聽到印度西部身毒的名聲。當時，印度的高炭Wootz鋼已商業化，揚名世界。西元前，與棉布行銷中東、歐洲（見《第一世紀的印度洋商旅》）。中國的煉鐵也很早，一直想把鐵煉成君王用的寶劍寶刀。中國有干將、莫邪鑄寶劍的故事傳說，一直到三國時代，劉備鑄造了三十口寶劍，但關羽還是用以重量取勝的八十三斤大關刀。一般民眾不可能用鋼刀切菜。在南北朝出現了商業化的鑌鐵，與Wootz鋼都是高碳鋼，鑌字可能是表示此種鋼鐵是來自罽賓，印度北部。印度統一後，一百五十年，孔雀王朝覆滅，以後經過貴霜王朝（在貴霜王朝覆滅後，西元第五世紀，法顯和尚訪問印度）、笈多王朝及戒日王朝（唐代玄奘訪問印度），進入印度中世紀。此後列國分爭，多次部分統一、分裂。直到蒙古的莫臥兒王朝。一直是繁榮昌盛，例如在十世紀時，印度的GDP約占全球的四分之一，與中國相當，超過全歐洲。西元十八世紀以後，英國取得印度，把棉布的生產轉移到英國，完成人類歷史上的最大的一次產業轉移。從此，富裕的印度變成貧窮。貧窮的英國變成富裕。為了紀念印度生產綿布，印度的國旗上，有一個紡車。自從南北朝以後，海路大行，蠶絲傳入印度，現在印度是世界第二產絲國。茶葉的生產也是如此。長期以來，印度供給世界上的大部分香料。許多原產於印度的蔬菜，如佛豆（即蠶豆）、茄子、長豇豆等等，都移植入中國。

巴羅門國王

　　因為如此這般的考慮，印度人選擇了巴羅門（Barabman）為第一個國王。他是一個最高的波羅門，最偉大的國王，最前座的伊瑪目[2]，在他的時代，哲學一片榮景，一群有知識的人領導國家。他們從礦石裡煉鐵鑄劍、匕首以及一些戰具：他們建廟宇，用放光的寶石裝飾它們，在廟宇裡放了宇宙天球、十二星座以及眾星。他們形象地表達宇宙系統的觀點，甚至了解天上眾星能影響地面，它們可以產生不同的動物，有的理性化，有的情緒化。他是可見的最偉大的統治者，人間的太陽。

　　巴羅門寫了一本書，那兒有上面那些題目的所有證明，並且給大眾清晰易懂的說明，給精英們心領神會的超級知識，讓他知道誰是第一動因[3]，祂招呼萬物在世間出現，以祂的豐盛擁

2　古代各民族傳說，都起自某一個聖王。例如兩河流域有英雄國王
　　Gilgamesh，中國有黃帝的傳說。歷史上，印度是由部落合併成小國，小國
　　合併成大國，到佛陀時代，還有十六大國，並未由一個國王統治全印度。
　　巴羅門可能是印度教的創世神Brabma，即佛教的梵天。又加上Vishnu守
　　護神，Shiva毀滅神。成了三位神。對應於生物的生、長及死亡，以及後
　　世佛教的成住壞空。也有人加上各種神靈，也有人否認一切神靈。總之，
　　這些歷史是傳說，不可當真。
3　指上帝。其實，印度教是包含泛神、多神、一神、無神的複雜又廣泛的原
　　始宗教，並非單一崇拜上帝的一神論者。西元前六世紀，在印度教的環境
　　下，佛陀創立佛教，只承認個人修行，不承認外力的神庇。這是一種無神
　　論，盛極一時。西元七世紀，伊斯蘭教出世，在伊朗、中亞及身毒、新疆
　　取代佛教。十三世紀時，進入印度。印度教也經過改良，承認佛陀是創世
　　天神轉世，吸收佛教徒。如今，佛教徒已不足印度人口的1%。最早的一
　　神教是伊朗的拜火教。伊朗的原始拜火教，經瑣羅亞斯德改良而成傳世的
　　拜火教。他的生平不詳，大概是西元前八世紀至前十五世紀的人。他以生
　　下來就會笑而聞名於世。他們已有上帝、魔鬼、地獄、自由意志、處女產

抱萬物。印度人服從他們的國王。他要他們享受他們的國家豐產的作物、世間的幸福。

　　他召集全國有智慧的人，在他的時期，寫了一本書《es-Sindbind》即《所有目標的最後目標》[4]。這是別的書的根據。像《Al-Arjabhad》[5]，以及《天文大全》。從《Arjabhad》，我們得出面積求法，從托勒密的《天文大全》，以後得出根植於它的《天文表》。

阿拉伯數字與遠地點

　　他們發明了印度表數法的九個記號[6]。在目前（回曆332

子、救世主、死者復活、末世審判等等概念。後來西元前720年，新亞述帝國占領以色列北部的北以色列國，把猶太人送到米地國，猶太人從米地國的拜火教得到這些概念，創立了猶太教。或者，歷史上，尼布甲尼撒是新巴比倫帝國的國王，他的兒子尼布甲尼撒二世攻破以色列南部的耶胡達王國。這是在西元前587年。以色列人被俘虜到巴比倫。此後千年，巴比倫是以色列人的聚集地。有學者認為猶太人於西元前六世紀，在此地接受拜火教的影響，創立了猶太教，基督教、伊斯蘭教繼承之。在伊斯蘭教地區，一般承認拜火教、猶太教及基督教為古書的宗教，即合法宗教。拜火教經過中亞，吸收當地民俗後，改稱祆教，唐代傳入中國，元代較盛。近代金庸寫《倚天屠龍記》即以祆教為背景。今日，拜火教僅殘存於伊朗。本書認為印度教是一神教，是一種誤會。

4　即《Siddhanta》，成書日期約西元三世紀到西元九世紀。這是所有印度學問的彙編。印度古有《梨俱吠陀》（Rig Veda），成書於西元前十六世紀。

5　五世紀數學家Arjabahbata之書。

6　這是指十進位的記數法。有兩種說法：（1）西元前十二世紀中國的甲骨文，已用十進位的記數法，通行全國，西元四、五世紀以後，大量中國僧人遊學印度，可能傳播了這種優秀的記數法，西元八世紀，印度傳播這種記數法於阿拉伯世界。以後這種記數法傳播於全世界，世人稱之為阿拉伯數字。世人深入研究後，發現原來印度人先用了，其實可能是中國人發明

年），太陽的遠地點在雙子星座，這是他的看法。當遠地點走到南半球的星座，地球的表面會發生變化，現在可居住的地方變成不可居住，反之亦然[7]：因為南變成北，北變成南。他們在金屋[8]裡保存了天地形成的日期：他們記下最古的年表，以及他們製造月亮曆法的基礎資料，以及滿月在印度昇起的時間，當然別國用不上。他們討論了許多關於月球的事；但是我們此處無暇及之。這是一本歷史著作，不涉及哲學的研究及猜測：更進一步說，我們在《中冊》已有關於這些問題的總結[9]。

宇宙週期

　　一些印度人相信，每一千Hazarwan[10]世界重生一次，每當這段時間結束，存在又新生了，繁殖力又回來了，四腳動物又去了牧場，水又流了，動物又爬行了，牧草又長了，微風在空

的。在印度波羅米文（Brahmi）數學書中，一二三的寫法與中文的一二三一模一樣，驢唇文用的是一二三的算籌文的立式，頗見中文傳入的痕跡。中國算術學先進，希臘幾何學先進，印度、阿拉伯代數學先進。（2）印度的波羅米文字系統在西元四世紀創造了這個記數法）。巴羅門是解釋太陽遠地點移動的第一人，他認為遠地點每三千年走遍各星座（根據牛頓定律，如果只有太陽與地球，則地球的軌道是穩定的，但是如有別的行星及月球，地球的軌道是不穩定的，因此遠日點，相對而言，即太陽的遠地點，在空間移動）。

7　【英譯者註】阿拉伯人認為南極極熱，北極極冷。因此，南半球不可居住。

8　後文可見，金屋在印度河流域的莫爾潭國（即金屋國）。

9　印度天文學獨樹一幟，在西元七世紀時，傳入唐代中國，號《九執曆》。所謂九執，即日月五星，所謂七曜外，加入羅喉（Rahu）、計都（Ketu）兩個日月軌道在天球上的交點，這兩個交點與日月蝕的計算有關，而有九數，所謂九執曆。印度傳入中國的天文學佛經有《宿曜經》。

10　英譯者以為是311040000年。

氣中吹動。大多印度人相信，經過某一種週期，它會定時回來，開始時，這種回歸通過一種力量，它是形式的休眠於隱藏的生命中；但是它的本性是大能的，主體是一成不變的。它們規定了極限，決定了（完成復活這種力量的）時間，這就形成了大週期以及其發展。他們把它放在時代的長流裡，計算從頭到結束的時間是36000年。重複週期12000年。從這裡得出他們的Hazerwan的發展並影響力量。那個（小）的週期使每個存在物都存在得長或短（由宇宙的年齡而定）。在大週期的初期，事物的壽命較長，因為力量在作用時很自由，而在週期的末期，範圍變小，他們受了限制，多次重複（再生成為力量的生命）使生命受傷；因為在大週期開始的時候，生命的力量及物質的純潔性都是壓倒性的，都是自由的顯現。純潔性先於不純潔性，（在液體中）清晰的液體在濁沫之上，生命的長度與混沌物的純潔性成正比，與物體中的力量，那使物質活躍，延伸力量的完善，影響到整個混沌物，但是那些濁沫也帶來了退化，變壞，腐敗。但是在大週期的後段、末期，事物的外表已經變形，靈魂變弱，物體不純潔了；力量也受損了；不能保存的都腐朽了，萬事萬物都進入短期的反週期；生命的週期不能用世紀計算（而是用年歲計算）。

　　印度人給定我們上述理論的理性基礎。他們認為它們的證明在於（萬事萬物的）第一來源，以及Harzawans的週期，就像我們所說的，他們教導靈魂的各種神祕與奇妙處；它們與超自然現象，以及從上而下的原始過程；除此之外，關於開天闢地，巴羅門還有其他經典著作。

婆羅門及七個聖人

巴羅門一直統治到他死亡，共三百六十六年。一直到現在，他的後人稱為婆羅門。印度人尊重他們為最高種姓與貴族位置。他們不吃動物，男女都在脖子上掛一條黃帶子，就像劍上的帶子，表示他們與別的種姓之不同。

在古代及巴羅門時代，有七個聖人在金屋聚會，他們是全國都尊重的人們；他們互相交談：「讓我們統一我們對世界的現況及其神奇的猜測；我們從哪兒來的，到哪兒去，我們是不是從虛空中走向智慧，或相反？我們的製造者，祂使我們生長，從我們的存在，祂得到什麼好處？祂使我們在世界上逐漸消亡，這能彌補祂的什麼缺點嗎？[11] 祂會不會像我們一樣，有渴求與越老越小？如果真是如此，在我們應命出現、又快樂地享受時，祂為什麼不毀壞及消滅我們？」

大家都仰望的第一個聖人說：「你能不能找到一個對現在或者過去，有一定及正確觀念的人？」

第二個聰明人說：「如果大能者的智慧可以填入一個人的心智，那這個智慧一定變小了。這件東西超出理解範圍，人類的理性是太短了，如果我們要理解大能者。」

第三個聖人說：「我們必須從研究自身開始，因為這是離我們最近的，在研究遠物之前。」

第四個聖人說：「任何一個人的經驗都證明，不管他是哪

---

11 從進化論的觀點，原始生物可能長生不死，也不進化，但是會死的生物，後代可以進化，進化結果，終於戰勝不死的生物。死亡是進化論的勝利。

個行業，每個人都要自我認知。」

　　第五個聖人說：「因此要與智者連絡，如此才能受到他們的幫助。」

　　第六個聖人說：「每個人都應該珍惜快樂，不要浪費好時光，因為每個人都是短暫一世，每個人都要離開這個世界。」

　　第七個聖人說：「我聽不懂你們說什麼，但是我知道，不是我的意志決定我要出生，現在我面臨了這個世界；但是這個世界的一切，使我驚喜；我不情願離開這個世界。」

　　在所有時候，印度人都同意七個聖人的意見。每一個人都信仰這些信條，按照他們的教導；但是後世紛爭迭起，不盡相同，分成七十門戶。

　　Masudi曰：在Abdul-Kasim el-Balkhi的書《問答之泉》（*The Fountains of Questions and Answers*）以及el-Hasan Ben Musa en-Nubakhti的書《印度教的哲學及教義，以及教派》（*On the philosophical and religious doctrines and the sects of the Hindus*）中；他們的見解，見解的因由，他們自焚的理由，他們為什麼要自我折磨。對於我們上面提到的問題沒有講一句話，他們也沒牽涉到我們談論的話題。

　　作家們對巴羅門也有不同的說法，有人認為他是人祖亞當，或印度人的先知，有人認為他是一個國王，如同我們所說。這是最一般的看法。

印度王位繼承

　　當巴羅門逝世時，印度人哀痛逾恆。他們擁立他的長子，

那是他父親指定的王位繼承人，遺囑中定下了治國大計。他的
名字是el-Bahbud。他仿照他父親的榜樣，他得到最佳意見，建
築新的廟宇，給有智慧的人以權力，並加以榮寵，鼓勵他們授
業傳徒，並協助他們遊歷四方，以增見聞。他統治一百年，直
到他逝世。在他治下，桌上遊戲雙陸棋被發明了[12]。這個遊戲表
明不是聰明才能致勝，也不是有技能才能開物，更不是滑頭才
能得物。有人說 Azdeshir Ben Babek 發明了這個桌上遊戲，並且
是第一個玩此遊戲的人。他用這個遊戲，象徵世上的規則及世
人，以及他們的環境。桌上十二點，代表一年十二個月，棋中
三十子代表一月三十日。骰子代表命運以及命運給每個人的待
遇；幸運兒將無往不利，聰明人及準備條條後路的人不如運氣
好的人。因為上升及好運，在這個世界裡，不過是機遇而己。

　　繼承el-Buhbud的是Ramah，做了一百五十年。他的歷史
是說不清，各說各話。他與波斯王及中國王打了幾仗[13]，其始
末，都在我們以前的著作裡。

亞歷山大大帝東征印度

　　在他之後是Fur（波魯士Porus）。亞歷山大大帝與他打了
一仗，殺了他，他在位一百四十年[14]。Daisalem繼承，他寫了

12　此棋在曹魏時，傳入中國，或稱波羅塞棋，兩人對弈，擲骰子以定每
　　步，以後流行於兩晉與南北朝，唐、宋時大流行，類似於現在流行的
　　monopoly。李清照是打馬棋（一種雙陸棋的變種）專家。今已絕跡中國。
13　在1962年以前，中國及印度從未交戰過，除了唐代的王玄策率領西藏與尼
　　泊爾的士兵與印度一邦作戰之外。
14　西元前326年，亞歷山大大帝東征，打到今巴基斯坦的印度河流域，打敗

一 本 書《*Kalilah wa Dimnah*》， 由el-Mokaffa翻 譯。Sehl Ben Harun為el-Mamun[15]寫了一本名為《狐狸與野豬》的書，全文仿照《*Kalilah wa Dimnah*》，同樣的題目，同樣的諺語。但是Daisalem的書表達方式更高明。他統治了一百二十年，有些人記載的年數不同。

象棋

下一任由Balhit繼承。在他任上，印度人發明了象棋[16]，他認為象棋好過雙陸棋，他指出聰明人比傻瓜更能贏象棋。他研究由棋盤的方形，得出棋局的數目，他為印度人寫了一本書《*Torok Hanks taida*》。從此，象棋成為印度人喜歡的遊戲。他與內庭的聰明人下象棋，把棋子塑成人獸形。給他們不同的級別，例如國王、大臣（王后）、象兵（主教）、車兵（堡壘）、馬軍（騎士），步兵等等，每個子都有一個位置。

他在象棋裡，放入天上諸物的寓言，即天上星斗的寓言，

當地的小王波魯士王，並沒有殺他。按照大帝的一貫作法，留他繼續治理此地。大帝繼續東進時，遇到統治北印度的難陀王朝的軍隊，打個平手，而北印度的軍隊源源而來，大帝率領的東征軍兵變，拒絕前進，大帝只好撤退。

15　第26任哈里發，阿拔斯朝，西元813-833。

16　西元六世紀，印度人發明象棋，逐漸傳入各國，各國都加以改造，以適合國情。在唐朝時，象棋傳入中國，中國在宋朝發明砲，象棋裡除了印度人早有的象、車、馬、步四兵種外，加入砲兵。王去打架不好，不合儒家思想，改為將帥，但是它的個性，還是一個中國王，只在王宮裡走來走去。歐洲王后專權，大臣變成王后。日本戰國時，日本武士沒有節操，所以日本將棋，俘虜對方的棋子，調轉方向，即成己子。

注意7與12。每一個子都奉獻給星星。下棋教人如何保存帝國；他們什麼時候要對付敵人，以及戰爭的戰略。在棋盤上，他們要操動輕裝兵與重裝兵。

印度人有一種不傳外人的計算法，計算棋局的個數。計算結果的數字，是超過了天文日期的數字，及第一動因的數位，它是18446744073709551615。它的讀法是第一位元數字（此處是18）以後要念「千」六次，第二位元數字（此處是446）以後要念「千」五次，以後要念四次，再念三次，再念二次，再念一次[17]。

印度人給這個數字一個未來的意義，以及天體對現世的影響。用這個數字可以預測靈魂可在世上停留多久。

希臘人、羅馬人以及其他民族，關於象棋也有各種不同的理論，例如在Shatrenjees關於象棋的專作，以及更早的作品，還有當代最高手如Suli及Adeli的作品。Belhith統治象棋界直到他過世，有八十年之久，根據別的版本（我們所根據的書的別的版本），有一百三十年之久。

印度的分崩

他（Balhit國王）的繼承人是Kurush。他認為印度人應該與時俱進，引入了新的宗教思潮，適應流行趨勢，放棄舊思想。

17　下一位不再念千。在《吠陀經》、《大戰書》、《羅摩衍那》等書裡，印度人用了許多大數，使習慣數到千位的歐洲人很震撼。

在他治下，Sondbad 寫了書籍，名為《*The seven Vezirs，the teacher and boy，and the wife of the king*》。這本書也叫《*Kitab es-Sondbad*》。這個國王的圖書館裡，有一本大書《病理與療法》（*On Pathology and Therapeutics*），裡面有植物的素描及繪畫。

這個國王統治到他死，一百二十年。他死後，印度發生宗教紛爭，他們成立聯盟，建立各邦，每個地區的領導人自立為王。身毒（Sind）有自己的王，Kinnauj 也有一王，喀什米爾有一王，另外一個居住在 Mankir 市，那是一座大城。他是第一個號稱 Ballahra 王[18]，以後直到現在回曆 332 年，所有以那座大城為首都的國王，都以此為號[19]。

18　發音有誤，應為 Vallabha Raja，崇愛之王。

19　這是當時印度面臨身毒的 Rashtrakuta 帝國，一直抵抗穆斯林的入侵，首都 Malkhred，擁有印度西海岸各城，延續到孟買，北邊與喀什米爾接界。印歐人移民入印度後，開始吠陀時代，印度人建立眾多小國，此後逐漸合併成大國。印度的古代開始於西元前六世紀，佛陀傳道的摩竭陀國（今印度東北地區的 Bihar 邦），是十六大國之一，幾代以後，它變成了難陀王朝，統一北印度，與亞歷山大大帝對壘於今日的巴基斯坦，月護王（Chandragupta）（Chandra＝月，gupta＝護）嶄露頭角，大帝退軍。大帝死後（西元前 323 年），印度軍隊逐漸收復失地，月護王回朝，一年後（西元前 322 年）成立孔雀王朝，太祖的孫子即有名的阿育王（西元前 237，早於秦始皇統一中國，或稱「無憂王」）。阿育王統一印度全境，除了南部一角之外。在最後一戰，征服印度東南部的 Kalinga 國，殺戮之慘，驚天動地。阿育王良心發現，從此歸心佛祖，以慈悲為懷，不再戰。幾代後，孔雀王朝消亡。印度中世紀的早期開始了。西元一世紀的初期，相當於東漢初年，在今阿富汗、由月支人或塞卡人（東伊朗人的一支）組成的貴霜王朝（相當於希臘文古書《第一世紀的印度洋商旅》成書的時代），著名的《大唐西域記》的迦膩色迦大王（Kaniska，西元 125-162，晚於佛陀 600 年，不是那書上寫的 400 年），占領一部分印度。西元三世紀的中葉，相當於中國的三國時代，笈多王朝從一個小國發展，逐漸統治印

　　印度是一個廣大的國家，有很多海域及山脈，與印尼接界，那是大王的國家，即群島之王，他的國家夾在中國及印度之間，一般來說，是印度的一部分[20]。

對非洲黑人的偏見

　　印度國延伸到呼羅珊、身毒及西藏的山脈。但是各地的風俗、語言及宗教皆不同；他們經常內爭激烈。他們多數相信靈魂輪迴。印度人與別的黑種人不同，如非洲黑人與Demaden[21]。兩者在智力上、政府組織上、哲學上、膚色上、形態上、建構上、才氣上以及聰慧上，皆不同。Galen說非洲黑人有十個別種人沒有的特性：捲髮、斜眉毛、廣鼻子、厚嘴唇、銳牙齒、有味皮膚、黑膚色、手腳皮膚團住、長陽具以及輕佻。同一個作者進一步說，他們的輕佻源於他們大腦的壞成份；這降低了他們的智力。在我們以前的作品裡，可以找到別的作者關於非洲黑人的輕佻及歡樂，以及更高一層的輕佻的議論，那是與一

度北部（四世紀初，法顯遊北印度，並沒有提到笈多王朝，可知當時笈多王朝勢力不及北印度全部）。史稱古印度的黃金時代。笈多王朝消亡於西元五、六世紀。後世，《大唐西域記》提到的統一北印度的戒日王，即伐彈那曷利沙王（Harsa Vardahara），是玄奘的東道主人。他忽然死去無嗣。印度大亂。之後進入印度的中世紀。三百年後，是本書的發表年代。此書關於亞歷山大東征印度之前的歷史，僅僅是傳說，不可深信。之後本書才接上《大唐西域記》，而有史料價值。

20　這是有爭議的。

21　原始印度人族裔不明。現有Dravidian，與東非黑人，西亞人，晏德曼島民，印尼人皆有親戚關係，膚色略黑。另一支印度人是後移入的印歐白人。不可混淆。以下這幾段文字有種族偏見，請讀者小心。

般黑人不同的。

　　在一本備忘錄裡，Yakut Ben Ishak el-Kindi說：天上的恆星及行星，影響世上萬事，上帝安排祂創造的天上眾星，成為世上萬事的動因，有因必有果，動因所行，必有成果，但是成果是被動的，不會反作用於動因，動因是主動的。精神是天上的動因，不是天上的成果；因此精神不受到反作用。但是，按照自然規律，如果沒有阻礙的話，精神歸依於身體構造。非洲黑人也是如此。他的國家極熱，天上行星影響它，把性格趨向於身體的上部：因此有大眼睛、厚嘴唇、寬扁鼻子以及高額頭。腦殼不合比例，心理不能完善的指揮行動。分辨的細微處及理解力混淆了。古代及現代的作者們討論非洲黑人們受到的各種影響。他們敘明他們對天體的觀點，及七大行星對非洲黑人的影響，特別是五大行星，那影響他們的發育，以及是他們身體成形的唯一因素。本書並非專注此項內容。我們在此僅陳述各家說法。至於更深的細節，及簡介各家理由，請見我們的書籍《時間的歷史》。在那本書裡，我們解釋命理學者及天文學家用土星來標示非洲黑人的性格，就像近代穆罕默德派學者的詩句：「其中一個是天王老子星[22]，他是一個老人，又是一個有力的國王。他的膚色是黑的，衣服是黑的，壞脾氣也是黑的，他對非洲黑人與奴隸施展影響力。對他來說，鉛與鐵是神物。」

22　即土星或鎮星。

Abdullah Ben el-Abbas[23]的伴當 Tawus el-Yemani 不吃非洲黑人殺死（或做成犧牲品）的畜肉。他經常說非洲黑人是要做奴隸的。我們也聽說 Abdul-Abbas er-Raddhi Ben el-Moktader 從來不從黑人手裡接過東西，認為黑人是要做奴隸。我不知道他是學 Tawus，或者他是根據哲學或自己的教派。

Ant Ben Bahr el-Jahit 寫了一本書《黑人的自然驕傲及他們與白人的爭議》。

印度的法規

沒有印度人在四十歲以前，可以繼承王位，也不能以國王的身份，出席公開集會，唯一例外，是在預定的長間段後，國王可以出席觀察國事；按照他們的說法，如果經常露面，在大眾凝視下，國王喪失尊嚴，並失去高貴身份。在印度，統治必須是溫和的，而且自上而下。

Masudi 曰：我在海島國錫蘭，親眼目睹，當國王死了，他的遺體被放在一輛小輪子的車輛上，他的頭髮拖地，一個女人手持帚把，把塵土帚到他的頭上，叫喊道：「人啊！昨天，他是你們的國王，你們必須聽他的話。看啦！他成什麼樣子了！他離開了這個世界，王中之王（上帝）要了他的命。只有祂活著，永不死。這個例子，讓你們不要為活著而活著。」這些話鼓勵宗教性的生活及戒貪戒得。如此這般在都會的大街小巷遊行後，他們把遺體分成四塊，然後用他們準備好的檀香木、樟

23　第二十任哈里發，阿拔斯朝太祖，西元 750-754。

腦等香料，把遺體燒成灰；然後將遺灰拋入空中，風吹四散。這是印度國王及欽差大臣的葬禮。他們明說這麼做的理由，以及他們想達成的效果。[24]

皇室只能在一家傳下，絕不傳外人。同樣地，大臣也一家傳下，法官及別的高官也如此。他們都世傳，而不變。

印度人不喝酒，不是因為宗教戒律，而是他們不能吃喝剝奪他們理性的，或者吃喝使他們不能管理人群的東西。如果能證明國王喝酒，那麼，他就失去王冠；因為如果他有此嗜好，那麼，他就被認為不適合統治與管理。

他們喜聽歌唱與演奏，他們有各種樂器，奏出各種樂音，使人感受或喜或悲。有時他們給少女酒喝，使她們興奮，當她們面帶歡笑時，他們被她們的歡樂而觸動[25]。

印度人有很多有趣的機構，富有好奇的故事。在《時間的歷史》及《中冊》裡，我們勾勒了許多歷史及傳記。我們敘述其中一條如下。

Komar 國 [26]

印度國王最好玩的故事之一，也是一件關於奇異的（但是本質性的）古印度國王及政府組織的一貫作風的故事，是

24　這個故事源於《蘇萊曼東遊記》（西元851年），這一段話，似乎說明 Masudi 沒去過錫蘭。

25　《大唐西域記》第二篇「印度總述」可供參考，關於印度的習俗，其中無此條。

26　Abu Zaid 的書有類似這一段的故事。

Komar國[27]國王的故事。這個國家及附近的印度土地,以出產Komari蘆薈有名。這個國家不是一座海島,是在大陸上,附近有大山。印度很少有地方人口這麼稠密,本地人口吐香氣與外地人不同,這是因為他們用蘆薈木清潔牙齒,就像穆罕默德信眾一樣。他們如穆罕默德信眾一樣,相信男女同居是非法的,(像他們一樣)避免不潔,以及避免喝酒。在這方面,高級印度人與低級印度人作法一致。

他們(即Komar國居民)大部分是陸地居民,看他們國家的山脈起伏,中隔河川,少有平原、臺地。Komar國與大王國(印尼)有聯繫。它與各島,如闍婆、箇羅國[28]、錫蘭島及各島有聯繫。

Komar國國王

在古代,據說一個不考慮別人的人,統治Komar國。有一天他坐在王宮的國王寶座上,那王宮座落在一條大如底格里斯河或幼發拉底河的淡水河上,去海一日程。大臣與王同在。國王對大臣說:「繁華又高尚文明的大王國的群島與帝國,在慶賀昇平。這引起我內心的衝動,想做一件事。」大臣是一個小心謹慎的人,他知道國王是一個輕佻的人,問國王:「您想做

27　在印度半島的南部尖端。印度孔雀王朝衰敗,印度半島南部有泰米爾人三國Chera、Pandya及Chola。又有一些小國。《大唐西域記》之「秣羅矩吒」(Malakuta),《皇華四達記》「沒來國,南印度之最南境」,明代鄭和下西洋,對此地皆有很多記載,小國林立。

28　今麻六甲附近。

什麼呢？噢，陛下。」國王說：「我想看到一個碟子放在我的
腳下，裝了大王的頭。」大臣知道這是羨慕引起的恨意，經過
一番思考，他對國王說：「我不認為應該在這件事上打轉。兩
國從來沒什麼不洽意的事，不論您或前朝。他們從來沒有什麼
對不起我們的事。更何況，他們距離我們遙遠，住在島上，又
不是鄰居。他們也不想給我們搗亂。從我國到大王國，海行要
十天到二十天。因此，陛下，愚意是不要再想這件事了。」國
王不理他，非常生氣，充耳不聞。他要在場的臣子及將軍們聽
好他的計畫。因此他的計畫洩露出去，口舌相傳，直到傳到大
王耳中。大王是一個謹慎的中年人。

大王的計謀

　　大王傳召大臣，告訴大臣他聽到的傳言，說：「想想這個
瘋子的計畫，已經是眾所周知了，他的意圖，他的無知無識，
他的專制性格，他如此當眾狂言，我們與他不可能和平共處，
我們只好取下他的王冠，不讓他當國王了。」大王要大臣守祕
他們的談話，不得洩露，並且準備千隻海船，全副武裝，每船
都有最好的戰士。他假稱這是為了巡視各島的安排，他因此寫
信給各島主（郡守），那是聽命於他的臣民，他要巡視地方。
到處如此傳言，各島主都打理地方準備迎接大王。等一切都準
備好，大王登船，帶領大隊，一直開到 Komar 國。大王的船一
直沿江浪攻打 Komar 國的王宮時，Komar 國工都不知道發生了
什麼事。大王命令大隊包圍王宮，下令進攻、占領。王宮的住
客被帶來見大王。大王下令全面入住，然後坐在寶座上。大王

先令帶囚人國王與大臣一起來見大王。大王說：「您們怎麼會狂妄到想那些您做不到的事？如果您們做成了，您們會不快樂嗎？」這件事做得完美無缺，不容被捉的國王抵賴，因此他沉默不語。大王繼續說：「如果您想把我的頭裝在一個盤子裡，放在您面前，還想占領我的寶座與國家，破壞我國家的一部分，那麼我也會如法炮製。但是您講得很清楚，我也只對您個人如此；我回國之前，不會碰您國家的任何東西，不論大小東西。您將成為一個妄動而由上帝安排的例子。」

說完話，大王砍了他的頭；轉身對大臣說：「您努力了，您是一個好大臣。我知道您勸導您的國王，他應該聽您的話。此諫臣最適合繼承瘋子。把您放在寶座上當國王。」大王立刻班師回國，他或他遠征軍的任何人，都沒有碰過Komar國的任何東西。

大王聲動鄰國

大王回國以後，坐在寶座上，他賞心觀看「金條灣」，在他之前，盤子上擺了Komar國王的頭。他要國中大佬們齊聚王前，他告訴他們事情始末，解釋他必要行動的原由。他得到眾人的讚美，以及為他的祈禱。然後，他下令洗淨Komar的頭，裝飾好，裝在瓷瓶中，送給繼任的Komar國王，他在信中說：「我們如此處理您的前任的動機，是他對我們的惡意，並且給他的同僚做一個例子，我們以為把他的頭顱還給您為好，因為我們已經完成了我們的目標，留下這個頭顱標本，也不能增加我們的榮耀。」他作風的消息，傳入中國與印度國王們的耳

朵，大王大得他們好感；從此以後，Komar國王祈禱時，面對闍婆的方向[29]，五體投地以表示對大王的崇敬。

金條灣

　　Masudi曰：「金條灣」的意義是，大王的王宮在一個小海灣上，與爪哇島的大海峽相連。海上高潮時，海水湧入小海灣，低潮時，淡水灌入小海灣。財政部長每天早上走到小海灣，帶來幾磅重的一個金條，但是沒人知道確實多重。他當著國王的面，把金條拋入小海灣[30]。等海潮湧入，海水淹沒了這塊金條及原先的金條。當海潮退出，金條露出來，閃閃發光。國王坐在客廳裡，看著這些而得意。這個每早拋入金條到小海灣的規矩，是每個國王終身遵守的，從來沒有人去碰那些金條。當一個國王逝世，繼任者下令把所有金條撈出來，不能留下一條。一條一條查過，融化後，分給王家人員，男人、婦女、小孩、頭頭、傭人；每人都按工作、品位分配，其餘散給窮人及慈善事業。金條的數量及重量記入官書，註明某某王在位多少年，在王家海灣留下多少金條、共重若干，給後人分享。享年長久的國王，留下更多的金條而享譽。

印度諸國

　　在我們時代，最有名的印度國王是首都在Mankir的國王

29　穆斯林祈禱時，要面向麥加。此點與別的宗教不同。這顯然是Masudi想像的。但是印度各國王的等級不同，作者可能是表明兩者的上下等級。

30　這個故事也出現在Abu Zaid的書。

Ballahra[31]。最多數的印度國王們，面向他的位置祈禱。他們歡迎他的欽差。Ballahra的國土與很多印度國家接界。有些國家處於山地，無出海口，例如，國王Ray，他是喀什米爾王，又例如Tafi國國王，以及別的印度國王。有的國家有陸有海。Ballahra的國都距離海八十身毒日程，一（身毒）日程是八哩。他的軍隊與戰象是數不清的，他的軍隊主要是步兵，因為他的領土山丘起伏。距離他有一段路是Barudah的領土，他是印度不臨海的國王，他住在Kinnauj。這個Barudah是一個王號，不是王名。每一個在那國稱王的，都用這個王號。他在北方與南方，東方與西方，都有很大的守備隊，因為他四處受敵。之後本書中，我們要插入關於印度各國王及身毒各國王以及世界各國王的一般報告，我們要談到海洋及它們的奇觀，它們之中的、以及它們之外的各國、各王。在我們以前的著作裡，我們談過這些題材。除了上帝之外，沒有力量及動能。

31　這是崇愛之王Vallabha Raja的誤寫，是當時印度面臨身毒的Rashtrakuta帝國之王，首都Malkhed，此城舊稱Manyakheta，擁有印度西海岸各城，延續到孟買，北邊與喀什米爾接界。當時是以在今日北方邦Uttar Pradesh的曲女城（Kannauj，《大唐西域記》有曲女城的描述）為爭奪點的「印度三國志」，以Pala帝國、Rashtrakuta帝國及Pratihara帝國，從八世紀起戰爭，直到十世紀，爭奪曲女城。

第八章

七大氣候區與水晶球的次序

討論地球，海，河的源頭，山脈，七大氣候區，上面的星野，水晶球的次序，以及其他問題。

地球初論

Masudi曰：數學家分地面為東、西、南、北四象。另一種分法是分成居人區、無人區，耕耘區、非耕耘區。他們說地是球形的，地心居宇宙之中，空氣四面包圍它。它是星宿的中心點[1]。

耕耘區始於西方大洋的永恆島（即幸運島），那是一組六個富庶的島嶼，一直延伸到東方的中國的極點。他們發現這是十二個小時的距離（以每日太陽繞地一圈二十四小時計）[2]；他們知道太陽在中國日出，它日落於西洋的耕種島，當它在那些島嶼日落，它在極遠的中國日出。這是地球圜周的一半，也是地球上耕種部分的長度，如以哩數計算，有一萬三千五百地理學的哩。

實測者言，耕地的寬度是從赤道延伸到英國的 Thule 島[3]，那兒白天可以長到二十小時。

他們說在赤道上東、西的分點在印度與阿比西尼亞之中間島，它在兩地之南。南、北的分點在幸運島與最遠的中國耕地之間，號稱地面的圓頂[4]，這兩點確定如我們所說的。

從 Thule 島到赤道的弧度幾乎是 60 度，這是地球周圍的六分之一。這個六分之一，代表了地面耕地，乘以二分之一，表示長度，所得乘積是耕地世界在北半球的比。這個乘積是地球面積六分之一的一半（十二分之一）。

七大氣候區

第一氣候區是巴比倫國，包括呼羅珊，Faris，el-Ahwas、el-Mausil，以及 Jedal。白羊座及半人馬座是他們的星座，天王星[5]是他們的行星。

第二氣候區是身毒，印度，蘇丹。他們的星座是摩羯座，（希臘的）天王老子星[6]是他們的行星。

第三氣候區是麥加，麥廸那，葉門，et-Tayif，Hejaz 以及附近的國家。他們的星座是天蠍座，維納斯星是他們的行星。

3　格陵蘭島，或者挪威。

4　【英譯者註】印度人有地面的圓頂的說法，古希臘人也如此說；【中譯者補註】這是一種地平的理論。

5　即木星，或歲星。

6　或羅馬的神農星，即土星，或鎮星。

　　第四氣候區是埃及，非洲省[7]，柏柏爾[8]，西班牙及鄰近國家。他們的星座是雙子座，信使星[9]是他們的行星。

　　第五氣候區是敘利亞，美索不達米亞。他們的星座是雙魚座，月亮是他們的行星。

　　第六氣候區是突厥區，可薩國，Ed-Dailom[10]及斯拉夫國家[11]。他們的星座是巨蟹座，戰神星是他們的行星。

　　第七氣候區是Dabil[12]及中國。他們的星座是天秤座，太陽是他們的行星[13]。

7　羅馬帝國擊破迦太基後，在故地設立非洲省，非洲的地中海沿岸的中部地區，即今突尼西亞。

8　今西非的地中海沿岸。

9　即水星，或辰星。

10　可能是Ed-Dailem裏海南岸，伊朗境內。

11　中亞與東歐。

12　【英譯者註】可能Daibol在印度河出口附近；【中譯者補註】這是不可能的。因為Daibol距離中國千里，又已劃歸第二氣候區。這個名字是抄書人誤寫，已不可考。

13　這七大氣候區的劃分地球法，來源甚古。本書所說，範圍很大，與Masudi的知識很配合。但是古時涉及範圍小，比較粗糙，可能源出於第一氣候區的巴比倫。請注意，七大氣候區沒有希臘羅馬。古希臘有類似的理論，可能傳承自東方。古希臘的畢達哥拉斯，在西元前六世紀時，提出地是球形的理論（可能巴比倫人觀察月蝕的地球陰影，已知地球是球形的），之後古希臘人提出南北極區，南北溫帶，赤道的五大氣候區。古希臘人迷信數位五，幾何學上，可以證明，僅有五種正立體（每個面都是等同的正多邊形），音有五音（按畢達哥拉斯音階，即中國的伶倫的三分損益法），天有五星。此處有五大氣候區，一般來說，希臘的分法比較科學化、系統化，應該是傳承的、修正的，即後出的分法。又註：中國古代有「星野說」，例如，王勃的〈滕王閣序〉有「星分翼軫，地接衡廬」，即是用天文星象對應中國九州。這很類似於氣候區，只是僅限於中國九州，又不用七曜。

地球的基本資料

天文學家 Hosain 寫下 Khaled Ben 'Abdul-Melilla et-Marwazi 及他人在 Diyar Rabiah 的 Sinjar 平原上，受命於 el-Mamun，對太陽觀測的資料表。根據此表，算出地面一度等於 56 哩，乘以 360，得出地周長，水陸不論，是 20160 哩，然後乘以 7，得 141120 哩，除以 22，得出地球的直徑＝6414 哩＋半哩＋十分之一哩[14]，地球的半徑是 3207 哩＋（18/60）哩[15]，即 3207 哩又 18/60 哩。1 哩有 4000 黑肘。這是哈里發 Mamun 用來度量衣服、建築物、土地；一肘有 24 吋[16]。

托勒密的《地理學》

哲學家（托勒密）在他的《地理學》談到世界、城市、山脈、海洋、島嶼、河流以及水井。他描述了居人的城市及耕地。他說，他那時有 4530 城市，他叫出每個城市的名字，

14　即以圓周率＝22/7 阿基米德值。這個圓周率不精確。上面直徑的寫法是埃及數值法，即用 1/2、1/3……來測量餘數，得出近值，其餘數再用 1/2、1/3……來測量之，上面那個直徑的餘數是 1/2 ＋ 1/10。

15　這是巴比倫數值法，把一單位等分成 60 小單位以度量餘數，如還有餘數，把小單位繼續等分成更小的單位，依此類推。如今一小時等分為 60 分，一分鐘等分為 60 秒。又一等邊三角形的內角可以當成角度的一單位，因此是 60 度，圓心的全形等於 6 個 60 度角，因此是 360 度。巴比倫數值法影響深遠，以上所說，現在還在用。

16　地球的基本資料很容易記，法國大革命後，規定通過巴黎的子午線，從赤道到北極是一萬公里，以此來定義公里的長度。地球雖然不是正球形，但是很接近。於是地球的周長約四萬公里，用圓周率 22/7 計算，得出半徑約 6369 公里，與測量的真值 6371 公里，僅差萬分之三。

又說出每個城市所屬的氣候區。他說在他的書裡，山脈所用的顏色，紅、黃、綠或者別的顏色。大概有二百條山脈（托勒密提出名字的）。他給出長度、礦產、所有的物質（或發現的寶石礦）。哲學家說繞地海有五海。他給出島嶼的名字，說明開墾與否；但是他只提那些有名的島嶼，不及那些無名之島。例如，在阿比西尼亞海[17]有一千個島嶼的群島，名叫el-Dinjate[18]，所有島嶼都已開墾。各島間距是二、三哩。

他在《地理學》中說拜占庭帝國及埃及的海（地中海）起自銅偶像（赫拉克勒士力士之柱）；地上大的泉水有230，不計小的泉水；地上的大河並且常年有水的，是290；一個氣候區延伸到900日程[19]平方。有些海已經耕種了（指海島），別的海根本沒有。第二種海計入環繞陸地的大洋，或海。讀者可以在下幾頁找到海的分類描述。它們在（托勒密的）《地理學》裡，用不同的顏色、長度、記號標明。有些用外套、有些用盔甲，別的用腸子，有的是圓形，有的是三角形；但是書是希臘文寫的，對之如觀天書[20]。

地球的直徑是2100日程（正確的數字是1600日程）；一

17　印度洋與西太平洋。

18　在今印尼。

19　一日人行的距離，約4哩，後文多用5哩。

20　當時羅馬人已經收集了許多地理知識，托勒密出版《地理學》前五十年，另一本重要的地理書（羅馬人用希臘文寫的）《第一世紀的印度洋商旅》（*Periplus of the Erythraean Sea*）已出書了，書中紅海即南海，包括印度洋，內中提到羅馬商船到東非、阿拉伯半島、印度貿易的事，也知道中國（Thin）。這事發生在東漢初年。

日程是1600肘[21]。

星辰最低的軌道是月球所行的圓，它的周圍是125，660日程。宇宙的直徑從白羊座一頭開始到天平座的另一頭是40000日程[22]。

九層天球

一共有九層天球（九層天）。第一層，即最小一層，最近地球一層，是月球所在的一層。第二層是信使星（水星）所在之層。第三層是維納斯星（金星）所在之層。第四層是太陽所在之層。第五層戰神星（火星）。第六層天王星（木星，即歲星）。第七層天王老子星（土星，即鎮星）。第八層眾恆星。第九層星座。天球是一層套在另一層裡。最大的星座天球又叫宇宙天球。這層天球的旋轉，產生了日夜。它帶著太陽、月亮以及所有星球，日夜一次，從東到西，環繞兩個不動的極點，北極在小熊座，南極在老人星（Canopus）[23]。所有星座只在這個天球出現；它們是天上一些如此命名的地方，為了讓星球可以用它們來定義位置，相對於宇宙天球而言。因此，星座球在兩極較小，在中間較寬。

那條從東到西，把宇宙天球等分為二的線叫等分線[24]。南北

21　少了一個0。
22　月球軌道的直徑是125660×7/22 = 39982.7273日程，僅略小於宇宙直徑＝40000日程。
23　天球旋轉其實是地球自轉。
24　對應到地球赤道。

兩極距離等分線同長。它叫等分線，是因為當太陽在這條線上時，各國的日、夜等長[25]。南北方向叫緯線，東西方向叫經線。天球繞地心旋轉，地心像在它們之中的圓心。天球有九層。最近的是月球所在的天球，在它之上是信使星所在的天球。然後是維納斯星[26]的故事，再來是太陽的，那是七層行星天球的中層。太陽的天球之上，是戰神星的，然後是天王星（木星）的，然後是天王老子星（土星）的。在天王老子星之上是第八層，有星座及其他各星[27]。第九層最大、最寬，號稱最大天球，包括所有前述各層天球，它有四大體溫（即溫、冷、乾、濕）及各種性質。它上面沒有星球。它從東轉到西，日夜轉一周。它旋轉時，帶動裡面的所有天球旋轉[28]。但是行星的七個天球自西轉到東。古聖證明了我們所說的，但是重複他們，又太長了。可見星以及不可見星在第八層天球上，那並不環繞南、北極旋轉，而是偏心旋轉。這個用星座的天球的旋轉不同於行星的天體旋轉，以及十二星座保持相對位置，依次出現或沉沒，可得證明。每個行星有不同的運動方式，它們的行程不同，或

25　即春、秋分。

26　金星。中國古代認為金星即太白金星，是一個白眉毛、白鬍子的老者，例如《西遊記》。但是據唐代和田的實物，金星是一彈琵琶的青春豔女，即希臘神話的維納斯。其實，希臘神話透過佛教經典已在唐代傳入中國，例如中國已有大力神（Heracles）及酒神（Dionysus，希臘可能在西元前一萬一千年，即有祭祀酒神的遺物）。在斯坦因對和田附近的發掘報告，有大力神的文物，寧夏回族自治區的固原市，出土北周（西元六世紀）希臘酒神的瓷瓶浮雕。

27　與前文不同。

28　其實是地球自轉。

快或慢，或向南或向北。他們（天文學家）定義天球為最後物，因為它包含了地球上的四元素，及高空的乙太元素。這個定義是關於它的本性及它的圓的形態，以及極大又具體的形態，那是包容所有物體[29]。

---

29 九層天球理論是立體幾何的模型，古代人沒有古典力學，特別是牛頓的萬有引力定律，無法理解天體在太空中，因地球自轉而起的旋轉運動，只好假想有水晶球天體，供眾星附著，作圓形運動。然後又發現某些星體，不與別的星球做均勻運動，最早巴比倫人在西元前十六世紀，已發現維納斯星與眾星不同，另有一個週期運動，以後又發現了好幾個類似的星體，令為行星，然後用行星的週期匯出距地的距離，其實，行星的週期是繞日週期，得出的距離是對日距離。近代的天文學理論有克卜勒的第三定律，從週期可以匯出距離，也是週期越大，距離越遠。在九層天球理論，只要把太陽與地、月交換，就成了哥白尼模型。在九層天球理論，地球居中，月球之後是信使星、維納斯星、太陽、戰神星、天王星、天王老子星，用太陽與地、月交換後，與哥白尼模型同，即太陽居中，然後是水星、金星、地月、火星、木星、土星。中國在宋代的《太平御覽》中，記載了托勒密的「九層天球」理論，並不通行。中國古代相信「天圓地方」，天為一個沒有層次的大球。《晉書·天文志》有「宣夜說」，認為宇宙是一大空間，星斗是飄浮的光點。這接近現代的宇宙觀，但是在天文學上，只算一家之談，沒有數據，沒有運動軌跡，沒有科學上的意義。在中國古代的天文學中，也不引人注目。在梁代（大約西元550年）首先製作了一個「渾天象」，相當於九層天球最大的那一個。日月五星都標在「渾天象」上，其實是他們在渾天象上的視象。有時，人們混淆視象與實體，例如宋代沈括（見《夢溪筆談》）向他的長官解釋日蝕的現象，曰：「日月相值，乃相陵掩。」長官問：「則其相遇，豈不相礙？」沈括答：「日、月，氣也，有形而無質，故相值而無礙。」雙方都忽略了，日、月距離地球的遠近不同，根本不會相遇，日蝕是月球擋住日光，沈括勉強用「有形無質」來解釋，其實，相遇的是它們在渾天象上的視象投影，所以才「相值而無礙」。由此可見要避免這種誤會，可知九層天球的重要性。

天球的次序

星球的運動速度不同；月球停留在每個星座兩天半，它每月經過所有星座一次。太陽停留在每個星座一個月；水星停留十五日；金星二十五日；火星停留在每個星座四十五日；木星停留在每個星座一年；土星停留在每個星座三十個月[30]。

測量地球

托勒密，《天文大成》（*Almagest*）的作者，說地球的圓周，算入所有的山脈及海洋，是二萬四千哩，它的直徑，這就

---

[30] 中國沒有發現週期與距離的關係。這個週期是地球觀測的視象週期，並不是真正的週期。例如水星的繞日週期約八十八日，停留在每個星座只有七天多。並不是十五日。金星的繞日週期約兩百二十五日，停留在每個星座有十八天多。也不是二十五日。火星的繞日週期約一點八八年，停留在每個星座有五十七天多，多於四十五日。木星的繞日週期約十二年，停留在每個星座有一年。土星的繞日週期約二十九年，停留在每個星座有二十九個月。但是視象週期與繞日週期的長短次序是相同的。各行星與日月所在天球的大小次序，是由它們在星座停留的長短決定的，也即週期決定的。他用月繞地的週期、日繞地的週期即地繞日的週期，五星週期即五星繞日週期，以週期推算距離。請注意，除了月球以外，這些週期都是繞日週期。所謂位置，其實是對日距離。以後成功發現週期與距離的科學關係，是十七世紀的克卜勒（Kepler）的第三定律，即行星週期的平方與行星距日的立方成正比，因此週期小即距日近。當時不知此定律，算出距離不正確，但是次序是正確的。從西元前六世紀開始，古希臘學者繼承發展出宇宙天球的理論。最初設想天球是水晶體，後來設想是由一種新元素乙太構成的。古代巴比倫人的天象理論不傳。托勒密提出地心論的九層天球理論。西元十六世紀哥白尼提出太陽中心的理論，西元十六世紀末期，牛頓提出萬有引力的理論，進一步發展日心論。行星在乙太中作橢圓運動，取消了天球。此後，電磁學發展，乙太成為電磁波的介質。西元二十世紀初期，愛因斯坦的廣義相對論才取消介質乙太。

是說，它的寬度與深度，是七千六百三十六哩。這些資料是用同經度的兩個地方，而他們的緯度不同所測量得到的[31]，即在敘利亞與伊拉克之間的沙漠地 Tadmor，及 er-Rakkah 兩地測量。他們發現 Rakkah 的緯度是 35+1/3[32] 在 Tamor ，北極星的高度是 34'。兩地緯度差 1+1/3' [33]。然後他們測量兩地的距離，他們發現是六十七哩。因此地上的六十七哩是圓周上緯度差。他們把圓周分成三百六十度[34]，為他們說的原因，但是我們不能在此重複。這個分法他們是有理由的；他們發現天空可以用星座分為十二分，太陽每月停在一個星座，三百六十五天走過所有星座[35]。

---

31 古代巴比倫人的測地術不傳。西元前三世紀的希臘人 Eratothenes 也用這個一方法，用兩地日影差，計算地球半徑。他們觀察陽光幾乎平行，因此假定陽光平行，即太陽在無窮遠點，然後測量兩地影長，算出地球半徑。下面的計算，用北極星光。因為北極星更遠，因此比希臘人用日光測量更準。以上所得數值近真。

32 從以下的計算，可以看出，實際是 35'。

33 實際是 1'。

34 地周＝67×360＝24120哩。

35 中國古代相信地平之說，換句話說，地球的半徑是無窮大。根據這個假設，然後根據日晷測量，得出（地差）千里（八呎日晷影差）一寸，及日高（地、日的距離）八萬里＝四萬公里。請注意，中國古代測出的日高即實際的地球周長。此法與希臘人測地半徑的差別在於，此法假定地球是平的，即地半徑無窮大，而希臘人假定日光平行，即日高無窮大。以二者的真數值相比，日高遠大於地球半徑，則希臘人的數值近真。古希臘人是一航海民族，在海上，早就發現海面如球，見下文。中國人是一大陸民族，遠方看不到，只覺得是山嶽樹木擋住了，例如辛棄疾的詞：「西北望長安，可憐無數山」，因此有地面大致是平的想法。

大天球運動

　　這個每天旋轉一周的天球，是環繞一條軸線及兩個極點，就像木匠與旋轉匠的轉輪，用以製造球體、盒子以及別的木製品。那些住在地球中部，也就是說住在赤道的人，一年到頭都是日夜等長；他們看到南、北極星；那些住在北半球的人，只看到北極星以及大熊座，但是看不到南極星以及它附近的星星。就是因為如此，呼羅珊的人永遠看不到南極老人星，但是在伊拉克的人可以一年有幾天看到它。如果一隻駱駝直視老人星，那麼牠離死近了，這是我們敘述的而一般人相信的，這只對這種四腳動物有效。在北半球，他們永遠不能常年看到老人星。不同的關於天球與星星的學派，對於宇宙的旋轉軸，是不是固定不動，或者本身也在旋轉，有不同意見。多數人認為它們不動。讀者可以在我們以前的著作裡，找到這些概念的發揮，關於他們是不是可移動的，以及他們會不會做圓的部分運動。

地球是球形的證明

　　哲學家們對海洋的形態有不同意見。古老的印度與希臘數學家，相信海洋是凸形的。這個假設被相信神啟示的人所否定。前一派人舉出許多證據。如果你坐船出海，陸地與山峰逐漸消失，最後你連山尖都看不到了，反過來說，你進港時，首先見到山峰，當你更近了，你看到樹木和平原。

　　在 Rai 與 Taberistan[36] 之間的 Domawan 山脈；由於山高，一百日程外可見；從山峰處，升起孤煙，山頂白雪，四季不化。山腳下，湧出一豐泉，水含硫質，色如黃金。此山如此之高，爬到峰頂要三日三夜。到山頂一看，是一個一千肘平方的平臺；從下面看，山頂是一個圓錐。平臺上面是紅砂，踏上去陷足。因為高度、風力、溫度，沒有動物可以到此，飛鳥也不行。在頂上有海中可見的三十個冒硫磺煙的孔。有時候，從這些孔洞裡，發出雷鳴的聲音，又冒出火。經常有人冒生命危險爬到最高峰，從孔洞取出有如黃金色的硫磺，供各種應用，如藝術、化學以及其他應用。從山頂看四周遠山，都如土丘，不管遠山多高。這座山距裏海二十日程。如果海船太遠，他們就望不見這座山；但是如果他們駛向 Taberistan ，而他們在一百日程之內，他們可以看到 Domawand 山；他們越近岸邊，他們越看得多。這很明顯證明了海面是一個球面。

　　與此相同，如果一個人在地中海（也叫埃及海或敘利亞海）航行，他看不見高到不可度量的、在安提克（Antioch）的 Akra 山，或者在 Tripolis 的 Laodicea 山，以及塞普勒斯島，或者拜占庭帝國別的地方，他看不見那些地方，並不是有什麼東西擋住他。在這本書裡，我們要給一個關於 Domawand 山的完全的報告，提到伊朗人說的關於[37]多口的 Edgar-Dhahak 被鐵鍊拴在山頂[38]。山頂的洞是地球的大煙囪。

36　在伊朗的裏海沿岸。

37　【英譯者註】閃族侵略者。

38　按照希臘神話，山頂上拴的是盜火者普羅米修斯。

　　有很多關於地球大小的爭論。多數數學家相信從地心到大氣層是168000哩[39]。地球是月球37倍大，水星的32000倍大，金星的22000倍大，太陽是地球的160+1/4+1/8倍大，是月球的2640倍大；所以整個地球僅只太陽的1/20度。太陽的直徑是42000哩，火星是地球的33倍大。它的直徑8700哩，木星是地球的82+1/2+1/4倍大，它的直徑是33216哩。土星是地球的99+1/2倍大，它的直徑是32786哩。十五個亮度最高的恆星，每個是地球的94+1/2倍大[40]。

星球與地球的距離

　　星球與地球的距離。當月球最近地球時，距離是128000哩。當月球最遠地球時，距離是4119600哩。當太陽最遠地球時，距離是4820000+1/2哩。當火星最遠地球時，距離是33000300哩。當木星最遠地球時，距離是54160000哩。當土星最遠地球時，距離是77000000哩。恆星與地球最遠的距離，可以同法計算[41]。應用劃分，星等，我們剛剛提到的距離，我們可以計算時間與日月蝕。主要的天文儀器是星盤（astrolabe）[42]。有專書討論星盤。本章已經解釋了許多值得討論的題目。我們的觀察是以後進一步討論的指南，我們在以前的

39　前文說是3818哩，近真。

40　這一段落的數字全錯了，它們只有歷史學上的意義。

41　這一段落的數字全錯了，它們只有歷史學上的意義。

42　星盤可以從事很多計算，元史有「兀速都兒剌」的音譯，用法沒有傳入中國。

作品中，已經有更完善的處理。

九層天球與宗教的品級制

　　Harran城[43]的居民信奉Sabeans（民間宗教），那是被古典哲學的華麗信條所感動，而不被希臘的智慧所引導，按照九層天球設計，在他們廟裡，神職人員按九等分位。最高的牧師稱為rad Komorr。接續他們的基督教，也按照他們的辦法，安排自己的神職系統。基督教稱之為神職授任。最低一位是es-Salt，上一位是Aghsat，再上一位是Nudakir，第四位是Shemasberyam，第五位是Kissis，第六位是Barduth，第七位是Huzabiskatos：他是大主教，第八位是Akkaf；第九位是Mitran（Metropolian，大都會），那指城市的頭。在這些之上的是Batric（Patriarch），即眾父之父，即上面各位之父，上面各位又是平民之父。這是深奧的基督教（Esoteric Christian）關於神職授任的看法；但是深奧派不一定這麼說，可能只說一個國王介紹給他們，以及一些不值一提的事。這是Melikites（正統），管領大部分基督徒——即原始基督教——的品級制，也是東方教派Inad的品級制，他們被稱為景教或雅可布派，及其他的派別，以及他們的模仿者。像我們所說的，基督教採用了Sabean整套的品位制；Kissia、Shemas以及其他的品級。

---

43 【英譯者註】這是聖經上的城市，倭馬亞朝的最後一任哈里發，在此建築皇宮。之後一直是文化城市。

各種教門

救世主（爾撒，即耶穌）離世以後，摩尼出世是邪教教主，又有Daisan及Marcion。摩尼的徒眾成立摩尼教，Marcion有Marcionites，Daisan有Daisanites。以後從他們發展出Mardakians以及別的門派，都信仰二元論。

讀者會從我們的書籍《時間的歷史》以及《中冊》找到不少這些邪派的軼事，他們自說的動聽故事，他們的法門，照他們的說法，那是神授的法門，其實是他們自己編的。我們在我們的書《關於宗教要義的各種意見》裡，討論過各種邪派。在我們的書《宗教要義的解釋》中，我們談到各種討論宗教意見的書，以及各邪派的毀滅。在這些章節裡，我們提出了神學家注重的問題，也是我們要討論的主題。為了給出關於各邪派的歷史的關鍵性看法，我們在敘述中，用明顯的事實暗示之，如果不幸本書被認為材料不足，而這些材料是每個見多識廣的人都應該知道的；但是我們不想引起爭論。

第九章

地球簡論

並論海洋及大河的變遷。

《邏輯學》的作者（亞里斯多德）說：「海洋在世紀的瞬間及世代的長時改變位置；事實上海洋的位置不停變動，但是與海水的體積相比，海平面的高度，海殼的深度，幾乎沒有任何改變。」[1]無論如何，地球沒有哪塊地方永遠淹水，也沒有哪塊地方永遠是陸地，一個河流可能繼續或斷流，引起了一個天翻地覆的變化，因為海陸可以互換，沒有一塊地方永遠是海或陸。在一段時間，原來的海成了新的陸地，原來的陸地成了新的海。這個大變化是河道與河源引起的。河流灌溉之地，經過青春與老年、長大、生與死，就像動物與植物，生長與腐敗之變化，不是出現在動物與植物的一部分，再發展到另一部分，而是所有部分一起生長，一起死亡。而地球是一部分生長，一

---

[1] 近代天文學的研究，認為地球的原始水份，可能在早期比較強烈的日光照耀下，化為蒸氣，分解為氫離子與氧離子，向太空散去，曾乾燥如水星及火星，完全無水。現代的海水是無數冰雪組成的彗星送來的。又在冰河時期，地面冰厚數公里，海平面下降數百公尺，如果地球溫度上升，南北極及格陵蘭島的層冰融化，海面會升高百公尺，淹沒沿海城市。

部分死亡。這與太陽的繞地旋轉有關。

　　有知識的人對於河流、泉水及它們的源頭有多種意見。有些人認為它們的源頭是最大的海。這是 adab 海，不是碧海（大西洋）。另外一些人相信水在地球中，就像血管在人體中。有些人就如此思考：在地表，水面取平，在地裡，高低不同，水流向最低點，因此它被困在山穴裡，形成管狀流水，於是它形成從地底來的水壓，沖出地面，形成泉水與河源。經常，水是地中空氣的產物，因為河水不是基本物質，而是腐敗與地球呼氣的產物。我們不得在此繼續討論現存的各種有爭議的言論，因為那會超過我們的自我設限，在我們別的著作裡，我們將說個清楚。

　　關於幾條大河的河源、河流、河長、河口，已經有很多討論了；例如尼羅河、幼發拉底河、底格里斯河、阿母河、身毒的印度河、印度的一條大河恆河、流入黑海的多瑙河、以及其他的大河。我在（托勒密的）《地理學》裡，看到尼羅河的圖片；尼羅河從 Komr 山發源，接受十二支流的來水，然後注入兩個湖泊，那是沼澤地[2]。再次，河水集中成一條，經過沙漠區，以及山腳。它前進流過蘇丹國（黑人國），那地方與黑人區相鄰。尼羅河分出一支流入黑人海[3]，這是 Kanbalu 島[4]的鄰

2　就像在 Wasit 與 Basrah 的薩羅國，《皇華四達紀》稱為未羅國，宋代《諸蕃志》稱為弼斯羅國、今巴士拉之間的巴比倫土地。

3　這是托勒密的錯誤，尼羅河不流入黑人海。

4　或即是今日坦尚尼亞國境內的 Penba 島，島上有十世紀的清真寺遺墟。研究黑人歷史的學者，對此地有興趣。

海，這個島田莊四闢，居民是穆斯林，但是說黑人話。回教軍征服了這個島，就像他們征服了地中海的克里特島。這發生在阿拔斯王朝（黑衣大食王朝）的初期，或倭馬亞王朝（白衣大食王朝）的末期。據水手們的說法，從這個島到甕蠻國[5]，海路有五百日程，當然這只是估計值，沒有大地測量。很多西瑞夫（Siraf）[6]及甕蠻的水手們，去過這段海域。他們發現，當埃及的尼羅河漲水時，或略前，河水濤濤湧入海洋一段路，這段海水變化顏色[7]。這條河（尼羅河）發源於黑人區（Zanj）的山脈，有一哩寬。河水清澈，漲水時成了一灘泥漿。河裡住了埃及尼羅河的鱷魚，它們也叫Warl。

身毒

El-Jahit認為身毒的彌蘭河（Mihran）[8]合流。莫爾譚的國

---

5 Oman，今譯阿曼國。
6 在波斯灣內，今日伊朗境內。當時名港，現已湮沒。它的位置見第十六章，中國古史上，沒有提到它，妄譯如此。現在發現西元185年的中國遺物，證明此港的船隻已去過後漢的中國，現為七百戶的小漁港。
7 尼羅河不注入阿拉伯海，此誤出於托勒密。
8 即印度河，發源於西藏的獅泉河，是古印度文明的母親河，《大唐西域記》的信度河，《多桑蒙古史》的申河。值得注意的是，此河的中下遊是自北到南，就是尼羅河。他用鱷魚來證明。我不明白這個證法能成立嗎？他把這點寫入他的書《主要城市及各國美景》。書是絕佳，但是他從未出海，很少去各國及各城市旅行，他不知道身毒的彌蘭河，發源於無人不知的身毒高原，從Budah為王的Kinnanj國及喀什米爾，坎達哈（Kandahar）與塔金（Takin）流出，幾條流域從那些地方出現，在莫爾譚（Multan）（意為金屋。唐代《大唐西域記》稱為「茂羅三部盧國」，《多桑蒙古史》的Mouletan，今巴基斯坦東部大平原的中南部。此國中有一金屋，藏有開天闢地的原始資料。目前莫爾譚在河東，可知河水已西移）。

王是一Koraishite（穆斯林貴冑世家）Ghalib的子孫。他的
領域直到呼羅珊邊界。門書瑞（Mansurah）[9]王國的領主也是
Koraishite，從el-Aswad稱王以後，子孫相承。莫爾譚的王
冠，家族世襲，自古如斯，可以追溯到伊斯蘭教初興。從莫爾
潭起，彌蘭河緩緩流入門書瑞，又在Daibol[10]進入印度洋。

鱷魚

　　鱷魚生活在海邊的淡水流域及印度的Baghar王國（東印度
恆河下游）的Sindabur海灣；在大王（Maharaj）[11]國中的黑人
河流域[12]，一直到葡萄海灣（Anab）[13]，延伸到錫蘭，鱷魚生活在
淡水裡[14]。如我們所說的，印度的河流，靠天降甘霖及地表水注
入，因此都是甜淨的淡水。

尼羅河

　　現在我們回敘埃及的尼羅河[15]。學者說它流經地表之處，

9　在下游，據Ebn Haukal的《*The Oriental Geography*》，此城是莫爾譚的兩
　　倍大，大河穿過此城，此城部分為河中島，目前在河岸的Hyderabad的東
　　北方75公里處。已成廢墟。即河在廢墟西五十多公里處。
10　唐代《皇華四達記》的提颷國。據Ebn Haukal的《*The Oriental Geography*》，
　　在大河東岸的海口。
11　印尼與馬來的統治者。
12　古代那兒的人種存疑。例如，南印度是黑人居住。孟加拉海灣的晏德蠻
　　島，是原始黑人居住。唐代以後，中原也有南海的崑崙黑人來訪。古代印
　　度河流域文明，族裔不明，存有黑人酋長及黑人舞女雕像。
13　應為今孟加拉海灣。
14　南海中，另有鹹水鱷魚。
15　埃及文明始於西元前3150年，第一王朝統一上埃及與下埃及。這是僅次

於兩河流域的蘇美人文明。我們對埃及古史的理解，有一部分是靠拿破崙時發現的羅塞塔石碑解讀了古埃及象形文字。古埃及人居住在尼羅河下游附近的沃野，從上游定時帶來腐植土，氾濫四野，肥沃土地，生產大量農產品，主產大、小麥，使得埃及自古就有大量的剩餘勞動力，從事採石、採礦及金字塔與廟宇的建築。以後供給亞歷山大東征的軍需及羅馬帝國的糧食。除了糧食外，埃及人也種植亞麻，織成亞麻布。因為尼羅河氾濫，帶來大量泥土，正好製作房屋需要的泥磚。又因為尼羅河季節性的定時氾濫，促使古埃及人觀測日落後的天狼星，由此產生陽曆。古埃及是重視女權的國家，女兒有繼承權，女人有事業的擁有權及管理權。埃及的國王稱「法老」，公主也可能繼承為法老。法老家族中，有兄妹結婚者，因為有時妹妹繼承天命。埃及的歷史可分為古典王國、第一過渡期、中期王國、第二過渡期、新王國、第三過渡期等六階段。有三個全國穩定的時期，及三個全國紛爭、外敵入侵的時期。例如，西元前747-656年，在第三過渡期，由Rubian的黑人成立的第二十五王朝，建築了不少金字塔。埃及人在尼羅河及地中海捕魚，醃製鹹魚。也如法炮製木乃伊，像製鹹魚一樣，從人的遺體中取出大腦及內臟，加入鹽與香料，以求萬年不朽。埃及人遺留了幾萬個木乃伊。埃及人生時慶祝各神明的萬壽節，國王們的耶誕節，喝啤酒、唱歌跳舞。又從事射箭、手球、游泳、拔河、體操、划船等運動，生實多歡。死在埃及，雖死猶生。埃及人不願因為嫁娶而離開埃及，也不願出國作戰而戰死異鄉，萬一死在外國，也要把遺體運回埃及，如此才能繼續在埃及過死後生活。金字塔中有許多壁畫傳世，例如用牛耕田，中國是春秋時代，牛的穿鼻術被中國人發明了，或者從外國傳入了。例如，孔子的子弟冉耕字伯牛，司馬耕字子牛，林黛玉有「司馬牛之嘆」即此人。耕與牛配套，是時髦名字。以前的牛主要是供給牛奶、牛肉及拉車行商。看金字塔的壁畫就知道，牛耕在埃及早了幾千年。埃及與印度的牛種不同，證明牛種是多源頭的。在西元前1570-1069年的新王國時代，相當於中國商代，埃及已有常備軍及員警。漢高祖劉邦當上秦朝的亭長，掌捕盜，那是中國的員警，已經晚了一千二百年。在商業上，埃及人比較落後，一直不用錢幣當貿易仲介，實行以物易物。至到西元前第六世紀，伊朗占領埃及才開始用錢幣。兩河流域的阿拉伯人首先發起到印度及埃及的印度洋國際貿易圈。埃及有一個士人階層（scribes），是識字的知識階層，參與統治，用埃及特產「紙草」紀錄，有助於後世對古埃及的了解。古埃及對外的關係良好。從古希臘記載，古希臘人去埃及旅遊、經商，吸收了很多新知識。例如人類的第一個數學家畢達哥拉斯，就受埃及的影響。柏拉圖也認為埃及是智慧的源頭。他們成立了地中海的國際貿易圈。在西元前六世

在到上埃及的阿斯旺之前，或墾為田園，或仍荒蕪，共長九百日程，或一千日程。船隻從福斯塔（Fostat）[16]啟航，溯流而上，直到阿斯旺；河流從南方到達阿斯旺之前，群山崇峙，亂石嶙峋，尼羅河流注其中，航行兇險。這些亂石分割了阿比西尼亞[17]的航運與穆斯林的航運[18]。這部分的尼羅河流域，以巨石及 岩為名（急流淺灘）。經過上埃及，尼羅河到 Fostat。它經過 Tilemun 峰及 Fayyum 的 Lahun 壩。此處有優素福選擇居

紀時，相當於孔夫子時代，伊朗的阿契美尼德王朝征服埃及。在西元前四世紀時，希臘的亞歷山大王征服埃及後，後轉入托勒密王朝。西元前一世紀時，羅馬帝國兼併埃及。當時有一個自由奴出印度洋，被季候風吹到錫蘭島，後被印度人送回埃及。埃及人才知道有這條航線。希臘人 Hippalus 幾年後重複了阿拉伯人、印度人的航線。之後羅馬籍的希臘人寫出《第一世紀的印度洋商旅》，描述了印度洋的國際貿易圈，他們也知道中國，稱為 Thin——梵文稱中國為 Cina，即秦，或譯為支那。《史記》大宛傳，有「新得秦人，知穿井」之語，也是用秦人指中國人——，為產絲之地。在劉秀削平群雄時出書。之後，托勒密用 Thinae 稱中國，這是 China 第一次出現在西方文獻，以前羅馬人稱中國為絲國（Seres）。百年之內，西元 166 年，羅馬使者即到達後漢，大約回程出事，外交中絕。當時，官家乘外船到南印度，尋找「黃支國」，就像《漢書》所說：「蠻夷賈船，轉送致之。」後來在四世紀南北朝的梁朝時，發現阿拉伯人、印度人、羅馬人的「海舶每歲數至」（見《梁書·王僧儒傳》），二百年後，到了唐代，龍骨法製造遠洋航船，傳入中國，中國的船隻也開向印度、阿拉伯、埃及，加入國際貿易圈。到西元 641 年，埃及被伊斯蘭阿拉伯軍占領，絕斷歐洲與北印度洋貿易圈的聯繫，引起歐洲發現新航線的努力，促成歐洲的世界霸權。此後埃及輾轉於各伊斯蘭帝國，直到成為英國殖民地（十八世紀），二十世紀時獨立。

16 在尼羅河分流入海處。本書作者，晚年居住於此。他逝世後，969 年，埃及的伊斯蘭法蒂瑪王朝，定都於此，改名開羅，意為勝利之都。

17 今伊索比亞。

18 指埃及的航運。

住的島，亦蒙上天賜與。埃及的歷史，地產及Joseph的建築物，詳見第三十一章。尼羅河順流而下，分道入海，各流派經過Tinnis，Dimyat，Radish及亞歷山大城，但是那些去亞歷山大城的運河，在回曆332年[19]發大水之外，乾枯無水。我聽說（當時我在Antioch城[20]及敘利亞邊境），尼羅河上升了十八cubit[21]，但是我不知道，河水是不是灌入亞歷山大城的運河。

亞歷山大城

　　亞歷山大，馬其頓王菲力普的兒子[22]在尼羅河分流上建築

19　西元944年。

20　安條克，中文古稱安都，大秦景教的發源地，古代屬於敘利亞。在今土耳其。

21　肘，一種長度單位，一肘長約44公分。

22　馬其頓在希臘北疆，現在獨立成國，當時是希臘的一部分。在一萬五千年前，就有人居住希臘。一萬年前，中東地區發展農牧業，像野火一樣，傳布四處，九千年前，傳到小亞細亞及希臘，西元前3200年，在中國傳說的黃帝前600年，講希臘語、用希臘文（未能解讀）的希臘人出現在克里特島及希臘大陸，他們形成以克里特島為中心的邁諾斯文明，他們以養牛著名於世。從西元前3200年到前1100年，是希臘的銅器時代。從西元前1100年到西元前8世紀，是黑暗時期。在西元前776年，希臘舉行第一次奧運會，這是希臘古代的開始，當時有荷馬的兩大史詩，德耳菲的神諭宣示所（Delphi Oracle of Appolo）等等。從西元前第五世紀到西元前420年，是希臘的古典時期，彼時名賢輩出，盛極一時。從西元前420年到西元前146年是泛希臘時期（Hellenistic）。當時重要的事是馬其頓王菲力普征服希臘各城邦。當他準備攻打波斯的阿契美尼亞王朝時，卻遇刺身亡（西元前336年），他的兒子亞歷山大大帝率軍出征，大獲全勝。西元前332年，希臘的亞歷山大大帝擊敗波斯軍，進入埃及。亞歷山大表現對埃及文明的欣賞與崇拜，以之收拾人心，從此埃及供給軍需，助成大業。大帝建立亞歷山大城，成為埃及的商業大城，政治文化中心。希臘從西元前146年到西元423年是羅馬時期，羅馬帝國占領希臘。從西元423年到西元1453年是拜占庭時期，由在君士坦丁

亞歷山大城[23]。當時大部分河水流過城下，灌溉了亞歷山大與
Maryut的田野，當年綠草芳美，花團錦繡，從Maryut一直連
到Maghrib[24]的Barkah[25]。海船沿尼羅河而上，直抵亞歷山大城
的市場卸貨。城市部分的尼羅河河床，鋪滿了石子和青石板。
從那時開始，泥沙淤積，以致填滿運河，水路堵塞。也另有說
法，總之，不能清除河道。我們不能寫下這些說法，因為本書
不是詳敘各家說法。亞歷山大城用井水了；因為亞歷山大城距
離尼羅河有一日程[26]。我們在專門報告亞歷山大城的章節裡，詳

堡的拜占庭帝國（即東羅馬帝國）統治希臘。以後由鄂圖曼帝國統治希臘到
西元1821年，此後，希臘獨立革命成功，直到今日。

23　在尼羅河三角洲西端。宋代的《諸蕃志》稱遏根陀國。以它的圖書館著名
於世。先是伊朗的阿契美尼亞帝國，在西元前480年（早於孟子108年），
統一當代最繁華的伊朗、兩河流域、印度河流域、尼羅河流域、中亞、小
亞細亞、高加索及巴爾幹，有學者認為它的統治人口達到全世界的一億二
千萬中的五千萬，並世無雙。西元前25年，羅馬帝國達到五千七百萬人，
中國人口在西元後二百年的東漢盛世，才達到五千萬。沒有幾年，到了三
國時代，只剩下三百五十萬，見曹公詩「白骨露於野，千里無雞鳴，生民
百遺一，念之斷人腸」。在宋代以前，中國另外兩次有如此多的人口，是
隋代大業年間及唐代開元天寶年間。亞歷山大大帝東征，消滅伊朗帝國，
是世界史上的大事。

24　古代北非的西部。宋代的《諸蕃志》稱木蘭皮國，是十一世紀到十二世紀
的Murabitum帝國的音譯。它引申為西方，如日落後的祈禱，稱為Maghrib
pray。

25　在今阿爾及利亞。

26　因地球自轉，而且尼羅河自南流向北，含有較高向東動量的河水流下，所
以尼羅河向東移動，離開了亞歷山大城。這不是孤立現象，所有夏季的季
候風，在北半球，大半是自南往北，大半偏東。標準型是印度洋的季候
風（monsoon），夏季吹西南風（偏東），冬季吹東北風。夏季距印度半大
陸稍遠時，受南印度臨海山脈的阻擋，吹西北風，風向改朝南，吹向錫蘭
島。冬季風向相反。夏季沿著亞洲東南，吹向廣東。冬季吹回。這就是古

敘本城的歷史情境。

　　我們曾說過，河水注入黑人海，河流有一個流域，它的上游經過黑人區，把這個國家分成邊遠省區的阿比西尼亞與本部。如果不是靠著海灣、鄰近的沙漠、沼澤地，阿比西尼亞不能抵抗壓倒優勢的黑人勇士。

中亞

　　阿母河（Jaihun，Oxus）[27]流經巴里黑，它有幾個支流，下游經Tirmid，Asfarayin以及呼羅珊各地，它流入花剌子模（Khwarizm）[28]，又分成幾支派，大部流入一湖[29]，旁有一城Jorjaniyah，地處花剌子模最低點。這是當地的最大湖，很多人相信這是文明世界的最大湖[30]，這個湖的長寬都是一月程。

代的貿易風帶，是帆船的動力，成就了海上絲路，即香料之路。

27　古稱潙水或烏滸水。古代希臘人熟悉中亞，亞歷山大大帝東征，到了中亞。

28　著名的中亞古國，由東伊朗人組成。在伊朗阿契美尼亞王朝，它是北疆。西元前四世紀，亞歷山大東征，此國國王曾提議交個朋友，亞歷山大敬謝不敏。西突厥以後，漸漸濡染突厥文化。唐代稱火尋國，是唐代能影響的最西地點。之後成立花剌子模帝國，統治伊朗。成吉思汗的蒙古軍攻占它的首都玉龍傑赤（Urgenj）。而後多次立國，最後稱Khiva汗國。俄羅斯開始擴張，在十九世紀末，它成為半獨立。二十世紀初併入俄羅斯。蘇聯成立後，分屬加盟的中亞三國，1991年，蘇聯解體，中亞三國獨立。

29　鹹海，可能是唐代的雷翥海。

30　當時許多人認為裏海是海，不是湖。所以若不算裏海，事實上，以湖面計，當時它是舊世界的第二大，僅次於非洲維多利亞湖。後來，經過蘇聯時期種殖耗水的棉花的計劃，把各河水改道灌溉沙漠，沙漠逐漸形成鹹鹼地，鹹海缺水，湖面日減，已不足古來的5%，當然不再是裏海之外的第二大湖。

湖面有航船，又有從費爾幹納及 Shash[31] 來的河流，流經 Adar
國及 Hais 城，從那兒可以行船到大湖[32]。沿河有突厥城市新城
（Yanghi Kant）[33]，有一些穆斯林人居住，大部分是突厥人。此地
人民是 Ghizian[34]，在伊朗建立帝國[35]。在他們父祖之地，他們被

31　塔什干之古名。塔什干是現代烏茲別克斯坦（Uzbekistan）的首都。《唐
　　書》稱為石國，唐軍所到的極西點。當時，高仙芝率唐軍攻占石國，洗劫
　　王宮寶物，又送已降的石國國王去長安處死。見《資治通鑑》卷216。石
　　國王子引阿拔斯軍隊來救。阿拔斯軍在著名將領 Abu Muslim 及 Ziyad Ibn
　　Salih 率領下，中亞聯軍二十萬。唐軍在高仙芝、段秀實（文天祥《正氣
　　歌》中有「或為擊賊笏」，即此人故事）率領下，中亞聯軍六萬，兩軍戰
　　於石國之東的怛羅斯，五日不決，盟軍葛羅祿（Karluk，西突厥餘眾）反
　　唐，高仙芝率軍敗走。這段大戰，二百年後的此時，竟無丁點痕跡。大戰
　　後三百多年，第十一世紀，阿拉伯學者 al-Tha'alibi 寫了一本書《奇聞與娛
　　樂消息》（*Book of Curious and Entertaining Informations*）說唐軍被俘者，
　　有造紙工技師，被送到撒瑪律干，開了一家造紙廠，因此造紙術外傳。
　　這個故事是有趣的，十分好玩。但是，這只是孤證，沒有旁證。經過名
　　著《西突厥史料》的傳播，幾乎成了定論。很多中國人相信此說。其實不
　　然。首先，紙張價低又笨重，不適合長途運輸，絲路沒有運輸紙張。其
　　次，怛羅斯大戰之前，阿拉伯人已用了很多紙張，俄國人考古，在中亞發
　　現很多紙張的遺物，這些紙張遺物應產於當地。複次，唐軍戰俘杜環，
　　在中東、中亞十二年，見過許多華僑，寫了《經行記》，只有「金銀匠、
　　畫匠、漢匠起作畫者及織絡者」，沒有見過製紙匠（有人睜眼說瞎話，說
　　《經行記》中提到製紙匠）。其實，造紙術早已外傳高麗、日本、越南。
　　不應該特別對阿拉伯人守密。總之，造紙術早已傳到阿拉伯世界，小規模
　　造紙到處都是，大規模造紙是西元794-795年，在巴格達成立了一家造紙
　　廠。這些事都不關怛羅斯之戰什麼事。
32　錫爾河本來也注入鹹海，現已斷流。
33　《多桑蒙古史》作 yengui kend。
34　在西亞，他們被稱為「塞爾柱人」。在西元十世紀時，他們移民花剌子
　　模，在可薩國服兵役。西元十一世紀時，占領中亞、伊朗、兩河流域及大
　　部分小亞細亞。
35　這在本書寫成之後的事，可能是抄書人摻入。

稱為「Kirghi」遊牧人[36]。他們大部分是遊牧人，也有城居者。他們是突厥種，可分為三大群，上等群、中等群、下等群。他們是最勇敢的突厥人，有最小的眼睛，最矮的身裁[37]。《邏輯學》的作者亞里斯多德在關於動物的著作的十四卷與十八卷，提到鶴類，以及有一種比鶴還小的突厥人。讀者會注意到，我們對突厥種群的敘述將散落全書，並且條目分明[38]。

巴里黑有一最偏遠轄區，一個二十日程遠的要塞Ahashban。過了這個要塞，是幾個不信教的國家：被稱為Ukhan的突厥人，認為那是住在阿母河、即巴里黑河的源頭。（阿母河的）整個流程有一百五十日程，有人認為從Inghan河的源頭算起要四百日程。那些以為阿母河注入身毒的彌蘭河的地理學家搞錯了[39]。我們不討論黑白Arisht[40]，那兒有Kaimak王國，Baighur王國，他們都是突厥人，居住在阿母河之外。在兩河區[41]住了哥疾甯人（Ghaznians）[42]，他們是道地的突厥人。有很多關於兩河的故事。我們不知道兩河的長度。

36　即《唐書》的憂吉斯人，曾推翻回紇帝國。今之吉爾吉斯坦人。

37　現代的土耳其人無此特徵。

38　關於唐代的中亞，沙畹著、馮承鈞譯的《西突厥史料》有參考價值。

39　例如 Ebn Haukal 的《*The Oriental Geography*》。

40　【英譯者略文】如果這些居民是維吾爾人……

41　阿母河及 Inghan 河。

42　哥疾甯人也住在今阿富汗的卡布林市之南，唐玄奘曾訪其鄰近。後來他們征服印度的曲女城，開始印度的伊斯蘭化。

印度

現在有許多關於印度恆河的說法，它發源於朝向中國的遙遠印度山區，距離突厥區不遠，經過四百日程的河道，注入印度海岸的阿比西尼亞海[43]。

幼發拉底河

幼發拉底河發源於Kalikala國[44]，發源地位於亞美尼亞邊疆，從Afradohos山脈而下，距離Kalikala一日程。幼發拉底河在到（穆斯林土地）Malatiyah之前，經過拜占庭國土[45]。有一個成為戰俘後去過幾個基督教國家的穆斯林告訴我，幼發拉底河在經過拜占庭國土時，納入幾條支流。有一條支流源自拜占庭國土的最大湖Mazerbun湖的長寬皆一月程，或更多。湖上有定期航班。

Hirah之戰

幼發拉底河經過磚制的Somaisat堡壘[46]後，就到了Jasr Manbij[47]。下一程是Balos，然後是Siffin[48]（在Ali率領下）伊拉

---

43 印度洋的古阿拉伯名。

44 今土耳其南部。

45 中國古代有個地理位置名詞「大秦」，在《後漢書》裡指的是羅馬，在初唐，指的是敘利亞，見《大秦景教流行中國碑》，在中唐的《經行記》說「拂菻國在苫國（敘利亞）西……，亦曰大秦」，指的是東羅馬帝國、即拜占庭國，它在初唐的《大唐西域記》裡稱拂菻）。

46 在敘利亞北部，近幼發拉底河。

47 在敘利亞近土耳其。

48 在敘利亞東北部，近Rakkak。

克與敘利亞的穆斯林在此交戰[49]。往下走，河水流過Rakkah，Rahabah，Hit，及Anbar[50]。在這些地方，挖掘了幾條運河，就像那經過巴格達，聯繫底格里斯河的Isa運河。幼發拉底河繼續前行，經過Sur[51]，Hobairah[52]，Kufab[53]，Jamiin，Ahmedabad[54]，Yerman，及Tafuf[55]。然後它流入Basrah[56]及Wasit之間的沼澤地。

49　在Ali（穆罕默德女婿，第四任哈裡發，正統王朝）率領下，與Muawiyah（時任敘利亞總督，後任第六任哈裡發，即倭馬亞朝太祖）大戰三月，Ali敗亡。

50　敘利亞中部。

51　今Tyre，黎巴嫩南部，地點不對。可能是Sus，在伊拉克。

52　可能是Hobairah的堡壘。

53　今Kufa。

54　可能抄書人誤記，因為是印度名。

55　這令人懷古。沿著幼發拉底河走下去，你遇到基仕（Kish）、烏魯克（Uruk）、烏爾（Ur）等古跡，這是蘇美人的土地，這塊地方是人類文明的搖籃。人類文明開始於西元前五千紀至西元前六千紀。他們耕種與牧畜，種植大、小麥，畜養牛、羊，創造了輪子、犁、水壩及運河。他們用泥磚蓋房子及城堡。他們紡織羊毛、煉銅。他們收集了從印度來的人類第一個寶石──天青石（Lapis Lazuli）。西元前三千五百年，這裡的蘇美人創造了人類的第一個文字──楔形文字，楔形文字傳播到附近各民族，例如在伊朗的埃蘭國（Elam，他們的原始文字不能解讀，這是拼音文字的通病，如不知語言，則不易解讀文字。伊朗帝國兼併埃蘭後，埃蘭後世的楔形文字是伊朗帝國的官方文字。它的解讀是從一些古波斯、埃蘭、阿卡德的三種文字寫的王碑開始，例如，薛西斯〔Xerxes〕的王碑，頭幾字是薛西斯，王，王中王，大流士〔Daryawes，希伯來文〕之子，敘司塔司配斯〔Hystaspes〕之子。這幾個字猜中以後，慢慢摸索，終於讀懂王碑的全文）。伊朗的楔形文字遺物早到中國傳說的五帝時代（西元前2200年）。楔形文字的遺物，在十七世紀重新被發現，十八世紀開始研讀，百年破解，是一篇好玩的偵探小說。他們的族裔可能與印度河流域的原始印度人（Dravidians）有親，他們自稱為「黑頭人」，有雕像為證，近黑種人。西元前2800年，他們建立八萬人的有城牆的大城。他們建立學校，公布法律。他們寫下三千行的詩篇，傳頌英雄國王Gilgamesh（按照「列王表」，

幼發拉底河全長五百日程，可能更長。大部分幼發拉底河的流水，以前流過Hirah；古河流遺跡尚存，今人名曰「古河道」。在那兒，伊斯蘭軍與Rostam（Omar）[57]作戰[58]，即Kadesiyah之戰。幼發拉底河此時注入阿比西尼亞海，出海口是Najaf，海水以波濤相迎，因此中國與印度的海船經常來訪[59]，為Hirah

他是西元前二十七世紀的國王，略與傳說的黃帝同時）的傳奇。他們喜飲啤酒，這是因為有農業之後，人類村落聚居，污染飲水，細菌繁殖，傳染人類疾病，釀酒過程殺菌消毒。從此西方國家繼承此傳統。中世紀時，歐洲君王大釀啤酒，就是為士兵準備飲料，即是大戰的先聲。中國等東方國家是以燒開水的辦法消毒，之後發展成飲茶。如今野生動物可飲生水，人即不能。因為生水中有傳染人類的病菌。蘇美人無馬。他們戰爭時，將軍騎驢或坐驢車上前線，然後下驢步戰。西元前2300年，時當傳說的五帝之時，蘇美人滅亡，人口散失，融入閃族的阿卡德帝國。在西元前二十一世紀時，蘇美人曾一度復國。西元前1894年，閃族的巴比倫人興起，他們繼續用蘇美人發明的楔形文字。西元前539年亡國。楔形文字前後用了三千年，與漢字相比，孔夫子與秦始皇只能認識如今漢字的「一二三」字，現今漢字的名詞，70%是用日本人翻譯的西文的外來語，例如、數學、經濟、銀行、革命等等，不用這些外來語，我們無法思考及作文。現今的漢文也只有二千年的壽命。比不上楔形文字前後用了三千年。關於之後巴比倫的歷史，續見第十七章關於巴比倫的註。

56　日本的桑原教授認為即唐代《皇華四達記》的于羅國，今日河的出海口。

57　第二任哈裡發，正統王朝，西元634-644年，消滅伊朗的薩珊王朝，後為伊朗刺客所害。

58　Rostam即伊朗軍著名統帥Rostam Farrokhzad。發生在西元636年，這是決定性的戰爭。阿拉伯軍是三萬遊牧的教民，伊朗軍是優勢的正規軍。兩軍大戰五日，忽起大風沙，撲向伊朗軍，Rostam死於陣上，全軍覆沒，伊朗亡國。

59　這是中國船隻遠航兩河流域的歷史性紀錄。目前只能算孤證，時間是初唐或更早，值得研究其事的真偽。今閱桑原教授之書《唐宋貿易港研究》（楊鍊譯），據他說，大學問家Reinaud及Yule認為在西元五世紀前半，中國開始遠航，可為讀者參考。他們用的書，很可能是當時法顯老和尚寫的《佛國記》。當時法顯從獅子國（今斯里蘭卡）被風暴吹到耶婆提（今爪

的國王們帶來貨物。許多古時的歷史學者，如Hesham，Abu Mkhnif Lut，esh-Shaki，都熟悉阿拉伯人初興的戰爭時期，他們報告，在Abu Bekr朝[60]，哈立德（Khaled el-Mekhzumi）[61]率領勝軍先擒殺哈尼法（Beni Hanifah）族的假先知[62]，然後進軍Hirah[63]。夏獵城的人民在Kadesiyah及Beni Bokailah建築堡壘，這些堡壘現已成無人居住的廢墟。這些堡壘距Kufah[64]三哩。當

哇），停留五個月，換船回廣州，結果被風吹到山東。問題就在如果法顯所坐的兩艘船有中國船的話，那麼這兩位就對了。可惜不是如此。首先，法顯說那兩艘船都是「商人大船」。中國古史上「賈人船」（商人船）是指印度洋上不用鐵釘的捆綁船，中國宋朝以後才會製造。其次，路上遭到風暴後，有些波羅門乘客要把法顯和尚驅逐到荒島上，幸而被另一乘客所阻。很可能大部分船員、乘客都不是中國人。再次，他們被風吹到山東半島，登陸後遇到兩個獵人，「令法顯譯語問之」，才知道那是何方。很可能，法顯是兩百多人中唯一懂得中國話的人。最可能的，那兩艘船都不是中國船。

60 首任哈裡發，正統王朝，西元632-634年，是一富貴人家，穆罕默德妻子Aisha之父。他的重要事跡有二：一是平定穆罕默德死後各地的叛亂，占領整個阿拉伯地區；二是收集、編輯了《古蘭經》。第三任哈裡發Uthman公布此《古蘭經》，開創伊斯蘭教的千年大業。以下所說是兩國最後大戰的前朝的前奏。

61 哈立德，男子名，意為不朽。伊斯蘭教軍的主帥與戰神。

62 當時假先知有兵四萬。

63 夏獵城，當時伊拉克的首都。《新唐書·西域傳·大食國》條「有摩訶末者（即穆罕默德先知），勇而智，眾立為王，闢地三千里，克夏獵城。」《新唐書》錯了。錯在兩點，一是大食人（Tajik）（今譯塔吉克）是突厥人對波斯人的稱呼，《新唐書》錯把阿拉伯人當波斯人。阿拉伯人是閃族人，波斯人是印歐族人，差得很多，後來一直錯下去。大食國是阿拉伯人的敵人，穆罕默德不是大食國的國王。這是傳統上的誤用名詞，各書都誤用了，不算大錯。二是以此看來，克夏獵城在他死後。

64 往後是阿拔斯王朝第一個首都。在《經行記》中，有句「大食一名亞俱羅」，亞俱羅即Al-Kufah之音譯。今Kufa，穆斯林宗教聖地，有大清真

哈立德看到Hirah的人民築壘相抗，他駐軍於Najaf[65]不遠處。他自己騎馬，貝都因人[66]騎士Dhirar相隨，前去視察前沿。當他們到Taghlebites堡壘時，上面的基督徒向他們甩鍋，戰馬受驚。Dhirar說：「阿拉（上帝）叫他們安靜吧！這就是他們在戰略上要做的事？」哈立德回到營塞，要求對方送一個能談事情的智慧老人。對方送來'Abd el-Mesih。他曾建造了白色大堡城，外號藥草（Bokailah），因為他有天穿了綠絲袍外出，人民問起誰是那顆草？因此得名。他也去見解夢人Satih，問他一個關於Mubeds的夢，以及在Ctesiphon[67]的波斯王宮所受到的震災，以及其他有關薩珊王朝諸國王的事。

當'Abd el-Mesih接近哈立德（Khaled）時，他已有三百五十歲。他正在走過去，哈立德一路觀察他。當他走到面前，哈立德問：

「長官，何處降世？」

他回答：「從我父親的腎[68]。」

「你從哪裡來？」

「從我母胎。」

「你在哪兒（得意）？」

「我在這裡。」

寺。以Kufa藝術筆法著名。

65　現在與Kufa連城。

66　沙漠牧民，初期的伊斯蘭軍有很多貝都因騎士。

67　波斯首都，《後漢書》的斯賓國，《唐書》的泰西封。

68　當時阿拉伯的醫學與中醫類似，都以為腎是生殖器官。

「您到底在那裡？」

「我在衣服裡。」

「您是第幾位公子？[69]」

「一父一子。」

「阿拉啊，我要他們送一個城裡人來。」

哈立德說：「他們送了一個白癡，我問東，他答西。」

「上帝啊」，Hirah 的來人回答說：「我的回話精確縝密，再問啊！」

「你是阿拉伯人還是 Nabatean 人？」

「我是阿拉伯化的 Nabatean 人，也是 Nabatean 化的阿拉伯人」

「你想戰還是和？」

「和。」

「那麼建築堡壘是什麼意思？」

「那些是關瘋子的，要把瘋子關到他們清醒過來。」[70]

「您高壽如何？」

「三百五十。」

「您見識多端，可得聞乎？」

「我看超載滿貨物的海船從身毒與印度的國度，遠航而來。您足下的土地，曾經滄海起浪[71]。請看，我們現在距離海岸好遠。我記得有一名婦女，頭頂水瓶出發，她發現田野　蒼

---

69 【英譯者註】這是阿拉伯人客氣問他幾歲的意思。

70 諷刺哈立德的話。

71 似道家寓言：麻姑曾見東海三揚塵。

著，到處是村莊、莊園、樹林、耕地，交雜著運河、灌滿水的池塘，一直連到敘利亞，如果她遠行，只要帶一張餅[72]；現在如何？一切都毀滅了，消失了。上帝啊！請來看看禰的僕人及他的國家。」

哈立德以及所有在場的人，聽了他的話，都嚇了一大跳。他們記起了'Abdel-Mesih的名字，他在阿拉伯人中，以高壽與善析理而出名。

他們說他帶了服下立死的毒藥。

哈立德問他：「您帶了什麼？」

回說：「要命的毒藥。」

「您要幹什麼？」

他回答：「我帶它來，是想如果我從您處，得到我喜歡的，並且我的同胞也高興的條款，那麼我就接受條款，並且感謝上帝（因此不用它）。但是，如果不如意，我不能成為第一個帶回羞辱與悲傷的人。我就服毒，死去萬事休，上帝只讓我再活一點時間。」

「給我！」哈立德命令道。他把毒藥丸拿在手裡，說：「以阿拉之名，靠著阿拉，以天地之主之名，以全能者之名，以祂之名，地上一切事都不會出錯。」他說完之後，就把藥丸吞了。他馬上暈過去，下巴埋入胸膛。

他們把他的衣服鬆開，他就醒過來了，並且精神煥發[73]。

---

72 【英譯者略文】東方習慣，住家要善待旅人，只有在沙漠裡，才要自備食物。

73 這明顯是假死之藥，雙方都以假作真，不會說破。這個故事說，使者言語

這個景教徒（使者）回到他人民的地方。他進城就說：「噢，人民啊，我從魔鬼那邊回來。他吞下必死毒藥，毛毫無損。什麼都答應吧，只求他遠離你們的城市。」

「他們是朝氣蓬勃的民族，方興之勢，薩珊王朝是將沉之舟。這個宗教（伊斯蘭教）將傳遍大地，但以後也會從內部腐爛起。」城民與哈立德講和，同意交付十萬迪拉姆（dirhem）銀幣，並同意戴上黑帽繩子[74]。哈立德從el-Hirah離開，並訓民曰：

> 「在Mondirs以後，怎麼可能要Kawarnak及Sodair的漂亮王宮向人出贖金？即使在各部落勇士守衛之下，又怎麼能對付吼叫的獅子。我又怎麼可能在Marrah運河與Jofair運河之間的花園裡牧馬？在Abu-Kaid部落被滅以後，我們要團結起來，就像雨中的一群鳥。我們在開闊的戰場上，屠滅了Ma'ad部落，就像把駱駝送上祭壇。我們像波斯王一樣，取得貢賦，（猶太人的部落）Khaibar、Beni Koraitah及Madhir都向我們交稅。時間女神的胸脯上，是未可知的機運，明天是喜或悲[75]。」

犀利，步步得勝，最後底牌是，不惜服毒，拼死一爭。這當然是對伊斯蘭全軍的挑戰。主帥雄烈非常，心知肚明，個人接下戰書。顯示服毒也常事爾，從容化解使者服毒的威脅。老人看在眼裡，主帥視死如歸，此軍天下無敵。

74　繞帽一圈後，在頭後垂下，與穆斯林的帽式有別，意即投降。
75　和戰皆可。

山河變動

　　我們插入以上的故事，為了證實我們隨時間推進，世紀流逝，關於海岸變動、河水遷徙的陳述。海水成陸以後，流水不至。現在，從Hirah到海，已有幾日的路程。我們希望遇上任何見過Najaf的人。

　　與此相同，底格里斯河也如此遷徙；它現在的河床與沙丘湮沒的古河道，所謂Batn el-fauhi，距離很遠。古河道靠近伊拉克的Wasit區的Bados，趨向Dafiri，折向Khuzistan的Sus，而它的新河道在巴格達東側，經過叫Rakkah esh-Shemasiyah的地方，洪水又把它引到西側[76]，就是現行的、在Kotrobbol與和平之城（巴格達）之間的現行河道。它經過Kobb、Sharki的鄉村及Kotrobbol的莊園。這些地方的居民，在Moktader朝，與居住東側Rakkah esh-Shemasiyah的居民打官司。當朝大臣Abdul-Hasan料理此事。那些深知其事的人的訴狀，及我們所言，都是巴格達人民盡知的。如果，河水每三十年移動八分之一哩，那麼，每二百年，它就幾乎移動一哩。如果，河水從原地退步四百肘[77]，那原地就成了不能耕種的廢地。如果河水找到一個下滑的斜坡，或下降，那它就把土地帶到遙遠的遠方。如果，在那無名的地方，它發現了一些大低地，它就填上，形成了湖泊、沼澤地及池塘。這就是說，耕地變成沙漠，荒地變成

76　在北半球自北向南的河流，由於地球自轉，會向西移動，這就是一個例子，並不一定是因為洪水。

77　一百七十六公尺。

肥田。有常識的人都能理解我們的主張[78]。

兩河流域歷代變遷

Masudi曰，所有對世界歷史及眾國王有正確看法的歷史學家都知道，從阿拉的先知派出使徒見Kisra（伊朗國王），那是他從麥加逃到麥廸那後的第七年[79]，幼發拉底河與底格里斯河上漲，破歷史紀錄。洪水瀰漫，漲滿了運河。運河的水也滿出來，衝破了堤坊土壤。洪水瀰漫在低地。

波斯王Abrawaiz[80]努力再次限阻流水，修築堤壩，深挖溝渠。但他控制不住河水，河流流向今天的沼澤地。農地與田園被水掩蓋，整個地區變成今天的沼澤地，他的努力是不夠的。波斯人很快捲入與阿拉伯人的戰爭；河水衝破了堤壩，沒有人再想如何修理它，沼澤地越來越大，越來越廣。

當Mo'awiyah就任哈裡發，任命他的養子'Abdullah Ben Derraj主管伊拉克。他把沼澤地上生長的蘆葦收割，得到一千五百萬迪拉姆銀幣，他把整個沼澤地收歸國家財產。在Walid任哈裡發，Hajjaj Ben Jusof治下，Ben Dhobbah的養子Hassan en-Nabti任稅務官，他化部份沼澤地為良田。

78　河道變遷的道理有二：一是泥沙淤積，例如黃河與兩河，二是地球自轉，見本章關於尼羅河的註，及第九章關於印度河的註。兩河及印度河都因為地球自轉而向西移動，而尼羅河向反方向、即向東移動。

79　即「聖遷」後第七年，第三任哈裡發Uthman規定回曆從「聖遷」算起，也即回曆第七年。

80　即Perwiz，一般寫為Parviz，即Khosrow II。

水底小鎮

現在整個充滿了水的沼澤區的範圍，是長寬皆五十日程。當中有個園丘，這是一個水下城市，如果水是清澈見底，我們就可以看到城市的廢墟。有些石頭還站好位置，有些石頭已經倒下。我們可以看出房子的輪廓。我們在Tinnis及Dimyat湖上，也可以看到同樣景觀，有許多農莊及小鎮潛伏水底。在本書及我們別的作品中，我們提起這些事。

底格里斯河

現在我們回到主題，描述底格里斯河的河源、途徑、出海口。它從Diar Bekr統治的Amid國流出，但是它發源於亞美尼亞的Khelat國，它納入從Arzan及Mayyafarikin國流來的Sarit及Satid河，以及別的河，如從亞美尼亞來的Dusha及Khabur河[81]流經Masura國及Faiz-Sabur國之間，在Kerda國與Bazenda國流入底格里斯河，與從Mausil及屬地、Beni Hamdan國流入A'wari河。詩人們歌詠這些河流：「春夏之際，去訪問Kerda河與Bazenda河是賞心悅目的事，那兒清涼的流水，一如Salsabil的泉水（樂園的泉水），此時，巴格達的地方，熱如爐火，燒得人受不了。」以前Khabur河從Ras el-ain鎮[82]流過Karkisin市，流入幼發拉底河，現在不同了。底格里斯河經過Balad鎮、Mausil鎮，大Zab河從亞美尼亞而來，在Mausil

---

81　Khabur河在敘利亞，現流入幼發拉底河。
82　即Ras el-ayn，在敘利亞東北部。

鎮之下，Hodaibiyah（崎嶇山區）之上，流入底格里斯河。小
Zab河也是從亞美尼亞及亞塞拜然而來，在順流下方，灌入底
格里斯河。底格里斯河流經Tikrit、Samarra[83]及巴格達，納入
從幼發拉底河運水而來的Khandak、Sorah及Isa[84]諸運河。當底
格里斯河離開巴格達，它又接納了許多河流（運河），例如：
Badnal、Nahras、Nahr-Wan， 距 離 Jarjaraya[85]不 遠，Sib以 及
Nomaniyah。底格里斯河經過Wasit鎮以後，分流而行。一些
流到未羅國的沼澤地，此河被稱為Baradud或Yahudi河，以及
Shami分支。抵達Akar的流水，從巴格達到Wasit再到Basrah[86]
的運輸是繁忙的。底格里斯河全長三、四百日程[87]。

　　在本書，我們只談幾條廣為流傳的大河，至於一般河流，
我們略去不談。在我們的別的寫作如《時間的歷史》與《中
冊》當中，我們詳細報導過。目前我們略去不談的河流，如果
河有名字，以後我們再進一步談論它們。

三大木架子與海上華表

　　Basrah有 幾 條 大 河， 如Shirin，Dair、 及Ibn-'Amr 。 在
Ahwaz省（即Ahvaz省）及其與Basrah相鄰的田野，有幾條不
小的河。談到如此，我們要忍住不說下去，那個波斯灣沿著

83　距巴格達百公里，阿拔斯王朝曾移都於此。
84　Isa在《古蘭經》是指耶穌，此處也是。
85　古代大城，緊臨底格里斯河，伊朗貴族居所，十二世紀荒廢。
86　唐代《皇華四達記》的未羅國。
87　一日程約五公里，底格里斯河實長1840公里，折368日程，正是三、四百
　　日程。

Basrah及Obollah[88]海岸，那個名叫Hazarah[89]的地方，有一塊陸地，直伸入海，那地方接近烏拉國，那是水手們進入Basrah港的必經之路。在Obollah與'Abbadan那邊，為了船員們，在海上樹立了木製標記，看起來是海中的三個大木架子，夜晚點火，從甕蠻國、西瑞夫及別的地方來的、遠方航船可見，避免誤駛入Herarah，如果誤駛的話，不免船沉人喪[90]。

---

88 近代日本桑原教授考證即《皇華四達記》的烏拉國，古稱Apologus，原來是一個大城，西元十四世紀，Battuta訪問此地時，已是一個小漁村。

89 Herarah，別書作Djerrarah，近代考證，即《皇華四達記》的提羅盧和國。

90 海中三大木架，聲名遠播，見《新唐書‧地理志》引《皇華四達記》：「國人於海中立華表。夜則置炬其上，使舶人夜行不迷。」。

第十章

印度洋

阿比西尼亞海（Ⅰ）

我們估計印度洋的範圍，印度洋也稱阿比西尼亞海，它從最西的阿比西尼亞到最東的中國，長約八千哩[1]，它的寬度，在一個地方是二千八百哩，在另一個地方是一千九百哩，在其餘的地方，各有不同[2]。這個長、寬度，大有爭議。我們不寫下各家論點，因為都是沒有根據的猜測。這是人類生存區的最大海。從阿比西尼亞（向南）到Berbera國（再南下就是黑人區），有一個海灣，稱為Berbera海灣，長約五百哩，起頭與結尾都有一百哩。這個Berbera國不同於那個鄰近非洲省的[3]、不同的Berbers國，這兩國有幾乎相同的名字。

1　本書的阿比西尼亞海指今印度洋（最東到麻六甲海峽）加上太平洋的亞洲沿岸。古今中外，地理名詞不同。在本書發表的458年以後，西元1405年，鄭和下西洋，西洋即今印度洋。

2　所謂寬度，是指船航行時，距大陸的最遠距離。

3　今突尼西亞。

黑人海

　　甕蠻國（Oman）[4]的水手一直航行到黑人海的Kanbalu島[5]。島上有穆斯林居民，也有不信伊斯蘭教的黑人。我們剛才提到的甕蠻國水手相信，那個海灣，我們所謂的Berbera海灣，連帶所及的Berbera海，與Jofuni國都比我們所說的大。海上巨浪滔天，高如山峰。這是所謂「瞎波」；此乃海員用語，海波如山峰一樣高高樹起，兩峰之間的谷，深不見底，海水雖然低下，但是水相連不破[6]，也不產生泡沫，像別的海波相撞，產生浮沫。水手們相信，這些海波是中了邪[7]。在這兒航海的甕蠻國船員是阿拉伯Azd部落的成員。當他們在船的甲板上，船遇上「瞎波」，一會兒被海波舉上天，在兩舉之間，沉入海底——他們一邊工作，一邊念叨：「Berbera Jofuni與您中邪的海浪，Jofuni Berbera海浪啊，您要看看別的海浪（是多麼平靜）。」

　　水手們在黑人海一直駛到Kanbalu島及Sofalah（低地國）與在黑人國極邊及低地地區的Demdemah。從西瑞夫（Siraf）[8]來的商人們，也習慣在這帶航海。我有一次跟一群西瑞夫的水手們，從甕蠻國的京師Sohar[9]航海到這裡。有些人，例如Mohammed Ben Zandibud及Jauher Ben Ahmad與Ibn Shirah等

4　明代鄭和下西洋的諸書都如此翻譯，今改譯為「阿曼國」。
5　或即是今日坦尚尼亞國境內的Penba島，島上有十世紀清真寺的遺墟。研究黑人歷史的學者，對此地有興趣。
6　空氣進不來。
7　許多海波是風吹產生的。
8　在今日伊朗境內。
9　靠近Hormuz海峽。

人，擁有這些船隻。後者與他的船員們，在這兒死於海難。

在回曆304年[10]，我從Kanbalu島航行去甕蠻國，乘坐Ahmad、西瑞夫的'Abd er-Rahim Ben Ja'fer的兄弟及'Abdes-Samad共同擁有的一艘船。我經過之後Ahmad與'Abdes-Samad的船隻遭遇船難的地方，這兩人與船員們都被海浪吞噬。當我第一次航海，當時Amad是甕蠻國的國王。我經常出海，去過中國海[11]，地中海（el-Rum），裏海（可薩海），紅海（el-Kolzon），葉門海。我常遇險境，我以為剛才紀述的黑人海最為兇險[12]。

鯨魚

有一種海魚叫鯨魚，長達四百或五百甕蠻制肘，那是海員用的肘長。這種魚一般長達一百棍（perch，一種長度單位）[13]。

10　西元916年，此年Masudi二十歲。西元是陽曆一年365 1/4日，回曆是陰曆，一年354日。兩者的紀年關係複雜。

11　指海南島以北的中國東方沿海。

12　這一段敘述可與西元一世紀的《第一世紀的印度洋商旅》關於東非的部分同看。

13　五千萬年前，鯨魚與河馬分家，游向海洋。當時，鯨魚的先祖是偶蹄不反芻類（與豬同）的食肉類。可能在今天的巴基斯坦入海。挪威人在西元前二千年（中國傳說的夏代）開始捕鯨，中國人在漢代也有「海大魚，膏流九畝」的說法。為了在水中保溫，它有厚脂肪層，這是十八、十九世紀時，挪威、日本、美國獵鯨的標的物，用為工業潤滑油。日本人也吃鯨魚肉。鯨魚在無意識狀態會沉入海底，因此不能呼吸，所以鯨魚不能入睡。鯨魚有最大的大腦，馴養的鯨魚會學人說話。近代保護鯨魚，已禁獵鯨魚，除了少數部落，特准限量獵取鯨魚為食物外。牠在海裡遊水時，只見前後的兩個魚鰭像船帆一樣張起。魚頭露出海面，牠強力噴出水柱，水柱在空氣中，昇高比飛箭射程還遠。海船日夜驚恐，他們打鼓敲木棍，把牠

當這種鯨魚犯了天條，上帝降下一肘長的鯊，牠們附著在鯨魚的尾巴，鯨魚怎麼樣也不能把牠甩掉。鯨魚沉入海底，在海底翻騰，直到把自己撞死[14]。死鯨魚浮上海面，像一座大山。那種小魚叫鯊，經常黏在鯨魚上。鯨魚雖然大，並不靠近船隻，牠看到鯊就逃，因為那是牠的天降魔星。

鱷魚

　　同樣地，一種生長在尼羅河岸與小島的小動物也是鱷魚的魔星[15]。鱷魚沒有自然的食物出口[16]，牠吃下的食物化為蛆蟲，當牠覺得肚裡不舒服時，牠上岸、翻身躺下，張開大嘴，Taitawi、Hasani、Shamirek 及其他的水鳥，會來吃那些鱷魚肚子裡的大蛆蟲。那個小動物會躲在河沙裡看，等時機一到，牠就跳到鱷魚皮上，從咽喉鑽進去。鱷魚劇烈扭動，並且沉到尼

趕走。牠用尾巴及魚鰭把別的魚趕入牠的大口，混著海水，吞入咽喉（有兩種鯨魚，一種鬚鯨，吃浮游生物，一種齒鯨，吃小魚。此書所談的鯨魚是齒鯨）。

14　想像而已。

15　鱷魚是太古遺物，其祖先可以追溯到二億二千萬年前的始祖龍，很奇特地，牠的牙齒構造與哺乳類同。牠的心臟構造有四心房、室，與溫血的哺乳類同，可是牠是冷血的。近代考古學的研究，根據鱷魚化石的牙齒的瓷質，可以證明，二億年前的鱷魚曾是溫血動物。一般認為按照進化論，冷血動物可能單向進化成溫血動物，鱷魚就是一個反例。今天，鱷魚多生活在熱帶水中，除了在溫帶的尼羅河鱷、長江揚子鱷及北美的密西西比鱷之外。鱷魚沒有汗腺，所以經常張著大嘴，以調節溫度。小鳥進它嘴裡，吃寄生蟲，幫著清牙，兩者不相害。有時候，鱷魚無意中闔上嘴巴，小鳥就敲打牠的牙齒，鱷魚會張開大嘴，放飛小鳥。現今，有人飼養鱷魚，取其皮，食其肉。

16　無糞門，這是作者的觀察不精。

羅河底[17]。這個小動物吃了鱷魚的內臟，然後咬破身體爬出來。這個小動物有一肘長，像個鼬鼠，有腳有爪[18]。

紅海

在黑人海裡有許多不同形狀的魚類，但是人類編海裡魚類的故事瞎扯。這本書，既不討論海底奇觀，也不報告海裡各種奇異生物，如海魚、海蛇等等。我們現在回來討論各類地理分區：海灣、港口的進出口道以及伸出去的陸地等。阿比西尼亞海的另一個海灣[19]，起自埃及管轄的el-Kolsom鎮[20]，它距Fostat三日程。海灣東岸有Ailah市、Hejaz、Joddah[21]及葉門。海灣總長一千四百哩，最寬處二百哩。Ailah市及Hejaz的對岸，即海灣的西岸，是Bojah統治的上埃及的Allaki、'Aidab。再下去是阿比西尼亞與Nigritia，一直到黑人國低地區的邊界，形成紅海西岸。

波斯海

就在黑人國低地區（向東）出現另一個海灣，波斯海，

直到烏拉國，直到「木制海上標記」以及未羅國Basrah的
'Abbaden[22]。這座海灣總長一千四百哩，寬度在西邊有五百哩
寬，有些地方只有一百五十哩寬。這個海灣是三角形，一角
在烏拉國，海灣沿岸向南直到Faris。海岸有波斯的Daurak[23]，
Maherban[24]及Shiniz[25]；那兒出產Shinizee刺繡布；這種或別種
布都在那兒生產。向前是Jannabah[26]，Jannabee布以此地為名；
Najiram[27]鎮屬於西瑞夫。Ibn 'Imarah的諸屬國，Kerman[28]的海
岸線，Heretics人Khawarij的國家Mokran[29]的海岸線。整個海
岸線是棕櫚樹的生長地。再前是身毒的海岸線，彌蘭河的出
口，如第九章所述，河是身毒的河（印度河）。身毒有Daibol
市。以下是印度的海岸線，Borudh國；Borudhi朱砂以此為
名。從此連綿不斷的海岸線，一直到中國，部分已耕地，部分
荒地。

　　與已經提到的Kerman國[30]及身毒對峙的海岸線是Bahrain[31]，

22　在同名的島上，在兩水之間，屬於伊拉克，距伊朗很近。十四世紀的旅行
　　家Battuta提起此島，稱在鹽水草地。這是西元前十世紀的國際商業圈中心
　　航點。當時富甲全球。
23　在伊朗的Khuzestan省境內。
24　在波斯灣頂部的伊朗境內大港。
25　又稱Siniz，在波斯灣頂部伊朗境內，距海二日程。
26　即Ganawah，產金。
27　或為Gerun。
28　伊朗內部東南一國。
29　即Makran，今巴基斯坦。明人稱「木克郎」。
30　伊朗東南之一國。
31　巴林國Bahrayn。

Kotr[32]島及 Beni Jadimah（屬於'Abdel-Kais 部落）的 Shatt 國[33]，甕蠻國，Mahrah 國[34]，一直到 Shihr 國[35]的 Jomjomah 海角[36]；在這個海岸線，還有 Ahkaf[37]，接近海岸，有許多海島，錯落其間，如 Jannabah 國的 Kharak 島，以王族之名名之。這個島與大陸之間，有一個幾哩寬的海峽，盛產 Kharaji 珍珠。另外一個島叫 Awal 島[38]，有 Beni Man 族、Beni Mismar 族以及許多阿拉伯人居住。它距離巴林國的 Meran 的海岸線上各小鎮，有一日程或不足。在這條海岸線上，所謂 Hajar 海岸線[39]，有 Zarah 鎮[40]及 Katif[41]。

Awal 島以後，有許多島；例如 Lafit 島[42]，又叫 Beni Kawan 島。它被 Asi 征服，島上到今天還有他的大清真寺。島上人煙稠密，農產豐盛，有幾個村莊。不遠處是 Haijam 島[43]水手取淡水處。有兩座名為 Kosair 及 Owair 的山脈，第三座山脈無名。再下去是 Dordur 山，或稱之為可怕的 Dordur 山，水手們稱為「地獄的老爹」；這部分海面有高聳入雲的黑石壓在海波上，不長

32　卡塔兒國 Qatar。
33　岸邊國，今科威特。
34　今葉門東部。
35　在今葉門。
36　今 Ras al-Jumjumah。
37　即 Ahqaf。
38　第一島，Bahrain 的別稱。
39　在甕蠻國 Hajar 山脈之下。
40　今日沙烏地阿拉伯沿波斯灣岸的城市，近 Katif。
41　今日沙烏地阿拉伯沿波斯灣岸的城市，或譯成 Qatif。
42　即 Laft 港，在 Qeshm 島上，近忽魯模斯（Hormuz）港，伊朗的一部分。
43　或為 Gerun 島。

樹木，不生野物，其下無底漩渦，波濤洶湧，因此每個身臨其間的水手，都心驚膽戰。此地在西瑞夫與甕蠻國之間，船隻不能繞過。海流不斷，衝出浮沫。這個波斯海灣亦稱波斯海，我們已經說過環繞它的國家，如巴林國、Faris、未羅國以及甕蠻國，直到Jomjomah海角。從波斯灣到紅海是Hejaz國與葉門國，共長一千五百哩，三面環海，是一個半島，那些海我們都談過。

大海的東半部，到中國

從中國沿著印度，Faris，甕蠻國，未羅國，巴林，葉門，阿比西尼亞，Hejaz，Kolzom，黑人國，身毒以及海水環繞的島嶼，有那麼多國家，只有創造萬物的上帝才知道他們，每一個國家有不同的名字。眾水相連，成一大洋。在許多地方，他們潛水採集珍珠。在一些海岸上，可以找到紅玉髓、Madinj（一種珊瑚）、種種紅玉、綠玉、金剛石及綠松石。在Kolah[44]、Serirah[45]可以找到金銀礦，在Kerman國[46]的海岸有鐵礦。甕蠻國產銅。沿海諸國出產各種香水、香料、龍涎香，及諸醫學藥物，芭蕉、肉桂、朱砂、瓜子松。我們之後會講清楚，哪裡可以找到這些寶石、香料及植物。

海風

我們所敘述的這些海，總稱為「阿比西尼亞海」。此海的

44　麻六甲海峽的簡羅國，實際地區不詳，可能是今吉打Keda。
45　蘇門答臘鳥東岸屍利佛逝國。
46　伊朗東南內部一國。

各部分，我們敘述過，每部分都有一個不同的名稱，例如：波斯灣、葉門海、紅海[47]、阿比西尼亞海以及黑人海，各海吹不同的風。在一些海上，風從水底而來，攪動海水，就像吊在火上煮的一鍋開水，火是從下而上。別的地方，風與風暴是半從海底、半從空氣吹來。在某些地方，風全部從空氣吹來，沒有一丁點從海底吹起。就像我們剛剛說的，這些風可以來自海底，也可以來自陸上，吹入海中，在海面上飄動。上帝最懂這是怎麼回事。

季候風

　　水手們知道在這些海域，某些時候，向某個方向吹風[48]。這些知識來自於理論、實踐及長期的經驗。他們也須知道一些風的強弱、風暴來臨的信號。我們關於阿比西尼亞海的知識，也可運用於地中海，那兒，拜占庭人及穆斯林知道一些要變風向的信號。同樣地，從可薩海[49]去Jorjan、Taberistan以及Dailem[50]的水手們也懂。在本書的後續部分，我們將給出見解，並詳述這些區域以及海域的歷史、勝景，如果上帝有此意旨。除了上帝以外，無人有此大能。

47　按照希臘人以紅表示南方的慣例，紅海即南海。

48　季候風，按照季節與地區，定向颱風。第一個領悟季候風的羅馬人是西元一世紀Heppalus，見《第一世紀的印度洋商旅》。阿拉伯人與印度人早已知道。

49　裏海。在唐代的《經行記》提到可薩國，但是沒有可薩海。

50　以上三地在伊朗的裏海沿岸。

第十一章

潮水的漲落

本章是解釋潮水漲落的各種理論並記錄有關之討論。[1]

1　一百年後，中國宋代的沈括在《夢溪筆談》裡提出：「予常考其（註：潮汐）行節，每至月正臨子（月在地球背面）、午（月在地面頂上），則潮生，候之萬萬無差。」這個定律是對的。但是知其然，不知其所以然，沒有物理學的解釋。近人用牛頓的萬有引力來解釋，但是明顯不能說明，為什麼月在地的背面時，會引起潮水上漲。要解釋每日有兩次潮水上漲，除考慮萬有引力外，還要考慮月球與地球成為一個旋轉的共同體，月球與地球都繞著共同重心旋轉，這個共同重心在地表下大約1/4地球半徑處。因此當月球在地底下時，地表所受的離心力最大，而這個離心力，才是第二次漲潮的原因。詳細言之，月球每月繞這個共同重心旋轉一次，地球也旋轉一次，與月球平衡而重心不動。地球在遠月點的離心力較大，令為F，地球在近月點的離心力較小，令為f。又，月球對水的引力，對兩點的差別不大，令其值為W，地球對海水的引力，及地球自轉的離心力，對兩點相同，忽略不計。代入實際資料計算，可算出F−W大致與f+W相同。我們得出兩次潮水大約等高，至於具體的漲幅高低又有許多因素，例如，水面太小，則受力均勻，看不出漲幅，如一杯水，或一個小湖，沒有潮汐現象，又或海底岩石不利海水流動等，都會使漲幅變小，風向可使漲幅變大變小。

潮水漲落

　　漲潮是指，按照它的本質與運動定律，水進入。落潮是指與漲潮相反，水落回。在我們以前提到的，包含中國海、印度海、紅海與波斯海的阿比西尼亞海，我們可以觀察到這種現象。按照潮水漲落的程度，我們可把海洋分成三類；第一類海包含一些有漲潮落潮的海，而且潮水是顯而易見的。另一類有漲潮落潮的海，但是潮水不明顯。最後是沒有漲潮落潮的海。那些沒有漲潮落潮的海，其原因有三。第一原因是：如果某些時候，海水是安靜的，它就成了鹹、重、密，經常發生，這些海水為了某種原因，集中在一起，成了像湖泊一樣的一團水。它夏天縮小，冬天膨脹，我們可以發現它接受河流與泉水後，會加大[2]。第二個原因包括那些遠離陸地及人世的海，無人可以觀察到漲潮與落潮。第三個原因包括那些海底有火山活動的海。如果海底有火山活動，那麼海水膨脹，地中氣體加入，結果形成洋流，注入另一個海[3]。這經常發生於有很長海岸線及眾多島嶼的地方[4]。

月球與潮水

　　有許多關於漲潮落潮的意見。有些人認為是月亮的影響。因為月亮與水既類似又親近，使水的溫度升高及膨脹。他們用

2　作者的觀點是因為這一團水的阻礙，潮水不見了。其實，海水安靜，是有其不流動的原因。同一個原因，使之沒有潮水。

3　這個洋流掩蓋了潮汐。

4　其實是島嶼不利於海水流動。

火來比喻這種影響。即使水只灌滿了燒水壺的二分之一或三分之二，當水被燒開了後，水會升高，然後溢出水壺，因為水的體積加倍，比重減少。熱的規律是熱脹冷縮。海底變溫暖後，由地球的淡水加鹽的海水也變暖，就像井水或水箱水一樣。當海水變暖以後，它膨脹。當它膨脹，便增加體積。當它增加體積，每一個粒子推動附近的粒子。它提升從海底的高度[5]，因為它需要更多空間。滿月傳輸了許多熱量到大氣，因此海水體積更為增加，這叫滿月潮（或春潮）[6]。

阿比西尼亞海是沿著赤道自東到西；根據這一條線，其上的行星及恆星，每天繞天一周。如果行星偏離赤道，那麼它對海水的影響可以忽略不計。如果它接近赤道，那麼它對海水的影響，從一端到另一端，日日夜夜都要計算在內；這樣考慮後，各地受到的影響很少。特別是注入大海的江河，那些流水清晰可見之處。

地氣說

或曰：如果潮水就像燒開的水一樣，在火的作用下，水升起，那麼海水從海底升起，當它離開海底，它就會按照它的重力本性，回到最深的地方，這就是說，回到原來的地方，就像

5　目前地球正在變暖，變暖以後，海水體積變大，海平面變高，淹沒近海都市。

6　認為滿月傳達了熱量，是錯的。其實，新月及滿月時，月球、地球及太陽三者成一直線，萬有引力合力與旋轉的離心力成最大的合力，因此有春潮的現象。同理，滿月時也有大潮。不考慮月球與地球都繞著共同重心旋轉，則無從解釋每日兩次潮水。

水壺裡的開水很快回到它因熱力而離開的壺底。但是，太陽是最熱的天體[7]，那麼，應該日出漲潮，日落退潮[8]。因此，他們相信地球不停產生一種地氣，然後釋放在海水裡。這種地氣把海水推高，一直到地氣消失了，這時候，海水回到原處，這就是退潮。如此這般，退潮與漲潮與日夜、夏冬以及日月升降都無關係[9]。他們認為很顯然地，退潮一完，就開始漲潮，漲潮一完，就開始退潮。因為地氣不停產生。當它們消散時，新的地氣產生。當海水落回海底，水土相遇，產生地氣。當海水回落，地氣產生。當海水上升，地氣消散。

宗教家言

基本正教說，任何不能解釋的自然現象，都應該歸功於上帝的作為，更加證明上帝的統合性與智慧。我們不能解釋漲潮與退潮[10]。

潮水與人的脾氣

有人說海水的運動，不異於人類的脾氣變化。你可以觀察到不論是易怒的、好脾氣的，或別種人，發完脾氣就安靜下

7　如果這一切說得通。

8　但是事實又不如此。中國唐代，盧肇作《海潮賦》有句「日激水而潮生」，宋代沈括批評：「此極無理」，因為潮水不在日出日落時產生。

9　沈括發現了潮水與月球升降的關係。

10　這是怪力亂神派。五代十國的吳越王錢鏐，以為海潮是海怪作祟，曾派三千甲士，以鐵弩射海潮，要殺死海怪，當然海潮不因此而平伏。怪力亂神派是錯的。

來。與此相同，海水上升幾度，到了最高的度數，它就降下同樣度數。

氣水分解説

另外有一個與上面不同的說法。假設空氣遇到水，引起水的分解；這引起水的膨脹和上升，這就是漲潮；但是在水膨脹以後，引起了空氣的分解，使海水回到原處，這就是退潮。這個作用是連續的，互換不停的，空氣分解水，水分解空氣。它可能加大，當月球是滿月的，因此這個（化學的）反應加速了[11]。因此，月球是有大潮的原因，而不是有潮水的原因；在下弦月時，也會有漲潮。在波斯灣，有時候最大潮發生在上弦月初生時[12]。

年度大潮

許多Nawajidah[13]說，大漲潮大退潮，在阿比西尼亞海的大部分地區，一年發生兩次；一次在夏天，當此時段，海水自西流到東，中國海及附近各國的海漲水，因此有六個月，退潮方向是北與東。一次在冬天，當此時段，海水自東流到西，中國海退水，因此有六個月，退潮方向是南與西。海水的運動與風

11　這解釋不了新月時，也會有大潮。

12　上弦月初生時，正是月亮在午，即頭頂上空，漲潮之時。至於漲幅，則與圓缺風向、水流向有關。

13　老水手，這是西瑞夫與甕蠻國對經常航海、訪問過許多島嶼國家及沿海國家的水手的專稱。

向同步。當太陽在北半球，空氣吹向南方[14]，因此，在夏季海水在南方比較高，因為北風把海水吹到南方了。同樣地，當太陽在南半球，空氣移動的方向，及它帶動的洋流，是從南到北，因此南方較少水。這種在兩個方向的水的轉移，從南到北，從北到南，叫冬季落潮、漲潮；北方落潮，南方漲潮，反之亦然，如果月亮在兩個方向之一，遇到一個行星，那麼兩者合力，熱度增加，受此影響，氣流從太陽所在的半球，流向另一個半球，也更為強大了。

　　Masudi曰：這是el-Kindi及Ahmad Ben et-Taib es-Sarakhsi的主張，我們從他們那兒借來的；這就是說，洋流的方向，與氣流的方向相同。在Cambaya[15]我看到一個奇異的現象。Cambaya是鑲邊的Cambayan拖鞋的生產地。它們是在此地及附近的地方，如Sindan，Subarah（Sufarah）生產。我在回曆303年訪問此地，其時Mankir國[16]國王Ballahra任命Babina為婆羅門組織政府。Babina喜歡與到那個地方的、不信印度教的穆斯林及任何人辯論。上面所提到的市鎮是在一條大河的河口，這條河大如尼羅河，或幼發拉底河，或底格里斯河。在河口的岸上，有市鎮、宅院、農田、花園、棕櫚、椰子、珍珠雞（guinea-fowl）、鸚鵡及其他印度鳥類。此地距海小於二日程，在退潮時，整個河底沙灘暴露了，只剩中流一條細水。我看過一條狗在沙灘上，水退的沙灘就像一片沙漠；忽然潮水大至，

14　太陽照射北半球空氣，使它較熱而澎脹，因此吹向南方。
15　明代人稱坎八葉城。
16　印度中南部，海岸線的大國。

如山湧立，那條狗朝岸邊狂奔，終為潮水追及，溺死無救。在
未羅國與 Ahwaz 之間，Basiyah 地方與 Kaidem 地方，海潮一樣
猛烈，俗稱「大難」，聲如雷鳴，浮沫四濺，危機四伏：水手
們臨此而懼，每一個從此到 Daurak 及 Faris 的人，都知悉此事。

第十二章

地中海

地中海

地中海又叫羅馬海[1]。環海國家是Tausus[2]、Adanah[3]、Missisah[4]、Antioch、Laodosia[5]、Tripolis[6]、Sur以及別的埃及與敘利亞海岸的地方，例如，亞歷山大城及西非國家。這個海長五千哩，海寬各地不同，有寬八百哩、七百哩、六百哩不等，有地方更窄。許多天文學家[7]，如Mohammed Ben Janet el-Battani的著作的天文圖表裡都有記錄。此海始於與Okianos[8]相連的海

1　當時有東羅馬帝國，即拜占庭帝國，在今土耳其，因而以此為名。
2　今土耳其中部近地中海。
3　今土耳其中部近地中海。
4　古代Mopsuestia。
5　在今土耳其的Denizli。
6　在今黎巴嫩海岸，不在利比亞。
7　指科學家。
8　大西洋，古稱碧海或暗海。

峽，此海峽極窄處，南岸是西非海岸的坦吉爾[9]與Sabtah[10]，北岸是Andalos（西班牙）。窄海道叫休達海道[11]，兩岸距離不足十哩，因此是西非到西班牙、西班牙到西非的通道。一般叫它Zokak（小路）。當我們報導埃及[12]時，將會討論這條聯絡兩岸路線及有關的海運。我們也將討論Kobros（塞浦勒斯島）及Arish[13]，他們曾經有陸梁聯繫，商人的馬隊曾可來往。

大西洋

在這兩個海——地中海與大洋——的相接點，有大力王赫拉克勒士樹立的銅石柱。柱上的刻字及立像用手表示「不可再進一步」，並且從地中海航行到大洋，是不切實際的事，大洋上沒有一艘船，大洋上既無耕種，也無人類。大洋浩無邊際，無人走到彼岸[14]。這是一個遠處暗暗的海，也稱碧海，環地海，暗海。也有人說，銅石柱不在陸上，在岸邊大洋的一座島嶼上。

有些人認為各海始於大洋。這裡有一些奇妙的故事；我建議讀者，參照我們的書《時間的歷史》；那兒，讀者會發現，一隊船員冒險行駛在大洋上，誰終於回來，誰遭了船難，他

9　現摩洛哥坦吉爾市，是後世著名旅行家Battuta的故鄉。

10　摩洛哥休達市，在直布羅陀對岸。

11　即今日之直布羅陀海峽。

12　阿拉伯語稱Misr，宋代《諸蕃志》稱「勿斯裡」。

13　Arish河流入地中海，Arish城在河口。

14　西元1492年，哥倫布發現歐美航線。

們的經歷與見聞。有一位叫Khoshkhash的摩爾人[15]是這類冒險家。他是Córdoba的一個青年人，組織了一群青年人，上了一艘大洋上的船，向大洋駛去，多時無人有他們的消息。很久以後，他們帶回了珍物。西班牙的摩爾人，都知道他們的故事[16]。

直布羅陀海峽

海峽中有一條洋流，從大洋流入地中海。海峽從剛才說銅石柱，直到Ahjar，相當長。其洋流滾滾，遠處可見[17]。地中海在埃及與敘利亞對面，有一個海灣伸入大陸，有五百哩長，經過羅馬城。羅馬人叫它亞得里亞海[18]。大洋與地中海之間的海峽之南是一城，名Sabtah（休達），它與Tanjah同邊，對岸是西班牙各城市，Jebel Tarik（直布羅陀），以Musa Ben Nosair[19]解放了的奴隸聞名[20]。從休達到西班牙的過海時間，是從早到午。海峽的流水是歡騰的，即使無風，海水湧入地中海時，也鼓出

15　西元八世紀，倭馬亞朝在西班牙復國，稱摩爾人，一直是歐洲最富裕的國家，西元十五世紀滅國。

16　中世紀的西方歷史學家多記王侯將相之事，像這些記載平民之事，極為難得。在Masudi的另一本書中，他說西元889年，水手Ibn Aswad穿過暗海，帶回寶物，Masudi畫出地圖，形似南美洲，在現代引起誰是第一個發現歐美航路的爭論。

17　這是由於地中海的蒸發量大於河流的流入量。洋流從海峽流入，補充損失的海水。再沿非洲海岸東流，此時鹽分增加，再沿歐洲海岸向西成為潛流，從海峽底層流出，流入大西洋。

18　亞得里亞海在義大利半島之東，而羅馬城在半島的西部，海灣並不經過羅馬城。

19　倭馬亞朝老將軍，西非的征服者。

20　所謂奴隸是他最親近、最信任的人。

一條高水流。西班牙與西非的摩爾人稱這座海峽為「巷子」，因為它就是如此。

地中海的島嶼

地中海裡有許多島嶼，倒如在敘利亞與土耳其之間的塞浦勒斯島，面對亞歷山大城的羅得島，克里特島及西西里島。當我們處理Borkan山峰時（即埃特納火山），我們要談論西西里島，那個火山不時拋出各種、代表巨大屍體的熔岩。Yakub及et-Taib所說的與我們所說的，關於地中海的長度與寬度不同。我們要按照本書的計畫，以後還有機會，進一步描述這個海。

第十三章

黑海

多瑙河

Pontus（黑海）自 Ladikah 國[1]延伸到君士坦丁堡，它的長度是一千一百哩，開始寬度是三百哩[2]巨大的 Tanabud 河[3]，這條

---

1 Ladikah，一般稱為黑海的東北角的 Adigha，索凱西亞人 Circassians 之國。在《多桑蒙古史》中，成吉思汗西征，者別、速不台進軍高加索時，此族人曾舉兵相抗，當時稱為「薛兒客速部」，現今散布於中樂，他們是一種高加索人。

2 希臘人用顏色表示方向：南北是紅黑，黑海即北海，紅海即南海。西方的航海書《紅海商旅》即《第一世紀的印度洋商旅》，當然包括《印度洋商旅》了。這與中國古代的南赤鳳，北玄武即北黑龜，對應的顏色相同。其中可能有關連，值得研究。地理上，黑海通到海峽與地中海相連。黑海的河水流入量大於蒸發量，黑海的海水必然流出，表面鹽分少的河水經海峽流入地中海，地中海高鹽水，潛流入黑海，淡水所帶的氧氣，很快用光，形成廣大的無氧層、無生命層，因此古代沉船不腐。黑海沿岸早通人事，西元前八世紀，希臘有關於黑海的神話故事「傑生與阿爾格英雄」（Jason and Argonautica），即往黑海東北角的喬治亞國，取得金羊毛的故事。可能是當時當地用羊毛取得砂金，輾轉相傳成了金羊毛。

3 多瑙河，發源於德國，經過十國，曾經是羅馬帝國的北疆，在羅馬尼亞流入此海。

河我們以前說過，從北方來，經過許多Japhetite人[4]的國家。它發源於北方的一個大湖[5]，一路有泉水及山上的溪流。這條河有三百日程長。兩岸有努哈（諾亞）的子孫耕種。許多有知識的人說它經過Mayotis海[6]注入黑海。這條大河的流域產各種寶石、植物、醫藥用品，自古就被學問家注目。

Mayotis 海

有些人認為Mayotis海是一個大湖，其長三百哩，寬一百哩。從黑海支出一個君士坦丁堡海峽，連絡地中海。海峽長三百哩，寬五十哩。君士坦丁堡在海峽西邊，從此農莊連綿，一直到羅馬與西班牙。那些認為三個突厥人的國家，Targhiz[7]、俄羅斯[8]、Naigaiz[9]的海就是黑海，是一定不錯的。如果全能的上帝願意，我們將討論這些國家，分辨那些出海航行與從不上船的民族。

4　諾亞有三子，其中一子的後裔，即高加索種白人。

5　它發源於德國的黑森林地帶，並無大湖。

6　今Azov海，在烏克蘭與俄羅斯之間，說多瑙河流經Mayotis海，這顯然是錯的。它在羅馬尼亞注入黑海，距離Mayotis海有一段路。

7　保加利亞。

8　保加利亞與俄羅斯都非突厥人的國家，有時候，本書的突厥人是野蠻人的意思。

9　可能是斯拉夫族的一支。

第十四章

裏海

裏海

裏海[1]，亦稱蠻子海，沿岸都是耕地，住了一些蠻族，按照海岸的蠻族居民，分別稱為Bab el-Abwab海，可薩海，el-Jil（Ghilan）海，ed-Dailem海，Jorjan海，以及Taberistan海。在海岸線上，有許多突厥人的國家。裏海從呼羅珊的一個省份花剌子模延伸過來，長度八百哩，寬度六百哩，幾乎呈一個圓形。本書會依次討論住在蠻子海邊的各國。

複述地中海

這個海裡有很多龍類（Tenanin），那是龍（Tinin）的複數。牠們在地中海也一樣多，特別是在Tripolis、Laodicea以

1　古希臘時，有一族古代部落Caspi住在裏海的西南岸，因此裏海在西方被稱為Caspian Sea。中國古史有西海或大西海之名，不能確定是不是裏海。中國史書第一次指明裏海是《元史‧速不台傳》，用寬定吉思海或寬田吉思海。在現存本《經行記》裡，只提到「可薩突厥」，沒有提到「可薩海」）

及 Antioch 區的 Jebel el-Akra 山，在山脈之下，海水既深且翻騰，被稱為「海之節」（Knot of the Sea）。在這一海岸線上 Antioch、Rashid、Sakandarunah（Alexandrin Ciliciae）、Hisn el-Markab，在 Lokkam 山脈一帶，Missisah 是 Jaihan 河[2]的出海口，Anadah 是 Saihan 河[3]的出海口，Tarsus 是 Berdan 河的出海口。再過去是穆斯林與拜占庭之間的荒地。再下去我們到了 Kalamiah、Yunos 以及 Kerasia 等城。再下去有一條大河入地中海，它經過 Solukiah 城，從那之後，沿著海岸線，有一連串的堡壘，接上君士坦丁堡。我們略去拜占庭帝國許多入海的河流，如寒冷河、蜜水河等[4]。西非的海岸，起自坦吉爾面臨的海峽，從那兒海岸連綿到拜占庭帝國，全是富庶繁榮的地方，如 Afrikiya[5]、Susah、Tripolis、小西非、亞歷山大城、Rashid 以及 Dimyat，一直到拜占庭帝國的邊境，然後是拜占庭帝國的海疆，再下去是羅馬的海岸線[6]，在這之外是西班牙海岸線，一直到坦吉爾的對岸，那是我們開始描繪地中海的起點。剛才我們敘述的海岸線，是不間斷的富庶繁榮區，部分屬於穆斯林，部分歸羅馬管理，其間有些河流注入地中海，又有君士坦丁堡的海峽，其寬僅有一哩。地中海有幾個海灣及河口，那些僅是進出水口，並不通向任何外海。

2　今敘利亞的河，天堂四河之一）

3　今 Seyhan 河，土耳其的大河，天堂四河之一）

4　我們從極西算起）

5　原迦太基國，羅馬帝國的非洲省，在今突尼西亞一帶）

6　作者似乎不十分清楚地地中海北岸的歐洲海岸線）

地中海的形狀像一顆大白菜，直布羅陀海峽相當於根部，從長寬來考慮，它不是正圓的。

龍

在阿比西尼亞海[7]及它的河口及海灣，沒見過龍。龍類在靠近大西洋的地方出現。關於龍是什麼，有很多不同的意見。一派主張，龍是海底的黑風，升到空氣，那就是說，升到大氣，一直升到雲層，就像旋風一樣，從地上捲起塵土，毀滅植物。龍越升越高，也就越來越長。

另一派主張，龍是一種黑蛇，牠們躍入空中，雲也變黑，一切變得灰暗。然後就颳起可怕的風暴。

別有人說，龍是一種住在海底的生物，當牠變成頑皮又驕傲，上帝就派一個天使，在雲中把牠逗出來。牠看起來是一條黑蛇，穿過大氣，升到那麼高，尾巴碰不到任何東西，除非是高房或大樹，但是它會颳壞許多樹木。牠被雲層送到群凶區[8]。雲層用寒冷及雨水殺死龍，交給群凶吃掉。以上是 Ibn 'Abbas 的意見。關於龍，還有許多眾人傳述的看法，穆罕默德及先知們的傳記作者有此紀錄，但是我們不能在此全部插入這些看法。只講一點，有人認為龍是生活在沙漠裡的黑蛇，下大雨河水漲，牠就順勢入海。牠在海裡大吃，長得很大，活得很久。當一條龍活到五百歲時，海裡的生物受不了。就像 Ibn 'Abbas

---

7　印度洋及太平洋的亞洲沿岸）

8　西方一直傳言，裏海岸有一個 Gog and Magog 即群凶區，在高加索山區附近。中國也有「放四凶於三危」的故事，三危是中國的群凶區）

所說的事情發生了。據說，有些龍是白色的，也有龍像黑色的蛇。

波斯人不否認龍的存在，他們認為龍有七個頭[9]。波斯人稱為el-Agorghan[10]，在他們的故事裡隱晦地提起牠們。只有上帝才知道龍類到底是什麼。

許多人相信與龍有關的故事，有些時候有理智的人壓根兒不信。我們不要重複 'Imran 的故事，據說他到了尼羅河的源頭[11]，拉著一個動物的毛髮，在牠的背上，橫過海洋。據他們說牠是一個海產動物，快捷無比，追日影而行。'Imran 拉住了牠的毛髮，橫渡海洋，他想找太陽的棲息地，忽然看到尼羅河自一座金色的王宮流出；守護尼羅河源頭的天使，給他一串葡萄。他想辦法找那個看他出發、尋找尼羅河發源地的人，想告訴那個人他的一路艱辛，可是那個人死了。他們說了許多關於他的冒險事。有幾次冒險見到了魔鬼，幾個關於天使給他的那串葡萄的故事，如此等等。

9　楚辭有句「雄虺九首」。日本的怪獸電影，有九首飛龍。中國古代有龍的傳說，近人李澤厚先生認為夏、周是中國古代以走獸為圖騰的部落聯盟，舉眾獸合成的龍為旗幟，另有商是以飛鳥為圖騰的部落聯盟，舉眾鳥合成的鳳為旗幟。中國前三代是李澤厚所謂「龍飛鳳舞」的時代。中國龍與海水產生關係，我以為出於佛教故事，佛教的印度聖人龍樹菩薩，入海底龍宮，求法而來。印度的龍是大蛇，自然可能是水蛇。

10　英譯者以為應即希臘文的怪鳥精（Gorgans）。

11　西元十九世紀時，發現尼羅河上流的白尼羅河，發源於維多利亞湖。類似中國黃河的發源地，是地理學的問題，西元十七世紀時，發現黃河源出星宿海。

地球全域

按照（先知的）傳統的權威說法[12]，在碧海[13]的中央，有用各種美妙寶石與黃金裝飾的四個大柱子：紅寶石柱、藍寶石柱、祖母綠柱及貴橄欖石柱。從這四大柱子下，流出四條大河，這些河水在海水中，奔向大地的四極，河水並不與海水相混。第一條河水是尼羅河，第二條河水是Jaihan河（在敘利亞），第三條河水是Saihan河（在土耳其），第四條河水是幼發拉底河[14]。

潮汐的觀點

像這一類的故事還有關於漲潮、落潮的說法。有一個主管海洋的天使，把他的腳後跟，在中國那端，放入海裡，海水就高漲了，這就是漲潮。當他把腳拿開，海水回歸原位，這就是落潮。這可以用實驗來說明：一個水盆裡，放一半水，如果你把腳或手放入，水會滿起，當你拿開手時，水會歸回原位。有人認為天使只放腳的大拇指進水，這就是潮水的原因[15]。

12　見伊斯蘭教四天經之一的《討拉特・創世記》。

13　大西洋。

14　此乃天堂四河。

15　西元十一世紀，宋代沈括在《夢溪筆談》中，提到月亮是潮汐的原因，每天有兩次漲潮，一次月亮在頂空，一次在地球背面。沈括的說法是正確的，但是知其然，不知其所以然。按照古典物理學，潮汐的原因有二，一是月亮對地球的萬有引力，二是月亮與地球組成一個系統，兩者都圍繞著共同重心旋轉，旋轉時所產生的對海水的離心力。一二兩點的影響，幾乎相同，所以每天有潮汐兩次，海水上漲。

　　上面提到的各種理論，既不能當成已經證明的事實，也不是信仰（雖然有人誣賴穆罕默德而如此說）：它們是我們可以接受或否認的，它只靠一個先知的伴侶[16]，很少人傳播它，而不能在很多個（先知的伴侶）找到根源，它們也不是一般的認知。以上是在毫無紛紛議論時，建立傳統的威信所必須遵守的規則。只有當傳統是構建在確信無誤的（歷史的）證據上，每個人才能信仰祂，被祂導引。上帝的神意是，神聖的傳統必須當成正法。上帝說：「接受先知給（我同意）你們的正論，克制先知不准許的你們的衝動。」但是上面提到的，沒有達到這個標準。我們解釋了各種說法。我們相信只有詳細介紹各種說法，讀者才會相信我們有足夠能力，判斷有關啟示的各種問題，不論本書或我們的別的著作。讀者也不會在我們談到的別的問題上，被別人的扭曲論點所誤導。

海洋

　　在文明世界，有人算四個海，有人算五個，有人六個，也有人算出七個海。這些海都是相連不斷的[17]。第一個海是阿比西尼亞海，其次是地中海，黑海，Mayotis海[18]，裏海，大洋[19]，也稱碧海、繞地海、暗海。Mayotis海與黑海相連，黑海與地中海通過君士坦丁堡海峽相交通，而地中海連接於大洋，即碧

16　穆罕默德的早期信徒。
17　與後文不符，因為裏海是孤立的。姑且刪除。
18　今 Azov 海，是一海灣。
19　大西洋。

海。因此，它們連成一海，一水不可分。但是，他們都不與裏海相通[20]。Mayotis海與黑海應該被當成一個海，雖然大的叫黑海，小的叫Mayotis海，兩者分開各有名字，但是有海峽相通，應該有一個通名；或黑海或Mayotis海。無論我們叫它黑海或Mayotis海，我們都理解它包含大的海，也包含小的海。

裏海是孤立的

Masudi曰：很多人錯誤地認為裏海與Mayotis海相連。我沒有看到過任一個去過可薩國的商人，同意裏海有運河或海峽與別的海相通。我也沒有看到過任一個在Mayotis海或黑海航海，去過拜占庭領地，或Targhiz（保加利亞）的人，同意裏海有運河或海峽與別的海相通。當然有可薩國的河流流入裏海。我們要談可薩國，以及回曆300年[21]俄羅斯人從黑海怎麼樣把船隻搬運到裏海。此事我們將在有關高加索及Bab-el-Abwab城的章節中敘述之。

我在文字中，提到了許多古今了解海洋的博學通家。我發現他們的著作裡，提到君士坦丁堡海峽起自Mayotis海，然後走到裏海，連絡兩海。我真不能理解他們怎麼會作如是觀；他們真的經歷了這些旅行嗎？還是他們從什麼大前題，推導而出呢？或是他們觀察錯誤呢？誤認在海上（黑海上）航行的俄羅斯人是（住在裏海岸的）可薩人？我從Jorjan國的海港

20　這就認為裏海是一個孤立的大湖，是明見。古代托勒密錯誤地認為裏海是北大洋伸入大陸的海灣。

21　西元912年。

Aboskun[22]航海去Taberistan[23]以及別的國家，我詢問每一個我遇到的知事的商人與水手，關於這件事，他們每一個人都告訴我，沒有人可以直航到黑海，除非用俄羅斯人陸地行舟的辦法。當時[24]，東羅馬帝國、亞塞拜然人、Bailkan國（鄰亞塞拜然的鄰海首都貝德爾以及鄰近省份）、Dailem國、Jil國、Jorjan國以及Taberistein國都拉了警報，團結抗敵，他們從來沒有看過有敵人從那方來，而且從遠古至今，沒有這種傳聞。以上我們報導的事實，是在上述城市、鄉村以及國家，眾所周知的。無人可以若無其事，當時是在Ibn Abi-s-Saj當政時期[25]。

北極海

我讀過一本Kindi及他的生活在哈里發el-Mo'tadhed[26]時代的學生Sarakshi署名的書。他們說在文明世界的極北，有一個大湖，一直延伸下去，包含北極點。在Beni el-Morajjim的筆記本裡，也有這個大湖。

關於地中海的異論

在Sarakshi關於海、水、山的筆記本裡，應用Kindi的權威，說地中海Sur、Atrabolos（Tripolis）、Antioch、el-Markab、

22　在伊朗裏海沿岸西端。
23　在伊朗裏海沿岸東端。
24　俄羅斯人進入裏海的時候。
25　約西元889年之後，前文說是西元912年。他是伊朗人，阿拔斯朝的將軍，後任亞塞拜然的郡守，又自立為王。
26　第35任哈里發，阿拔斯朝，西元854-861年。

el-Missisah的海岸線、Tarsus以及Kalamia到赫拉克勒士的銅石椿，共長六千哩[27]，最寬處是四百哩[28]。

這是Kindi及et-Taub所說。我們已經說明白他們的主張，那是我們從他們的著作找到，或是從他們的傳承人那兒聽來的，以及他們的主張與天文學家[29]之差異。我們不能重複他們的論點，因為本書力求簡明。

海水之起源

希臘人及別的古代哲學家，關於海洋起源及發展的看法，全部都寫在我們的次一本書《時間的歷史》，那有三十分冊。那兒分門別類的列出各家學說。本書僅統籌眾說。

有些人認為海洋是原始濕氣的遺留物。大部分原始濕氣，被火烤乾，在火燒的過程中，這些遺留物經過燒烤，變鹹了。有些人認為，在太陽繞地旋轉，發出的熱力，把原始濕氣的整體加以燒烤，純粹的部分分解出來，剩下的部分是又鹹又苦。有些人認為，在太陽繞地球旋轉發出的熱力影響下，地球出的汗水就是海水。也有人相信，地球從二度濕氣中，抽取純粹水以製造固體[30]，剩下的就是海水。如果你讓清水通過砂石，那你就會發現鹽分[31]。

27　本書認為是五千哩。

28　本書認為是八百哩。

29　指科學家。

30　按照古希臘一印度的哲學，萬物都是風、火、水、地這四大元素構成的，所以固體裡，也是有純粹水的成分。

31　地球海水的來源是一個亙古難題。現代天文學家的看法是，原始濕氣，經

水的迴圈

　　有人這麼相信[32]：從高處與低地流向大海的水，按照水的特性，吸收了大地散布的鹽分；流水自然包含火的粒子[33]，日月又送來熱的粒子，它使流水從地面上升，它的膨脹力使水氣化，在上空，精細的水分降下為雨。整個過程迴圈不息，地球加入鹽分，雨水又成了鹽水，日月又（用汽化）把海水的甜淨部分取出。這就是說海水不增不減，永遠有相同的體積及（比重）重量；熱力蒸發海水的精細部分而成水氣的量，等於地面水通過河流入海的量；因為水的性質是下沉，於是形成沼澤地，流入地球的低谷，流入大海。水的總量不變，因此是常量，不增不減[34]。

以動物身體表示地球與海水

　　泉水是地下埋藏的血管，流入小溪，再入大江。這可與動

　　過可能更亮的太陽照射，升到大氣層的外圈，分解為氫、氧離子，逐漸向太空散去，經過幾億年後，地球變成乾燥無水，與乾燥的火星、水星類似。現有的水可能是無數冰雪組成的彗星，逐漸帶到地球的。海水是如此得來的清水，再加上地裡的鹽分而成。

32　這是傳統的亞里斯多德理論。中國王充《論衡》與此類似。

33　按照風、火、水、地的四大理論，流水不是純粹的水，自然有火的粒子。

34　這是短期的看法，長期來說，水的總量要減去太空散去的，加入冰雪彗星送來的，因此水的總量有變。至於海平面的高度，也在變動，例如冰川期，大量水分，化為陸上冰山，海水因此下降，南海的印尼群島相連，美洲與亞洲有陸橋相接，美洲群馬跑到亞洲生活，置美洲於不顧。美洲的駱駝也跑到歐亞大陸生活，遺留下來美洲駝羊。未來可能天氣變熱，南北極與格陵蘭島的積冰融化，海水高漲數百呎，沿海城市沉入海底。

物的構造相比。當一個動物吃食物，它的精華在體溫的影響下，分布全身，成為營養；它的糟粕被排泄出去成為糞便；因為沒有精華成分，所以成了尿與汗水。在體熱影響下，精華體質也變成了苦與鹹的糞便。如果體溫超過正常標準，燒過的水都有苦味，我們會發現除了尿與汗水外，身體排泄的糞便是苦的。以上是古賢的理論。

這可以用實驗來證明。如果你把任何含有酒、醋、玫瑰香精、藏紅花或紫羅蘭的水加熱，這些成分會同水蒸氣一起飛出。但是，如果你加熱鹽水，那就不同了，潛藏的成分（鹽）不會飛出，如果你一直燒下去，更會看清楚。《邏輯學》的作者亞里斯多德關於這點多所論述；他說海水比清水更密集更混濁，清水是靈明的；如果我們有一個類似水盆、但四面密封的臘塊，把它放在鹽水裡，我們就會發現滲透到裡面的水，嘗起來有甜味，比重小於海水的比重；同時剩下在外邊的水，比海水 ，比重比海水的比重大。

水流動成了河流，水從地底冒出就是泉水，集中眾水就是海。

Masudi曰：有很多關於河及河道的書。我們的有三十分冊的第二套書《時間的歷史》裡，為了要證實各海的範圍、長寬度、鹽分、分合、不增不減以及阿比西尼海的潮汐幅度高於他海，我們將詳細證明各點。

實踐與古代傳說

我跟那些經常航海去中國，印度，身毒，黑人國，葉門，

紅海及阿比西尼亞的商人談過。他們關於各海的範圍與長寬度
的意見，與哲學家及書齋裡的學問家的主張，大不相同。一
些水手說，往某個方向走，這個海[35]是無邊無際的。我跟一些
地中海的水手交際，這些水手有的在戰艦上、有的在商船上
工作，他們是船上的執行官，有的是船長，有的是戰艦的管
理層，例如Lawi族姓Abdul-Harb，他是敘利亞大馬司[36]海岸線
Tripolis的郡守Zorakah的奴隸。他們對於地中海的長度及海峽
都很清楚。我也得益於敘利亞的Hims城的海岸線上的Jobailah
城郡守'Abdullah Ben Wazir提供的知識；在目前，回曆332年
（西元943年），沒有人比他更了解地中海。所有戰艦及商船都
聽他的意見，根據他的經歷，相信他的知識與科學。在前幾
頁，我們報告了海洋奇觀，以及我們得到的相關的消息，以後
在本書中，我們會插入更多描述。

挖井取淡水

在我們挖地時，有許多象徵告訴我們那兒有淡水。有人
說，在有蘆葦、水生植物、草及牧草的地方，挖井可以取得
水。在沒有這些植物的地方，沒有水。

我發現這些農業辦法：如果你想知道離水的遠近，挖地
三、四肘深[37]，取一廣口銅瓶或陶瓶，內層均勻塗上油脂，用白
羊毛裹上一個雞蛋大的石頭成球形，外面上臘，把臘球放入瓶

---

35 大西洋。
36 今大馬士革。
37 一肘四十四公分。

中貼底，日落西山後，再把瓶子放入坑底，蓋上一、二、三肘的泥土。把它留在地裡一夜，次晨在日出之前，把泥土撥開，如果你發現很多滴水珠，互相緊靠，並且羊毛也濕了，那你可以確定附近有水。如果只有疏稀的幾滴水珠，羊毛只是略濕，那麼你非要挖更深，才能見到水。如果不論在瓶子裡或羊毛上，只有很少的水珠，那麼這兒沒有水，再挖也沒用。

　　我在另外一本關於農業的同樣題材的書上，發現別的方法。如果你想知道是否可以很快挖到水，你只須檢查那塊土地的螞蟻的身形。如果牠們肥大、黑重，那麼，水的距離與牠們的大小成正比，如果牠們是小而輕捷，你捉不住牠們，那水就在四十肘之內。第一撥水是甜淨的，第二撥水是鹹重的。這些是挖水人所用資訊。在我們的書《時間的歷史》裡有完整的敘述。在當下此書裡，我們只提供必要的知識，不談細節，不給圖解。想要知道的人，在《時間的歷史》裡可以找到一切。讓我們開始談論中國的國王，以及相關的題材。

第十五章

中華帝國

諾亞子孫

歷史學家對中國人及他們的起源，有不同的看法。很多人說先知亞法撒（Arfakhshad）[1] 把地球劃分給努哈的子孫，努哈的一些子孫向東北走。拉吳（Ar'au）的後裔向北走，在那一代散開，成立了許多國家與王國，例如 Dailem、Jil、Tailisan、Tatar[2] 以及 Mukan。更向前是高加索地區，居民是不同種族的，例如 Lakz、Alans[3]、可薩人[4]、Abkhaz、Serir、哥薩克人、以

1　閃的兒子，第三章說是亞法撒的孫子法勒，才是地球的劃分者。

2　韃靼人，古時住在中國東北，並不住在中亞，似乎錯了。

3　阿蘭人是東伊朗人，《史記》《後漢書》《魏略》的奄蔡、阿蘭，蒙古史上的阿蘭人。滅於蒙古，後來阿蘭人加入蒙古軍隊，到了中國，當元朝皇帝的親兵，漢人稱他們綠晴回回。也有人說他們是基督徒。

4　見本書第十七章，又見《隋書·北狄傳》、《舊唐書·西戎傳》、《新唐書·西域傳下》。唐代杜環在《經行記》中，把 Khazar 譯為可薩。西元630年立國，西元十一世紀國滅於俄羅斯及拜占庭的聯軍。國土廣大，據有伏爾加流域下游、高加索地區、克裡米亞（或叫可薩米亞）、及基輔。是鐵勒部的後裔，可汗姓阿史那（Asna）與西突厥同。蒙古金帳汗國滅後，復國，中文稱為喀山汗國。百年後為俄羅斯伊凡帝所滅。

及從他們分化的國家。他們住在這片土地與黑海及Mayotis海岸邊的田園，一直到Trabizand。他們住在裏海海岸與保加利亞人的邊界區，以及別的附近的國家。

中亞與九姓回鶻

　　努哈的子孫住在阿母河流域；大部分人走到中國，散布在那一帶，以及形成別的帝國，像住和田的和田人，Dushan，Oshrusanah，住在不花拉與撒馬耳干之間的栗特人，大宛人，Shash以及Isbija[5]的居民以及Tarab國民。有些國家建設城市和農村，別的就住在草原。同樣祖宗的國家有突厥，葛羅祿（Kharlajian），住在Kusan城的Taghizghiz[6]，在中國與呼羅珊之間，建立帝國；在今天，他們是最勇敢的突厥人[7]。他們的王以伊利可汗[8]為號，信仰摩尼教，與其他突厥人都不同[9]。

5　也稱Isfijab，首都與國同名，接近伊朗。

6　關於中亞突厥族的史料，最重要的是沙畹（Edouard Chavannes）的《西突厥史料》，馮承鈞譯。那是主要收集、分析唐代中文資料寫出的名著。我們希望後世的專家們，能踵武前賢。但是，唐代以後，關於中亞，中文資料很少，這項工作有其困難之處。現在線上，單傳航君在他的博士論文〈簡述維吾爾族……〉（http://www.ccaa2009.com>blog-post）中，認為「Taghizghiz是九姓烏古斯即九姓回鶻」。烏古斯後來變成畏吾兒，再變成維吾爾。以前，戛吉斯人推翻回紇帝國後，一部分回紇人在新疆吐魯番成立西州回鶻，在甘州成立甘州回鶻，另一部分人在中亞成立「九姓回鶻汗國」，這就是本書提到的Taghizghiz。以後九姓回紇成立黑汗汗國，1006年黑汗汗國占領喀什，打敗和田的佛教國，推行南疆的維吾爾化。留在中亞的部分是今天烏茲別克人的一部。

7　源於蒙古草原的回鶻人是突厥語族，並非突厥人。此處文字可能有誤。

8　這是回鶻的王號，非突厥王號。

9　很多人以為摩尼教是回鶻人傳入唐土的，見本書後文，非也。

可汗族

更遠的努哈子孫是Kaimakians，Marghinanian，Baunah以及Jaghrians等人。他們之中，最勇敢的是Ghizian[10]。在他們父祖之地，他們被稱為「Kirghiz」遊牧人[11]。最健壯英俊的，是住在費爾干那[12]及附近田野的葛羅祿（Kharlajian）。他們統治別的吐厥人，可汗族的可汗[13]是他們的同族人。所有突厥人都聽命於可汗，所有國王都是他的部屬。可汗之一是號稱「突厥人的Ferasiab」，他征服了伊朗[14]；另外一個是Sanah。當撒馬耳干附近草原上的市鎮'Amat[15]被攻陷後，所有突厥國王都聽命於突厥的可汗。在我們書《中冊》裡，我們講到政府被從這個市鎮移走的情景[16]。

印度與西藏

努哈的一些子孫走到印度的邊界。這個國家的氣候使他們

10　在西亞，他們被稱為塞爾柱人，後在伊朗，建立塞爾柱帝國，此事發生在本書寫成之後，可能是抄寫人竄入。

11　即唐書的戞吉斯人，曾推翻回紇帝國。今之吉爾吉斯斯坦。

12　古「大宛」。

13　可汗可能是「萬汗之汗」的意思，可汗最初出現於南北朝時，大漠的柔然帝國（滿清人祖先）。《木蘭詞》有句「可汗大點兵」，可知北朝的皇帝是沙漠人，也用可汗稱號。

14　這件事發生在本書寫成之後，可能是抄書人竄入。

15　應該是當時的首都。

16　可汗有不同的意義。有三族不同的可汗，一族是西藏人，在唐代建立了強盛的吐蕃帝國，東西萬里，鄰接伊朗，據有中亞之一部分，對中亞的小國而言，當然是一個可汗，見下節。另一族是九姓回鶻人，國王是伊利可汗，見上節。以上都不是突厥人。第三可汗是突厥族的可汗，見本節。

長得像印度人，與別的突厥人不同。有些安居，有些移動。另外一些子孫在西藏住下，他們把政府交給國王，國王聽命於可汗。當可汗倒了以後，西藏人上尊號可汗於國王，就像以前的突厥國王一樣。[17]

中國

努哈的多數子孫，順著大河走到遙遠的中國[18]。他們在田野

17　以上關於人類從中東移民亞洲的故事，是源於伊斯蘭教《討拉特》，那繼承了猶太教的《創世紀》：上帝於西元前6006年創世，然後人類自伊甸園散布全球。近代根據考古學、天文學以及生物學，認為直立猿人在二百萬年前自非洲移入歐亞大陸，例如爪哇猿人及北京猿人，此後，二十萬年前至五萬年前，智人多批自非洲移入歐亞大陸，遍布全球。最後一批智人，與以前移民歐亞大陸而在北歐亞草原變成淡色的智人，在中東混血，混血人接受了原智人在舊大陸抵抗疾病的優良基因，同時異種相混，產生了目前極難治療的自體免疫疾病（autoinmune）。他們的皮膚顏色或黃或白，黃色一支單音族，通過印度半島的喜馬拉雅山麓到緬甸，如今緬甸尚有許多單音族。然後分為兩路，一路走青藏高原東沿，前些時候發現的三星堆遺址，它的藝術風格，類似緬甸。一路尋找類似遺跡，可能有新發現。他們走到青海湖畔，然後分為兩路，一路去高原，是為藏人，時當三萬八千年前，一路沿黃河東下，是為夏人，或越西伯利亞及白令海峽而到美洲，是為印弟安人，另一路自緬甸沿海岸線北上，即華人。華人夏人合稱華夏人，即漢人。另外白色的一支通過中亞，也分為兩路，一路進入歐洲、印度、伊朗與新疆、這是印歐民族，在唐代，漢人稱他們為胡人。另一路前進西伯利亞的是阿勒泰人。

18　本書的中國是阿拉伯人傳說的中國。據中國人自己的傳說，中國人的四千六百年前的始祖黃帝，經過五帝及堯舜傳到夏禹，開始了西元前二千零六十年的夏代，然後傳到西元前一千六百年的商代。一路傳下去。在清末，發現了殷墟甲骨文，定年是西元前一千二百五十年。雖然沒有發現更古的文字，但是有人主張，殷墟甲骨文可以保證整個商代是信史，因此，中國的信史始於西元前十六世紀，中國有三千六百年文化。如此，它的前一代也是存在的。所以中國有四千年文化。然而，有人指出殷墟甲骨文沒有提

中散開，建築住宅，種植田地，他們形成村落，建立首都以及市鎮。他們建設了大城Anku[19]為王城。此城距阿比西尼亞海三月程。整個區域都是市鎮與庚田。

崇拜祖先

第一個國王是努哈的五世孫Lotsatis。當他為王時，他散民於野、修運河、植樹、教民食果子、以及除獅子（即猛獸）。他統治了三百年，然後辭世。他的兒子'Arun繼位。他把遺體金裝，以示敬意與哀思。他把金裝的遺體放在黃金寶座上，再以寶石配飾。他自己坐在黃金寶座的下一階，向他父親的遺體禱告，全國臣民都要早晚向先王祈禱。他統治了二百五十年。他的兒子'Abirun也用金裝他父親的遺體，放在他祖父的次一階。每天，他先向他的祖父禱告，再向他的父親

到夏代的一個字，也沒有任何有關夏代的紀錄，因此只能把黃帝、夏代當成傳聞時期。眾說紛紜，不知所止。漢代的司馬遷在《史記‧五帝本紀》裡說「而百家言黃帝，其文不雅馴，薦紳先生難言之」。在商代以前的諸神，經過春秋、戰國的學者的逐步人格化，例如：鯀上天偷「息壤」——一種能生長的土，到人間築堤坊。《國語》記載：「僑（即鄭國的子產）聞之，昔者鯀違帝命，殛之於羽山，化為黃能（或即熊），以入於羽淵，實為夏郊，三代舉之」。他的兒子，新石器時代的禹，不知水利學，能疏九河，那須要多大的人力，可能嗎？所以他要靠「應龍」，畫地成江，他的兒子啟，上天去偷「九辨與九歌」，那些帝王很多是半人半神。那些貴族也神力驚人：后羿可以連射十日，嫦娥可以奔月。黃帝可能是上帝的化身。

19　英譯者以為是南京，並且以為是Kiang Ming。如果是南京，則古名江寧或金陵，應該是Kiang Ling。Anku似乎不是南京。Ku應為府，唐的首都是長安府，Anku可能為長安府之誤。

禱告。他的政府非常好，關於任何政策，他總是先要遍詢民意。人民均富，四野大辟，戶口繁衍。他統治了二百年，他的兒子'Athinan繼位。他秉承祖法，金裝他父親的遺體，並向他禱告。他統治長久，開疆拓土，一直到西方的他遠祖叔父的子孫的突厥國。在他活著的時候，鼓勵使生活閒適的藝術及各種技藝，使這些成為常態。他活了四百年，他的兒子Jaraban繼位[20]。

下西洋

　　新王命令建築船隻，裝上中國的寶物，然後訪問印度、身毒、巴比倫以及遠近的各國[21]。他贈送各國國王稀奇的禮物、值錢的寶物，他命令他的水手們帶回，各國美麗又出眾的本國所

20　這些事對應不上任何中國古史，古史上沒有用黃金金裝先王遺體之事。

21　這是470年後，鄭和下西洋的故事，但是歷史不可預見！作者不可能預先寫了鄭和的故事。又，鄭和下西洋在明清已被湮沒在灰塵中，幸好梁啟超發掘出來。中國古代就有航海之事，孔子曰：「道不行，乘桴浮於海。」桴即木筏。漢代有近海航業，有伏波將軍及樓船將軍，在近海進攻越南與朝鮮。官家派人去印度找「黃支國」，就像《漢書》所說：「蠻夷賈船，轉送致之。」當時並無中國的遠洋航業。到了唐代，用龍骨法制作遠洋航船之法傳入中國，唐朝開始大規模的海運，從廣州到巴格達。西元762年，怛邏斯戰役的中國戰俘杜環，從巴格達到廣州回國，寫了《經行記》。西元801年，唐德宗的丞相賈耽發表了《皇華四達記》記載了七條外貿路線，其中有一條從廣州到巴格達的海路。唐玄宗有事四夷，又喜愛南海的荔枝，雅好音樂，自稱「梨園弟子」，關心樂器。在下文可見，出海使臣要調查各國樂器，因此主動從中國向西洋通航之事，可能是他的主意。另外，唐高宗時，有大量波斯薩珊王朝的錢幣流入中國南部。因此，也可能是他的主意。到底如何，此事因唐末大亂，史料喪失，可能為史臣漏記，不容易復原了。

無的奇物，可供餐桌、服飾以及傢俱之用。他又命令他們，要熟悉每個帝國的政治制度，每個宗教的要義，法律，每個國家的道德準則，他們要向人民調查寶石、香料及樂器。這些船員遵照指令，分道訪問各國。他們去過的各地的居民，驚奇於他們的來訪，欣賞他們帶來的寶物。海邊國家的國王們，也要他們的臣民建造船隻，隨來船去中國，向中國出口中國需要的商品。他們寫信給中國的國王，感謝他的禮物，並回饋土產。中國因此文化發達而富裕。國王御宇兩百年後去世，臣民悲痛逾恆，喪期一月。

建設宗廟

　　他的兒子Tutal繼位。他按照前王的傳統，把他父親的遺體金裝。他又上了良治的軌道，創建了前所未有的政府部門。他向人宣布，法制是帝國之本，法律是上帝權衡的所得，它們是人民富庶及高尚行為的產物。他任命欽差與貴族，命各種人戴著各種不同的帽子[22]。他按照職業，把人分類。他找到一塊鮮花盛開、水草豐美的地方，建築宗廟。他劃出此地，然後運來各種顏色的石塊[23]開始建築宗廟。一個尖塔矗立在屋頂上，有風洞可通，宗廟的建築是完美對稱的。在宗廟裡有私人小間，可供人與上帝獨處。當這個巨大的宗廟建築完成後，他把幾代

22　這是伊斯蘭教的規矩。

23　中國古代的建築，是用木料而不是如中東及歐洲用的石料。木料溫暖又舒適。用石料建築宗廟，這是Masudi想像的。

國王的金身放在最上層，並且下令祭祀他們[24]。

國教與法治

　　他集合國中的大人物們，要他們按照他的意思，團結全國人民成立一個大家都能信仰的宗教，加強秩序。他觀察到，如果政府失去了宗教信仰，那會產生分化、腐敗及罪惡。他在神聖及合理的規則下，建立政府。他定下刑律，他定下婚姻法；規定合法婚姻，以保障婦女生育子女的權利及父子親情；他劃分法律條文的不同屬性；有些條文是強制執行，這些條文是法律的要旨，另外一些條文是勸告性的，執行與否，由個人的自由意志而定；他為他的臣民擬定祈禱文及儀式，但不規範每天定時的祈禱方向[25]及跪拜形式；但是對年節的祈禱，他規定了祈禱方向及跪拜形式；他定下了節慶。在法律定義下的通姦，受到刑法的懲罰。如果一個婦人自願作妓女，她要交稅；如果妓女不再接客或從良，她就不要再交這份稅。妓女的兒子參加軍隊，妓女的女兒由母親負責，一般成長後，繼續母親的職業。他規定了宗廟用的犧牲品及香燭。要燒香拜星辰（不是拜天上每一顆星，只拜一些有名的星星），每個星星都有一定時日，焚香灑香水及藥物去參拜。他定了臣民行為規範[26]。

24　這個宗廟有幾分像個清真寺。
25　伊斯蘭教規定每天定時往麥加的方向，祈禱五次。
26　這是Masudi的伊斯蘭教的理想國。

皇帝的葬禮

　　他活了很久，子孫繁衍，統治了一百五十年。臣民痛心於他的逝世。臣民把他的遺體放在寶石金棺裡，又為他的金棺建築了一個大殿，上面裝飾了不同形狀和顏色的七種寶石，對應了上天的日、月及五大行星。他的忌日成了紀念日，人民到他的大殿集會與祈禱。他的遺容與平生事跡，被用黃金刻制，掛在大殿上方，供眾人瞻仰與學習，他的作為是後人的榜樣。他的平生以及遺像被刻在城門上，鑄在金、銅幣上，繡在衣服上 [27]。

成都

　　他們的錢幣是黃銅與青銅製作的 [28]。西安府距離阿比西尼亞海三月程，是皇宮所在。他們另有大城叫成都（Madu），在帝國的西北部，面對西藏人。成都與西藏人多年爭戰，沒有決定性的勝負。

盛世

　　在繼任國王統治下，國內井然有序，政治清明，繁榮昌盛；正道大行，邪氣消散。他們奉行我們提過的先王之道；與

27　伊斯蘭教用帽子區別人等，中國用顏色及圖像，例如平民穿白衣，皇帝穿龍袍，文臣按照品級繡上飛禽，武臣按照品級繡上走獸，所謂「衣冠禽獸」。

28　古代西方錢幣是銀製的，古代中國用銅錢為幣，在明代以後，墨西哥的白銀輸入中國，中國開始用銀錠。

他們的敵人作戰。士兵守衛邊疆，兵團有軍費[29]，商人從四海雲集。他們信仰古代的 Samanean 宗教[30]。他們信仰偶像，對偶像祈禱。士人階層向全能者祈禱，至於偶像，不過是他們注目的標的，無知者弄不清楚兩者的區別，同時信仰兩者（上帝與偶像）。他們對偶像的崇拜，使他們接近上帝，但是那些崇拜太世俗化，不足以表現真神的神聖、偉大與崇高。既使如此，他們那些崇拜偶像的儀式，仍然表現了他們對真神的服從，使他們接近真神。

衰落

這些延續到中國出現了猜測與分化；出現了二元論者與一些信仰時間無始無終者。在新思潮出現前，他們像印度的高、低階級一樣的崇拜偶像[31]。這些宗教爭議引發了完全的革命；當然，他們以前也有各種爭議，但是，那都可以用古代的神聖的律法來答疑。

中華帝國緊挨著「九姓回鶻」，從那兒傳來摩尼教的教義：一個光明與黑暗的神[32]。起初，他們與突厥人一樣，信仰同類的宗教，至到有一天，惡魔（即魔鬼）[33]花言巧語告訴他們這

---

29 古代很多士兵是自費的，例如《木蘭辭》，士兵要自備武器。

30 這是阿拉伯人在穆罕默德以前的傳統信仰的沙門教，可能是 Masudi 藉以說明中國傳統信仰的道教或佛教。

31 佛教。

32 唐代立國時，已傳入摩尼教。回紇帝國成立於 144 年後，「九姓回鶻」立國於 220 年後。摩尼教不是從他們那兒傳入。

33 任何宗教的信徒都認為異教的創始人是魔鬼。宗教史上，第一個有魔鬼概

個世界的分歧：生與死的對立，健康與疾病的對立，富足與貧
窮的對立，光明與黑暗，分離與聯合，連續與裂開，升高與降
低，存在與空虛，夜與日，及各種對立的事情。他又向他們陳
明所有動物遭受的痛苦與不幸，不論這些動物能不能說話；既
使兒童與心智不全者也要同受煎熬。進一步說，全能的上帝不
來救苦救難，那麼只有與上帝對立的大能者，才能污染上帝的
美好與善良。他與上帝正好相反，他是尊貴的、偉大的。摩尼
如是迷惑自己，並深信不移。中國國王是 Shamanean[34]，他用犧
牲血祭，他與突厥人的伊利可汗[35]連續作戰，當他信仰摩尼教
後，兩者相親相愛[36]。

中國的國王們（以及各個郡守們）信仰不同的宗教及教
派，但是這不足以產生偏見，在公開法則及宣布處分時，放棄
從理性生產而久經考驗的法律。各個教派都承認理性生產的法
律。

家族制度

中國人可以劃分成不同的部落與分支，就像阿拉伯人的部
落與家族。他們很重視家譜；有的人可以上溯五十代，有的
人可以追溯到努哈。同一家族不可通婚，（以阿拉伯人為例）

念的是拜火教，在猶太教、基督教、伊斯蘭教之前。

34 沙門教，這是阿拉伯人在穆罕默德以前的傳統信仰之一，可能是 Masudi 藉
以說明中國傳統信仰的道教或佛教。

35 伊利可汗是回鶻人的可汗，不是突厥人的可汗。這是 Masudi 誤用名詞。

36 突厥人不信摩尼教，回紇人最初相信摩尼教，後來轉信伊斯蘭教。

Modhar 部落的男人可以娶 Rabiah 部落的女人，Modhar 部落的
女人可以嫁 Rabiah 部落的男人，或者 Kalgan 部落的男人可以
娶 Himyarite 部落的女人，Himyarite 部落的男人可以娶 Kalgan
部落的女人。他們相信如此婚姻可以產生優秀的子女；這個法
律使他們健康又長壽。

黃巢反唐

就像在古代賢王治理下，中國昌盛到回曆 264 年[37]，當年發
生一件重要的事件，從那時到今天回曆 332 年[38]，它毀滅了國內
秩序，全國喪失了對外敵的防守能力。他是一個沒有皇室血統
的人，黃巢[39]在邊遠的城市（山東曹州）起事。他以自由散漫
起家，吸引了大批最糟糕的、最低層的人。國王及內閣以為他
不起眼，沒有注意他。他的號召力增強，更有名，兵員和力量
加大，遠近歸之。

當他的兵數足夠增加了，他帶兵離開了他的起事點。他派
出兵團搶劫富裕的地區，最後他圍攻廣州府。這是一個非常大
的城市，位於一條比底格里斯河大，最少相同的河畔[40]；它流
入中國海，距離海有六、七日程；從未羅國、西瑞夫港、甕蠻
國、印度及身毒各港、闍婆各島及瞻波國，諸國的商船，載了

37　西元 876 年，中國唐乾符四年。

38　西元 943 年。

39　原文 Baishu Shirrir，一般認為是黃巢的誤譯。先是王仙芝起兵反唐，黃巢
　　起兵遙應，後王仙芝敗死，黃巢統餘眾橫行全國。王仙芝與黃巢兩人都是
　　鹽商起家。

40　珠江。

貨物與商品，逆流入此港。除了中國人外，城市內居住了穆斯林、基督徒、猶太人以及伊朗的祆教徒。剛才說到的造反軍向此城市進軍，然後圍城，他擊退國王的援軍，他褻瀆神靈，大軍破城，時在回曆264年[41]。

黃巢陷廣州

他破城以後，大肆燒殺，死者不計其數。不計中國人，單計穆斯林、基督徒及猶太人，被殺及被逼跳水者，死者共有二十萬人[42]。國王有一統計調查局[43]，登記各地的中國人及外國人，有主管官吏。這使他們了解全國各地。黃巢的徒眾盡砍城市周圍的桑樹[44]，而蠶食桑葉，才能產絲。桑樹砍光，絲業盡毀，穆斯林國家所須的絲綢也絕產[45]。

41　黃巢反唐的事件及其年代也出現在另一本阿拉伯人Abu Zeyd的名著：《*Ancient Account of India and China*》。它應該不會錯，而唐史以為是乾符六年（回曆266年，西元878年），與此不同。日本的桑原教授認為唐末史料喪失，年代錯誤，以阿拉伯人的為準。《新唐書》說：「唐亡於黃巢，而禍基於桂林。」（即南詔不斷攻唐，引起民窮財盡），此論斷深得近代中國歷史學家陳寅恪的贊成。

42　Abu Zayd的報告是十二萬人。《唐書》沒有記載此事。

43　戶部管天下各地的戶口、錢糧。

44　《舊唐書》僖宗本紀有「農桑失業」之句，不如本書詳實。

45　此後，中國官吏貪污玩法，扣留外國船隻，廣州與巴格達的直通海運中止了，中東的商人與中國的商人到中途點，即馬來半島的簡羅國（Kolah，另作Kalah，Kedah）作貿易。中東商人到此，換中國船到廣州，中國商人去巴格達也到此，換中東船去中東。

黃巢陷長安府

　　黃巢的軍隊北上，一路攻陷州郡，各處盜匪加入，他的聲勢日大，他向皇城長安府進軍。他有步騎三十萬，唐軍十萬。兩軍對壘一個月，不分勝負。一個月後，唐軍敗了，皇帝倉皇出逃，黃巢軍窮追不捨，直到邊遠的城市。造反者奪取了長安府與皇宮，盡收歷代珍藏，以及高官巨宦的所有。他向全國進軍，征服了許多城鎮。但是他沒有皇家血統，不被承認皇位。他到處破壞，殺人放火。皇帝避難於西藏附近、我們提過的成都府。[46]

援軍

　　皇帝向突厥的國王伊兒可汗求救[47]：通知他皇帝的處境，告訴他國王的責任，兄弟國王們要互助，皇家的規矩與榮譽要去援助。突厥的國王命令太子，率領步騎四十萬援助唐王。兩軍

---

46 歷代都在找改朝換代或天下大亂的原因。經常認為是君王缺乏道德、吏治良窳等決定的。其實可能全不相干，例如，九世紀末，北美洲的馬雅帝國衰亡，可能是乾旱引起的，當時長期乾旱，樹木多死。九世紀末，地球另一面的唐代衰亡，也可能那場乾旱波及遙遠的兩國。正史上，一再提起「大起蝗旱」，「蝗旱連年」，值得追查。

47 西突厥的一個部落，處月，在西突厥戰敗西去後，在北疆、甘肅、山西北部遊牧，改名沙陀。唐末，沙陀人，河套東部的振武軍節度使李昌國（原名朱邪赤心）與他的兒子，大同節度使李克用，與唐朝幾經分合，曾北入達靼部落，後來李昌國、李克用歸唐，李克用作鴈門節度使。他率領數萬騎的黑衣黑甲的沙陀騎兵「鴉軍」，為前鋒，與眾節度使，攻敗黃巢，黃巢焚城而逃，鴉軍奪取長安府，皇帝回朝。往後，沙陀人與漢人混血，建立後唐、後晉、後漢三朝，後來融合消亡於漢族。

相遇，一年之內，鏖戰不休，雙方死傷累累。然後，造反軍潰散，有些人說，黃巢被殺或被燒死。他的兒子與內庭被俘。皇帝回朝。

　　一般人稱國王為天子，但是一般人見國王時，稱他為陛下[48]。

藩鎮興起

　　每一個郡守在本郡都如同國王[49]，就像菲力普的兒子、馬其頓國王亞歷山大殺死了波斯國王大流士以後，各地總督專政。也就像當今回曆332年我們的處境。中國皇帝安心於他們名義上的服從，不干涉朝政。因此也不派遣軍隊，進入那些自行其是的區域。國王的權力如此受限，各省都不上交賦稅，他很高興大家和平相處。這些小王們盡力侵入鄰近地區。因此，前王治下的和平與繁榮消失了，以前的政治清明，法律公正不再了（他們不能依賴背後判定是非的《古蘭經》。《古蘭經》詳細規定判決的天律，可以依此決定人間各案，這是一種神權政治）。

商人去中國

　　據說有一個呼羅珊的撒瑪律干的商人，離家經商，他帶了很多器皿。到了伊拉克，又添置了不少，他進到未羅國，他航

48　作者用Tiemhian，不知何意。
49　這是發生在「安史之亂」之後的「藩鎮割據」，發生當時百年前的事。

海到甕蠻國，另擇船去箇羅國，那是到中國的中途站，大約在半路上。現在[50]是從西瑞夫及甕蠻國來的商船及商品的集散地。中國的商人帶著商品也乘著自己的海船，來此交易。以前不同，那時，中國的海船直航到甕蠻國、西瑞夫、Faris沿岸、巴林國、烏拉國及未羅國，而上面提到的那些地方的船隻也直航中國。現代中國的法律不公不正，政府貪污腐化，因此，雙方在中途作生意。

上面提到的商人在箇羅國換中國船去中國，船隻帶他去了廣州府。

太監

皇帝從皇宮派出一個得意的太監[51]去買器皿。在中國，太監經常被派到財政部[52]及各部；父母有時候會把男孩去勢，使他可以升官發財。這個官員（即太監）到了廣州府，傳召各個商人，包括呼羅珊的商人。他們陳列他所要的器皿，他選擇了皇帝會喜歡的。呼羅珊的商人要了一個高價；經過爭議，那個官員下令把他關起來，不減價不放。那個商人對皇帝的法律有信心，直接跑到長安府，現身於上訴處。這個國家的慣例，不論來自邊遠地區，或是京城居民，只要穿上規定的紅綢上衣，

---

50 黃巢屠殺穆斯林以後。

51 穆斯林國王有後宮，也有太監，可以參見《一千零一夜》。一般中國朝代，太監只事宮中灑掃，中國皇帝信任太監，很可能是外有權臣或藩鎮，皇帝只能依靠太監。太監也以此弄權。

52 戶部下屬的度支部。

在上訴處出現，就可以上訴冤屈。有一些藩鎮的小王也必須接見訴訟人。他們有時行走一個月去見皇帝。這就是呼羅珊商人做的事，他見了上訴處的官員。官員對他說：「您做的事是一件大事，您要考慮好利害；您要搞清楚事實與對錯，如果您不清楚，那麼我就送您回去吧！」官員對每個上訴人都如是說，如果他退縮，動搖於陳述，那就先打一百杖笞，再送回去。如果他堅持，那麼皇帝就審判是非。當這個商人繼續他的法律模式，並且官員確定他無懼無悔堅信他是受了冤屈，他就見了皇帝。他站在皇帝面前，申述自己。皇帝聽了翻譯，對他優待，賞他住處，恩賞有加。

他召見大臣及左、中、右侍從[53]；這些人在平時統治全國，戰時各就各位，立時可以出動。皇帝要他們寫信給他們在廣州府的使者，（他們在每一個省都有個人代表）要求這些使者們寫出關於那個商人與太監糾紛的報告。皇帝也寫信問他在廣州府的耳目。這事情弄得人盡皆知。驛站傳送的各個報告，都證明了商人所言是實。驛站裡，皇家養了尾巴打結的騾子，傳遞信件與包裹[54]。

皇帝傳召那個太監，剝奪了恩典，訓斥他：「你怎麼對那個遠道來的商人那麼無禮！他經過千山萬水，經過許多國家而

---

53 官名古怪，此後元朝有左、右丞相。

54 中國周朝時，已有烽火臺傳遞消息，漢代三十里設一驛站，唐代有一千六百驛站，安祿山在三千里外造反，六日京師就知道了。驛站養的是馬不是騾子。古代伊朗有馳道，通往四方。之後一直有驛站，見伊朗古書《郡國道里志》。如今，日本、韓國還把火車站叫「駅」（驛）站。

沒有遭到危險。他鐵定了心，來到我的帝國，他相信我的法律，而你如此待他！如果在我的國家，受了虐待，他回去以後，就在各國講些不好聽的話，我與我政府的名譽會公開受損。如果不是看在你以前的苦勞上，我會要了你的命。現在，我給你一個更壞的處分。你去給先王守陵。既然你在活人中，做不好你的工作與完成不了我的命令，那你就去跟死人在一起。」

一個穆斯林貴族在中國

有一個關於中國皇帝的奇妙故事。一個伊斯蘭貴族的人[55]，他是Habbar Ben el-Aswan家族的人，在黑人酋長侵略的時候，從未羅國到西瑞夫。他在未羅國是一個大鱷，發了大財。從西瑞夫，他航行到印度；在那兒他從一個地方，換船到另一個地方，最後，他到了中國。當他到了廣州府，他想去拜訪皇宮；那是在另一個大城Hamdan（Cumdan）[56]：這是帝國最大與最重要的城市之一。他在皇宮裡待了很久，寫了一份奏摺給皇帝，陳明他是阿拉伯先知的親屬。皇帝恩賜了居所，並吩咐按照他的要求招待，滿足他的需要。同時，皇帝詢問廣州府的小王（郡守，節度使），命令他向商人們查問，此人所言是否屬實。郡守的回報，證明一切都是對的。皇帝讓他參加朝會，又

---

55 類似的故事也見Abu Zaid的書，在那本書裡，他的名字是Ibn Wahb。後文提到，在本書，他的名字是Ibn Habbar。

56 英譯者以為是南京，可能錯了。唐代有東、西二京，東京是洛陽，西京是西安。此地可能是西安或洛陽。

給他豐厚的賜賞，他把那些都帶回伊拉克。

國家的等級

他是一個聰明人，他告訴我們，當他陛見皇帝時，皇帝詢問阿拉伯的事，他問我阿拉伯人怎麼消滅了波斯帝國？我回答：「上帝與我同在。他們不信全能的上帝，反而崇拜火、日、月[57]。阿拉伯人征服了許多最尊貴、最多人口、最繁華的國家，那些有最大的祭壇（為了子孫繁衍）：他們收服了聰明又有名的。」皇帝問我怎麼樣把各國國王分出高低。我回答：「我不知道。」皇帝要譯者解釋給我：「我們算來有五等國王。最偉大的是伊拉克國王，伊拉克居天下之中，各國環繞。自古以來，我們稱呼伊拉克王為萬王之王。在他之後是我們的國王，叫萬民之王。沒有比我們更好的政府，沒有皇家比我們更專權，沒有人民比我們的更服從。我們是萬民之王。次於我們是萬獅之王，那是突厥王。他是我們的鄰居，萬獅之王。再次一級是萬象之王，那就是印度王。那是智慧之國，印度人發明了哲學。再次是拜占庭之王，我們叫他萬人之王，因為沒有王有更好的政治制度與支持度。這五大王是眾王的領袖，其餘各王都在他們之下。」[58]

---

57 拜火教。
58 這種「五等國王」之說，是阿拉伯人的「套話」，讀者不可當真。

眾先知

　　皇帝透過翻譯問他，如果當面，能不能辨認主即先知？阿拉伯人說：「我怎麼能見他！他已與上帝同在。」「我不是說真人，我是說影像。」他答是的。皇帝要人拿來一個箱子。他從裡面拿出一個盒子。他吩咐翻譯，「讓他看看他的主。」在盒子裡，我看到（用阿拉伯語）先知們的畫像。我動了嘴唇，祝福他們。皇帝不知道我認出他們，因此他向譯者說：「問他，為什麼動嘴唇？」他審問我，我回答說，我在祝福他們。他進一步問我怎麼認出他們的，我說看與他們有關的特殊事件，我說：「這是在方舟的努哈。當上帝用洪水淹沒了地球及一切陸上生物，只有努哈及一些生物逃脫大劫。」他笑了，說：「就像您說，這是努哈。但是，洪水並沒有淹沒了整個地球。洪水淹沒了部分地球，沒有到我國。你的傳統說法是對的，如果你只談那一部分的地球。但是，我們中國、印度、身毒以及別國的居民，並不同意你們的說法；我們的祖先沒有留下與你們共同的傳統說法。關於你們的信仰，洪水淹沒了地球，我必須說，那是一件大事，一件恐怖的使人無法忘懷的事，所有民族都會代代傳承的。」[59]我努力回答他，找些反駁的論點。我繼續說：「這是穆薩拿著權杖及以色列人。」皇帝說：「對了，那是他激烈地反對本國的墮落。」阿拉伯人說：「這是爾撒，騎著毛驢，使徒們護著他。」[60]皇帝認為基督的生

59　這像Masudi借中國皇帝的金口，說他相信的真相。
60　穆斯林認為猶太教、基督教是先行者，諾亞、摩西、基督是先知。

涯太短，不足三十個月。他們提出了一大群先知，讚賞他們的時間。我們選擇了（這個穆斯林貴族的）部分報告。

這個名為Ibn Habbar的穆斯林貴族，記得他看過在每一個圖畫下面有文字，述明先知們的姓名、國家、生存時間、先知使命的淵由以及傳記。

這個說話人繼續說：「我看到穆罕默德騎著駱駝，由一群穿著阿拉伯式駱駝皮靴子的伴侶環繞著。他們繫著腰帶，上面掛著刷牙粉。我忍不住流淚，他要翻譯問我，為什麼感情衝動。我回話：『這是我的主，我的先知，我的親人，上帝保佑他！』皇帝說：『您說對了。他與他的國家要有最好的國士，但不是他，是他的繼承人。』我看到了許多先知的圖像：有一個先知把食指與大拇指連接起來，成一環形，似乎說明上帝創造的形式是環形的。另一個先知的食指與大拇指，指向上天，似乎是說，他願意為了天上的位置，放棄地上的尊榮。」

天子聖明

「皇帝問我關於哈里發，他們的服飾，以及許多關於神授律令的問題。我盡我的能力回答。他又問我宇宙的年歲。我說：『穆斯林沒有統一的答案，有人認為是六千年[61]，有的人要加上幾年，有的人要減去幾年。』他問我這是先知說的嗎？我答道：『是的。』他與大臣們笑了。他用一個手勢表示他不

---

61 把《聖經》上所有紀年加在一起，有個天主教主教得出，上帝在西元前6006年創造世界。現代天文學者認為宇宙的壽命是138億年。

贊成我的回答。他說：『我不相信您的先知會這麼說。您一定弄錯了。』我錯誤地回答：『他是這麼說的。』當我如此回答時，我看他緊皺眉頭。他要他的翻譯告訴我，要小心講話，國王們只聽真正的實話，『你已經說你們不能統一答案，又說先知說了一個答案，那就是傳統的答案，先知所說的不會有爭議的大眾信仰。小心在意，不要自相矛盾。』關於時間的長短，他又做了許多論斷，我記不得了。最後他說：『不要與您的國王不同，不論家鄉與宗族而言，他比我更親近。』我向他報告，我從未羅國到西瑞夫的環境因素，我繼續說：『我有強烈的期望來拜訪您，偉大的皇帝，早就耳聞您的帝國是安定的，您的政府及司法是完美的，那嘉惠於所有子民。我真想到您的國家，親眼目睹它的繁榮昌盛。現在我看見了。我要回到故土，回到我親戚的地方，告訴別人，我發現的完美與光明的王國，它幅員廣大，法律圓滿無邊，您的機構光照一切。每一句話都充滿了我的羨慕。您這個最光榮的皇家！』他很高興聽了我的話。他賞了我很多寶貝，用驛騎送我去廣州府。廣州府的郡守，奉命好好招待我，介紹我認識當地的要人，分配給我住處，直到我坐船離開中國。在中國，我真過了些好日子。」

Hamdan 的格局

　　Masudi 曰：西瑞夫的 Abu Zaid el-Hassan（Mohammed）Ben Yezid[62] 在 Ibn Habbar 離開西瑞夫去的未羅國，告訴我 Ibn Habbar

---

62　即我們前述的 Abou zayd，著名的阿拉伯旅行家與作家。本書提到兩次他

的故事。這是回曆303年[63]。Abu Zaid是西瑞夫的郡守Abu Yezid 的姪兒，他是一個知識廣博又聰慧的人。他告訴我，他問過那個穆斯林貴人Ibn Habbar關於Hamdan的事；城市的樣子、規模等等。他告訴我城市的面積、人口以及城市分成兩半[64]，有一條既長又寬的直路劃分城市成左右兩半，皇帝、大臣、法院的法官[65]、兵營及皇宮太監以及皇家的人，都住在右邊，朝東。低等人及商業不准入居此區。有許多運河通過街道，兩旁有樹蔭，各處對稱植樹，房屋寬廣漂亮。在左邊朝西，住著商人，開了日用店及大賣場。早上，我看到御廚房的人，皇宮內院的人，各級領導的奴隸們及他們的管教者，走路或騎馬去商人區的大賣場；他們買了需要的用品，然後回來。在隔天早上以前，沒有人在什麼時候再過去，因為在他們的住宅區，能找到所有的樂趣，美麗的湖泊與運河，唯一沒有的是棕櫚樹，因為中國沒有棕櫚樹[66]。

的名字，可是在他的書裡，從來沒有提過Masudi。Masudi明言Abu Zaid告訴他關於Hamdan諸事。

63　西元915年。當年Masudi十九歲。

64　Hamdan或稱Khumdan，或稱Kumdan，或稱Khubdan。根據玉耳（Yule）在《契丹路程》（*Cathay and the Way Thither*）在西方對中國的紀錄中，多次出現。一直有人認為是長安，或宮廷。但是，根據本書，城市分成東西兩半來看，古長安的皇宮在正北的中央，城市並不分成兩半，不可能是長安。唐代在九世紀時移都洛陽。古洛陽在平原上，是長方形的，城市有一條主街，從中央分開。皇宮在西北部，習慣上，坐北朝南。南京依山傍水，形狀不規則，不能分成兩半。因此最初記載的Hamdan更可能是洛陽。後人當然也可能誤用名詞，其實他們所指還是長安。

65　伊斯蘭國家有法官，《古蘭經》有許多規定，可以依經處理糾紛。

66　一般認為，洛陽的商業區，北市和南市，俱在東部，與本書描述的左右倒

能工巧匠

　　中國人是地球上最手巧的民族；他們在雕塑和別的藝術上，非同凡響，對於任何手工製作，世上沒有別的國家，可以和他們相比。宮廷為了宣導工藝，獎賞出色的工藝；皇帝下令在皇宮設立公共展覽室，陳列出色的藝術品一年（在它得獎之前）；如果一年之內，在公共展覽室，沒有人能指出缺點，那他就得獎，作品獲得收藏。如果指出缺點，那作品退還，作家不得獎。有一個人做了一個陳列品，一隻麻雀站在一個穀物穗上，有一段時間，這個作品的得獎呼聲很高。有個駝背漢子指出了一個缺點。「在哪？」駝背漢子回答：「誰都知道，麻雀站在穗上，穗子會彎曲。這個藝人弄個麻雀站在穗子上，穗子卻挺直，這就是缺點。」駝背漢子的意見被認為是對的，這個藝人沒有得到獎賞。所有這一切是為了促進藝人們在他們工作中，更小心更多考慮[67]。

　　中國富有值得一談的事，當地居民有很多有趣的故事。本書下文將有述及。在我們的書《時間的歷史》及《中冊》中，我們將全文刊載，在第二部書裡，我們對《時間的歷史》省略的內容得以全部披露。在本書中，我們將提供一些那兩本書不足之處[68]。

置，而長安的商業區，東市及西市，左右對稱，與本書描述的不同。

67　這個故事也出現在 Abu Zaid 的書。

68　Masudi 可能沒有去中國，而是從 Abu Zayd 處得到中國的故事，也可能 Abu Zaid 從 Masudi 處得到這些故事。

第十六章

阿比西尼亞海

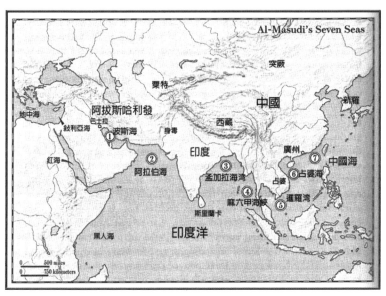

馬蘇第〈七海圖〉

前言

在本書的前幾頁，我們談論相互連絡的各海及孤立的各海。這兒我們要再次提起阿比西尼亞海[1]，同時說起那些在海中的國王及王國，他們的狀況以及其他有趣的事。

---

1 指印度洋及太平洋的西岸。

季候風

我們再次提到中國海、印度海、Faris海（即波斯灣）及葉門海都是相互連絡的，形成一水。洋流之不同，海水之高低都是源於風向，季節的升降及其他因素[2]。當波斯海風暴激烈，航行危險時，印度海風平浪靜；同樣地，當波斯海安靜了，印度海海浪濤天，狂風暴雨，暗無天日，兇險萬分。當秋分時節，太陽進入室女座，Faris海颶風起浪，天氣繼續變壞，風暴逐日增加，直到太陽進入雙魚座（春分）；秋末最糟，當太陽進入人馬座（冬至）；以後，它安靜下來，一直到太陽進入室女座，春末，當太陽進入雙子座（夏至），它最安靜。印度洋颶起風暴，到太陽進入室女座；那就可以航海了，最好時光是太陽在人馬座。他們一直在波斯海揚帆，從甕蠻國到西瑞夫是一百六十日程，從西瑞夫到末羅國是一百四十日程[3]。此時此刻，除了上面提到的兩條海路，或其鄰港外，不能航海[4]。

2　季候在阿拉伯文是monsoon，後來成了英文。最標準的季候風在印度洋，秋冬季，吹東北風，春夏季，吹西南風，這是受了地球自轉的影響。使北風變成東北風，南風變成西南風。但是印度南部高原的西海山脈阻擋了，印度洋吹來的西南季風（向東北方走），迫使它沿著印度半島朝東南吹到錫蘭島，再沿著亞洲海岸，吹向廣州。秋冬季，風向相反。這是歷史上有名的貿易風（trade wind）。在帆船時期，這是貿易的大動力。中國的季候風受地形、海陸的影響，與此不同，秋冬季吹西北風，春夏季吹東南風。

3　從這個資料，可以大致算出西瑞夫的位置，即大致在霍爾姆茲海峽到巴士拉港的伊朗側的中途。

4　穆斯林的曆法是陰曆，太陽的位置是陽曆。古代，蘇美人、巴比倫人、伊朗人、印度人用陰曆，中國人也用陰曆，可是加上冬至與夏至日，即日影最長及最短的兩日。埃及人用陽曆，主要是預測尼羅河氾濫。陽曆用地球在繞日軌道的位置，換言之，太陽的視象位置。因為太陽太耀眼，一般測

天文學家 Abu Masher 在他的《天文學的大導論》裡，同意

量太陽的位置，都選在剛日落後，西邊的星座，或日出前的東方星座。古埃及人用日落後出現天狼星預測尼羅河氾濫，屈原在《天問》中問道：「角宿未旦（中國的角宿即西方的室女座一），曜靈安藏？」就是選在日出前的東方星座。以後也用月圓時，日月相對，地球居中，用月球的星座來計算太陽的星座。所有季節的現象如季候風是陽曆決定的，古代人的農耕生活或牧業生活都是季節性的，所以必須知道太陽的位置，因此既使用陰曆月份，一年中要按照某種規律，加插陰曆月，使陰曆年配合陽曆年。猶太曆法是陰曆。用十九年七閏，即每十九年，加插七個月，所謂閏月。中國曆法是用節氣之法。以冬至日起算，太陽每行15度，略多於十五日，即間隔的選取節或氣。每陽曆月必有一節及一氣，有陰曆月缺少節氣，即有節無氣，或有氣無節。每一陽曆年必有十二氣，曆法家用無氣之陰曆月，定陰曆閏月之法。使每個陰曆年也有十二氣，可能十三個月，例如落下閎在《太初曆》裡，無氣之月就閏上月，唐初，李淳風在《麟德曆》裡，無氣之月奪下月之氣，而下月因此無氣，成為閏月。現代的中國農曆是用李淳風之法。因此長遠來看，歷史上陰陽合曆時，不論是猶太曆法或中國曆法，都有大致同數的陰曆年與陽曆年。伊斯蘭教的曆法，最初是純陰曆，一年354天或355天，一月29天或30天，每月第29夜，如看到新月，那麼次日即下月初一，如沒看到新月，那麼次日即本月三十。相對於365又1/4日的陽曆，陰曆少了11又1/4日或10又1/4日，即大約32陰曆年，即少了一個陽曆紀年。以此計算，西元622年是回曆元年。到320陰曆年後，那是西元932年＝（622＋320）－10年。精確計算很複雜。後來，伊斯蘭教傳到很廣的地區，這就產生了問題，例如東非可能是陰天，自然看不到新月，而印尼是晴天，可以看到新月。兩地的曆法不同了。後來，統一規定月份長短，不看天象了。至於年與月的關係，或者採取十九年七閏月的辦法，或者採取陽曆（如波斯曆）或者還是用純陰曆。按照本書的前後文對照，似乎本書是純陰曆。又如，Masudi 只能用太陽的位置來描述季候風。這是阿拉伯人漸漸採取陽曆的開端，早於宋朝沈括有棄陰曆取陽曆的主張，即只管二十四節氣，不論月份。在陰曆裡，節氣日子都不同。在陽曆裡，每節每氣都有幾乎固定的日子，例如幾百年內，「小暑」是陽曆七月七日，自然，時間過長，節氣的陽曆日期也會漸變。例如，二千年前，聖誕節本來是羅馬人的冬至「燈光節」，二千年過去，已經差了三天，今年的冬至「燈光節」是十二月二十二日，已經不是耶誕節了。節氣定季節，於是陽曆的節氣定農時及行船等等。中國節氣的名稱是華北古人定的，如「大雪」、「小雪」之類，在臺灣及廣東完全無義。羅馬人的古陽曆只有十個月。到西元前45年，凱撒大帝改革曆法，訂立「儒略曆」，定下一年12

我們的關於太陽在星座的位置，決定海洋是否有風暴或平晏無波的說法。他進一步說，在六月無法從甕蠻國航海到印度洋，除非是一等一的船隻又少帶貨[5]。這種船隻叫et-Tirmahians。在那時（六月）是印度的冬雨季；十二月、一月、二月是他們的夏天；我們的冬天是他們的夏天，而七月、八月是我們的夏天，他們的冬天。這種季節的轉換，通行於濱臨此海的印度、身毒及所有鄰近國家的市鎮。從這種關連性，他們的冬天就是我們的夏天，那句老話「他在印度過夏」來源於此。這都因為距離太陽的遠近不同[6]。

珍珠

在Faris海的採珠業，自四月初到十月底，從十月到四月，採珠業歇業。本書的前頁列舉了能採珠的各地。除了Kharak（Khark，伊朗之島）、卡達（Kotr）、甕蠻國及錫蘭等地的海岸線鄰近的阿比西尼亞海域[7]，別的海域不產珠。在我們

個月，365日，每四年一閏，完全不論陰曆月。西元1582年，教宗公布與儒略曆大同小異的修改後的「格里曆」，即今之西曆。

5　這是用陰曆，是錯誤的。

6　兩地分居南、北兩半球，才有冬、夏相反的現象。印度與中東都在北半球，不可能有這個現象。當時已知在南半球的區域，只有印尼與南非黑人區，只有這兩區才與其他地區冬夏相反。又，冬、夏之溫度不同，主因是日光角度不同，而不是太陽的遠近，事實上，在北半球，冬季的太陽比夏季近地球。

7　即印度洋及東太平洋。作者沒提，中國的南海也產珠，中國東北的河流產淡水珠，所謂東珠。印度人可能最先採珠，佛經有摩尼珠，即珍珠。羅馬人在西元前30年占領埃及，才知道珍珠，西元二世紀，中國最早在漢代合浦地方採珠，見萬震《南州異物志》。

以前的書籍裡，我們提過珍珠是如何產生的，以及別的不同意見；有人認為它來自雨水，也有人認為與雨水無關。我們也講明珍珠的品質，老珠（精細珠）及粗珠。當潛水人趨近珠蚌時，珠蚌就像一個懷孕的母畜懷抱珍珠，肉與汁都振動了。潛水人除了魚、棗以及殼製品，不要吃別的；他們的耳朵開刀，呼吸改從耳朵的聽道，不用鼻孔了[8]；他們用一個龜甲做的小球，塞進鼻孔（海龜是海裡的生物，龜甲可以製梳子、器皿，代替木材），當他們在海底行走時，用棉花沾油，塞入耳朵。當他們在海底行走，油會浮上來，會看到一串閃光。他們的腳和腿上，塗了黑草灰，因為他們畏懼的海洋生物不喜歡它。他們的語聲（從海底）聽起來像狗叫。因為那些語聲先經過海水，再傳到耳朵。在我們以前的書籍中，我們完全說過關於潛水人、採珠、珠以及產生珠的生物的許多奇事；珍珠的描述、等級、價格、大小以及重量。[9]

中東到中國的航道與七海

　　波斯海從未羅國及烏拉國開始，沿著未羅國的海上燈

8　奇談。

9　他們始終不明白珍珠是如何產生的。一般認為與月亮有關，可能是珍珠發亮如月。例如，唐代李商隱有句「滄海月明珠有淚」。本書寫成的七百年後，中國最好的科技書《天工開物》也說：「凡珍珠必產蚌腹，映月成胎。」到了1916年，英國人發現是異物進了珠蚌腹，它分泌珍珠質把異物裹上，如此才生出珍珠。日本人實用之，開發阿古屋（Akoya）海水珍珠養殖，1990年，日本人開發淡水珍珠養殖。如今世界的養殖珍珠占總產量的99%。

塔向巴林國延伸。接著到了Ladiwa海（阿拉伯海）；在這個
海岸線上，有印度與身毒的諸城，Safura[10]。下去是孟加拉海
灣（Horkand）；下去是麻六甲海峽[11]及島嶼；下去是暹羅灣
（Kardebinj）；下去是占婆海，占婆蘆薈以此得名。再下去是
中國海[12]，又名珊瑚海。過此無海。[13]

波斯海

我們說過波斯海起始於未羅國的海上燈塔以及Kankela地
方。那兒有幾個海上大木架，保障去甕蠻國航船的安全。其路
程為三百日程。從甕蠻國的首都Sohar（波斯人稱它為Mazun）
到el-Maskat[14]，是五十日程。從el-Maskat到el-Jomjomah海角也
是五十日程。Faris海就到了盡頭。Faris海總長四百日程。所
有海員都承認這個分界線。

el-Jomjomah海角是一座山，它連接葉門的esh-Shihr及el-
Ahkaf沙漠。沒有人知道沙丘在海裡伸出多遠。但是，沙子在
el-Jomjomah海角的海底是很多的。正像我們說的，海底沙山
就像陸地一樣。他們在地中海被稱為金山（sofalah）。在拜占
庭帝國的Salukiyat的海岸線，就是這麼叫的；它在海下幾乎延

10　Saymur，今日Chaul。
11　此地的地址不明確。
12　中國沿岸，一直到韓國。
13　中外異名。明代的西洋指今印度洋，包括孟加拉海灣，Ladiwa海，波斯
　　海，紅海，黑人海。小西洋或大東洋指印尼海，小東洋指菲律賓與印尼之
　　間的海。
14　海員們在那個村莊的淡水井打水，明代稱麻實吉。

伸到塞浦勒斯島，地中海的大部分船難就發生在這裡。各海的船員都有一種他們互通心靈的表情。

阿拉伯海與龍涎香

從el-Jomjomah海角前進，船隻就離開Faris海進入第二海，阿拉伯海。它深不可測，廣不可量，海水的品質不可計算。許多海員認為是不可思議的，就像我們說的。船隻用二、三個月橫渡它，如果順風，一個月就夠了。朝海的另一側，連接黑人海與黑人國[15]。

這個海少產龍涎香；因為它多半在黑人國及阿拉伯的esh-Shihr的海岸被拋出海面。

住在esh-Shihr的居民是Kodhaah Ben Malik Ben Himyah的部落及阿拉伯的別種部落。這個國家的阿拉伯居民（也稱為el-Mahrah）被稱為「毛體人」。他們的語言與純正的阿拉伯人不同，在文字裡，我們用Kaf時，他們用shin。有很多例子。他們是一些貧窮而困乏的人們，他們有一類駱駝叫Mahri駝，跑得像Bejawi駝一樣快，有人說更快。他們騎著牠們沿海岸走；當牠遇到被海浪拋上岸的龍涎香時，就按牠的教導和訓練那樣，跪在龍涎香前，騎者就把龍涎香撿起來。在這個海岸線以及黑人小島與黑人國海岸線找到的龍涎香是最好的；它們是球形、藍色，等於或小於一個鴕鳥蛋。這種龍涎香是我們說過

15　西元前幾世紀，就有印度航船運行的印度西海岸與非洲東海岸之間的航運。

的一種魚——鯨魚——所帶來的。當海裡起了風暴，一塊塊龍涎香，大的像山，小的如我們剛才所說，就從海底被翻上來。鯨魚嗜吃此物，然而吃下去，鯨魚必死，死後浮在海面。黑人或他種人，看到鯨魚浮在海面，就從船上，向它拋出繩子與勾子，然後開膛破肚，取出龍涎香。從魚肚取出的龍涎香有股腥味，這是伊拉克與Faris的香鋪的人稱為el-mand的。但是那些在魚後半身找到的龍涎香是非常漂亮與美麗的，它的品質是由它在魚腸裡的時間而決定。[16]

馬爾地夫群島

在第三海，Horkand海[17]與第二海阿拉伯海之間，有一群島[18]；它們是兩海的邊界。有人說有二千島，其實最多一千九百島[19]，每個島都有農業。所有群島都受一個女王管理，自古以來，就沒有一個男國王[20]。

---

16 龍涎香是抹香鯨腸內分泌物的乾燥品（包括抹香鯨的糞便）。漢代，漁民在海裡撈到一些成品龍香，乾燥後能發出持久的香氣，點燃時更是香味四溢，於是被當著寶物貢獻給皇帝。宋代稱為龍涎香，《嶺外代答》條：「大食西海多龍，枕石一睡，涎沫浮水，積而能堅。鮫人探之以為至寶。」明代費信在《星槎覽勝》中記述：「龍涎嶼：此嶼南立海中，浮豔海面，波擊雲騰。每至春間，群龍所集於上，交戲而遺涎沫，番人乃架獨木舟登此嶼，採取而歸。」與本書的看法小異。

17 孟加拉海灣。

18 馬爾地夫群島，梵文花環島，西元1153年從佛教國變成回教國。明代稱溜山國。

19 明代《瀛涯勝覽》稱溜山國有三千島。現在核實有1192島、礁。現代遊覽勝地。若海面漲三公尺，則全部消失在海面下。

20 傳說而已。

　　這個群島生產了許多龍涎香，海浪把它們送上岸。有時候，它們大如岩石。當我訪問西瑞夫及甕蠻國時，當地水手們及一些常去那些群島的水手們告訴我，龍涎香長在海底，就像香木Agalloche一樣，有各色各樣，白的、黑的、海棉狀的等等，當海水翻滾，推動岩石，也捲起龍涎香。

　　島民統一於一個政府。他們有很多人及人數眾多的軍隊。島與島的距離是一哩或一、二、三日程，他們的棕櫚樹是可哥豆棕櫚樹（椰子樹），但是他們沒有棗棕櫚樹。懂得物種學的人，即懂得動物與植物變種的人說，可哥豆棕櫚樹原先是野棕櫚樹，生出的果實是mokl。當它移植到印度後，印度的土壤使它變成可哥豆棕櫚樹[21]。我們在那本書《經驗的公理》寫下了全球各地的天候與大氣對人、動物、植物本性的影響。突厥人的相貌奇特、有小眼睛[22]，可以歸之於氣候的影響。就是他們的駱駝也有氣候的烙印，牠們短腿、粗脖、白毛。在Gog and Magog國[23]也如此。就像我們說的，懂得東西方人種差異的人，指出了許多例子[24]。

　　這個海裡沒有別的人像這個群島的居民那麼工於技巧，不論藝術或商業，就像成衣、製造器皿等等。

　　這個群島的寶藏是一種貝類[25]。這些貝殼是一種動物的居

21　考古學家認為，其實很可能是馬來人把海島上的可哥豆棕櫚樹帶到印度。

22　與今天的土耳其人很不同。

23　傳說中西方的凶人國，在高加索地區附近。

24　生物變種的理論主要是進化論，本書這段文字不成立。

25　Concha veneris，子安貝，中國古代傳說懷孕的婦女，手握子安貝，則母子均安。中國在商周，用子安貝為錢幣，名為寶貝，後來鑄銅為子安貝狀，

處，當政府的錢櫃空虛，居民就受命令砍伐可哥豆棕櫚樹的帶葉樹枝，然後把樹枝丟到海水裡。這些動物來吃這些樹枝，就被撈出了。這些貝類被鋪在沙灘上曝曬太陽，當動物曬死了，貝殼變空虛了，就可以補充錢櫃。這些島嶼通稱ez-Zanjat，他們輸出很多可哥豆。

孟加拉海灣

島嶼中最重要的是錫蘭[26]。距離錫蘭一千日程是另外一個群島er-Ramin：這個群島有農業，許多金礦，由國王們統治。在同一個海裡有以Fansuri樟腦出名的Fansur[27]。如果巨風、暴雨、水災、地震頻發，那麼樟腦收穫豐富。反之，如果不常有災害，那麼樟腦收穫稀少。

在我們可以叫出名字的島上，幾乎所有島民都吃可哥豆：這些島上出產bokkam[28]以及瓜子松（ruscus）[29]，都用為出口。他們也有金礦與大象，還有食人族[30]。這個列島聯繫一個叫el-Jebalus[31]的島，居民奇形怪狀。當有船經過時，他們乘小艇，

用為錢。西方作為定情信物。

26　Serendib，古代稱呼為Taprobane或Tamraparni，《梁書》稱師子國，這是根據印度的故事傳說。《大唐西域記》稱僧伽羅，也是印度的故事傳說。中文古譯阿拉伯語的Serendib為細蘭，後改為錫蘭。今為斯里蘭卡。

27　《新唐書》之郎婆露斯國，或曰婆魯斯國Barus，在蘇門答臘島西岸。

28　一種染料，近似巴西紅木，宋代以後稱為蘇木。

29　一種草藥。

30　海客奇談。

31　今印屬Nicobar列嶼。西元七世紀，唐武則天時代的義淨和尚，附波斯海船，從廣州西行印度取經，歸來寫的《大唐西域求法高僧傳》。提到蘇門

帶了龍涎香、橄欖及別的東西，與來船交換鐵器。他們不用錢。再過去是Andaman列島[32]，那邊住了一些奇怪的黑人。他們的頭髮像羊毛那樣捲起來，他們的腳有一肘長，他們沒有船隻，如果有船難，船員逃上岸，他們就把他吃了。如果有船停泊，他們也吃船員[33]。

我聽很多水手告訴我，他們有時看到海的上空，有一縷細長的白雲，伸出一條長、白的舌頭，一直到海面。當它碰到海面，海水被吸起，颳起一個風暴，擋者披靡，接著就下一場大雨[34]。

麻六甲海峽

第四個海是我們所說的Kilah Bar，它又稱Kolah海[35]。此處海水很淺；一般來說，海水越淺越容易出事，也越危險。在這個海裡有很多島嶼與礁石（sedadi）[36]。好幾個島嶼及山峰頗足一談，但是我們只想告訴讀者大局，因此便不細述了。

答臘島的佛誓國及附近的印尼群島。它對el-Jebalus島有詳細記載，與本書同，稱為裸人國。島民到明代還是裸體。

32　後於此書，宋代的《諸蕃志》稱為晏陀蠻島，由吃人的黑人居住。

33　他們大約是五萬年前的黑人從非洲來的移民後裔，一直存在到今天。食人之說，姑妄言之，姑妄聽之。

34　海客之言。

35　《皇華四達記》簡羅國，可能是今吉打（keda），學界爭論不休，莫衷一是。亦即麻六甲海峽。

36　sadi的複數，水手稱呼一個劃分海峽為二的陸塊為礁石，如果他一定要通過其一的話。

Kerda 海

第五個海叫 Kerda 海[37]，也是一般地淺，到處是山脈與島嶼，出產樟腦和重要的樟腦油。樟腦有很少的樟腦油及很多雜質，很不容易提煉出油。

這些島嶼住著不同的民族。有一個民族叫 el-Maht[38]；他們有直脆的頭髮、形狀奇特。他們駕著小船追趕大船，然後射出毒箭。在箇羅國內，有錫礦，有銀山，其銀雜有金與鉛，但是無法分解。

占婆海

按照我們的劃分法，下一個海是占婆海。這個海是大王（Maharaj，印尼王）的領域，他是島嶼之王。此國的人民數及軍隊數都不可數。他的權杖[39]管理的島嶼多到不可計數[40]，最快的船最少要花兩年時間，才能走遍。國王有多種香料和香水。世界上沒有一個國家有更多的自然資源或更多的輸出品。其中有樟腦、蘆薈、紫羅蘭花、檀香、橄欖、肉豆、豆蔻、蓽澄茄等等。這個海連接中國海，另一面無邊無界，沒有探測過[41]。

---

37 【英譯者註解】：前文叫 Kardebinj 海。【譯者註】此海應是暹羅灣，說法混亂，以下三海的位置與前述略有差異。此海僅印尼附近海域的小部分，大部分的印尼附近海域歸於占婆海。

38 或稱蕃人。

39 西方用權杖代表王權、教權，可能是牧羊人的習慣。

40 依現在統計，大約一萬七千座島。

41 指東南面澳大利亞及那一帶洋面。

這個島嶼有高山，居民擁擠，耳朵割開，皮膚白色。他們的面孔像錘打過的盾牌。他們留長髮，像我們留長鬍子一樣。從這些高山上，日夜不停噴出火。白天時，山峰是黑糊糊，夜晚時，山峰是紅彤彤。山峰高入青天（衝破大氣層）。爆炸產生了巨大的雷鳴[42]。有時候，在火山噴發以前，出現一種奇怪的聲音，那是他們的國王就要死了。如果聲音更低，那表示他們的一個領導要死了。按照他們的習俗與經驗，他們知道這些聲音的意義。這是地球的煙囪之一。離這個島不遠，另有一個島，不停傳出鼓聲、琵琶聲、笛聲以及其他樂器的聲音，夾雜著跳舞聲及各種歡樂聲。經過的水手們相信「反基督」占領了這個島[43]。

大王治下有Sarirah[44]，他們的祖先首先創造出雙艇身船、船外支浮木（以穩定船身）、蟹螯形帆以浮海等等。在西元前二十世紀傳說中的夏代時，移入印尼。繼續向海洋發展。在西元前十世紀，他們遍布南太平洋中部。大約在西元830年[45]，他們組織船隊，橫跨印度洋，移民6600公里外的非洲馬達加斯加

---

42 這些火山是亞洲東沿火山區彩弧列島的一部分，過去萬年最大的火山暴發是在印尼的Tambora 1815，那是萬年來人類聽到的最強大聲響。

43 基督教的末世預言稱：世界末世時，反基督出世，他戴十國王冠，號碼是六六六。

44 蘇門答臘島東岸的屍利佛逝國Sribuza，是佛教大國。在八世紀後，統治大部分印尼及馬來半島。遠古時代，一百五十萬年前，印尼有直立猿人，五萬年前，有非洲的移民。近代的印尼人是南島民族的一支，發源於臺灣的海洋原居民（如今臺灣原住民九族中的達悟族是海洋民族，他們每年度的飛魚祭很有名）。

45 唐文宗期間。

島，使它成為非洲唯一南島民族的國家[46]，範圍400日程，整個島嶼遍植農業。他還有ez-Zanij[47]，Er-Ramni等，許多我們不知的島嶼。大王是第六海——即占婆海——的主人。

中國海

第七海是中國海或稱珊瑚海（Saihu）；這是一個常起風暴的危險之海，這裡很多瘋浪，那是海水發狂，各海水手通用的這個術語。這個海裡有很多山，船隻必須通過兩山之間。

當一場大風暴吹來，一種黑物從水裡升起，大約4、5 spans長[48]，他們像Abyssinia鳥，停在船隻的桅桿上，不論有多少隻，他們不傷害人。當船員看到他們，就知道要颳大風、下大雨了。船員們準備風雨的來臨，或者他們要遭難，或者得救。那些得救的水手們好像常常看到一隻發光的鳥站在桅桿上面，在中國海以及整個阿比西尼亞海，稱為桅桿。在地中海稱mast。桅桿上面發出如此強光，眼睛張不開，也看不清楚是

46　大約同一時代，南島民族遍布南太平洋東部各島，如夏威夷、聖誕島等等。二十世紀在南美洲發現古代雞骨頭，引起考古學的討論，因為歐亞大陸養雞，始於西元前二十世紀的中南半島。那遠在印第安人離開亞洲之後，如果在哥倫布發現歐美航線之前，南美有雞，莫非是南島民族傳過去的？研究結果，不能確定雞是否在哥倫布之前到達美洲。

47　Zabaj，即闍婆，也即爪哇島。古經《羅摩 那》有Yavadripa，托勒密的《地理學》有Labadiu，《後漢書》有葉調國，相當於《羅摩 那》用語的縮寫，法顯的《佛國記》的耶婆提，相當於托勒密書的名詞，即今爪哇島，當時是印度教大國，與屍利佛逝爭鋒。Abu Zaid的書有專章討論Zabaj，後來西元十三世紀時，爪哇島的滿者伯夷王朝（Majapahit）得勝。同時，印尼開始伊斯蘭化，十六世紀完成。

48　1 span是9吋。

什麼。只要它一出現，海就平靜了，海風慢下來，海波不驚。然後，光亮消失了，沒有人知道它的來去。它是安全的訊號，保證他們都得救了。我們的說法被末羅國、西端夫、甕蠻國及其他國家航行過這個海的水手與商人所證實。不論說起來多奇幻，可能上帝送來了信號，用祂的能力，拯救在大海航行的祂的僕人，引導他的航程。[49]

在這個海裡，有一種似螃蟹的生物，至少一肘長，或一span長；如果牠從海裡快速爬上岸，就失去了動物性而變成化石。這種化石是洗眼劑的成分，一般來說，是一種眼藥[50]。因此，它很有名。中國海或者與它有關聯的地方，有很多令人驚歎的事。我們介紹讀者看我們關於這方面的叢書。我們一再提醒讀者注意那些書籍。

新羅（韓國）

中國的海岸線，除了es-Sabal（新羅）[51]及所屬的島嶼外，我們不知道還有任何國家。沒有任何從伊拉克或別的西方國家的人，經常訪問這個國家。這個國家的空氣是清新的，水是甜

49　海客奇談。

50　海客奇談，與Abu Zayd的書類似。

51　朝鮮起源很古，隋唐之際，朝鮮分為三國，高句麗、新羅、百濟。唐與東南角的新羅聯繫，劉仁軌率唐軍，血染白江口，擊敗日本與百濟聯軍，這是中日第一次朝鮮戰爭。唐與新羅的金家政權的聯軍，接著消滅高句麗，金家獨大。不久朝鮮又分為後三國，後高句麗、新羅、後百濟。不久，後高句麗演化成高麗，西元935年新羅亡國於高麗，在本書出版前十年。次年高麗滅後百濟。本書略落後於時代。

美的，土地是肥沃的，寶石是放光的、真實的，國家是富足的，因此，國人很少離開故土。他們是中國人的盟邦，兩國國王通好，經常互贈禮物。

有人說他們是諾亞的子孫，他們定居於新羅，就像中國人定居於中國。

中亞到中國

中國有很多河川，像底格里斯河或幼發拉底河那麼大。他們發源於突厥、西藏或粟特。粟特人住在布哈拉與薩瑪爾干之間。在他們國家，有一座山噴出氯化銨[52]，夏天時氯化銨燃燒，晚上發出火光，一百日程之外可見，白天冒出濃煙，遮天蓋地，不見太陽。這座山冒出氯化銨[53]。

夏天，旅客從呼羅珊到中國，經過這座山；有一個四十哩或五十哩的山谷，可以穿過這座山。在谷口，只要價錢對，有些人可以幫忙扛行李。他們用棍子趕顧客，因為只要停下或休息一會，在熱氣及谷內的阿摩尼亞氣體作用於腦部，顧客不免死亡。山谷越走越窄，直到旅客走完這段冒險的旅程。然後，有一些充滿水的深坑，旅客跳入水坑中，一解受到的氯化銨氣體及高溫的折磨。不是動物或開口叫的人，可以在夏天活著通過山谷。在夏天，氯化銨著火了。在冬天，雨雪交加，溫度降低，火焰熄滅，人畜安然無恙通過。當旅客抵達中國土地，在

52　氯化銨凝結成粉狀的礦物鹵砂。
53　這是中國境外的火焰山傳說。

過關的時候，遭到一頓暴打，主要是幫助腦部活血。從呼羅珊到中國，經過草原、空谷、沙漠，包括我們提到的山谷，要四十日的旅程。另外一條供牲口走的路，沿途有突厥部落保護，要四個月。

呼羅珊

我認識一個聰明又和氣的巴里黑人。他去過中國幾次，從來沒有航海。我見過好多別人，經過那個冒火的山（見前文），到西藏或中國。呼羅珊朝著門書瑞及莫爾譚的方向，與印度及身毒接界。就像從身毒到呼羅珊的商隊，從印度到此國的商隊，一直走到Zabolistan[54]，以Fairus Ibn Kaik[55]而出名。這是一個廣大的國家，有很多令人稱奇的堡壘，稠密住了言語各異的民族。歷史學家對他們的來源各有說法。有人追溯他們的祖先到諾亞，有人把他們與第一個波斯人連上，寫了一個長族譜。

西藏

西藏與中國分離而不同。西藏的統治者來自葉門[56]，由

54　阿富汗南部。

55　此人無考。

56　這是阿拉伯人的神話。世界上的單音族只有漢人、緬甸人及藏人，可見他們之親。現在的人種學理論是五萬年前，一支單音族從非洲橫貫印度半島，到緬甸，然後分兩支，北上或沿海岸移民（華族），北上的分裂成夏人與西藏人。夏人沿黃河東去，西藏人走向高原，時當三萬八千年前。後來，夏人與華族合稱華夏族，即漢人。

Tobbas之一領導而來。在本書後面，我們要寫清楚。在我們的書《時間的歷史》裡也可以找到。一部分居民是牧民，一部分是定居者。遊牧民族是突厥種人，多不勝數。他們不服從任何突厥國，他們也被其他突厥牧民尊重，因為古時，他們的王是可汗，一般牧民相信他們會取回皇權。

西藏的空氣、水、土地、平原與山脈有些與眾不同而引人注意的東西。那兒，人們快樂而且幸福，不會被憂傷、關注、反思打斷。這個國家的各類水果、鮮花、美草、河流是說不完的。這個國家的自然風光，使得動物與人類都輕鬆與愉快。你甚至看不到一個煩心的老男人或老女人。老人和青年人一樣高興。這種高興、快樂、愉悅，使他們醉心於音樂與舞蹈。這種氣氛到了一種程度，既使有人死了，親友也不會像外邊那樣死了一個親愛的人，或死了一個牽腸掛肚的人，那麼悲傷。即使如此輕鬆，他們對別人也很有感情。

當葉門的部落Himyarites移入西藏後，就用西藏為名。在詩人Di bil Ben Ali el-Khozai的詩歌中，他貶低Komait部落，抬高Kahtan部落，使之超過Nizar部落：「他們在木鹿的城門及中國的城門上雕刻了（詩歌）。他們用他們的王的名字Shamit，稱呼大城為撒瑪律干（Samarkand）[57]，又殖民於西藏。」

在關於葉門王歷史的章節裡，我們要說西藏王的歷史，以及那些出兵打仗的王的故事。西藏與中國為界，又與印度、呼

---

57 古希臘時已有此城，名為馬爾干達（Markanda），意為石城，有2500年歷史。不是為了紀念Shamit而起的名字。

羅珊及突厥草原為鄰。它有許多耕地及許多市鎮，有些市鎮有城牆。古代，他們上尊號Tobba，古葉門王號。隨著時間的流逝，一切都改變了。葉門語也沒有人懂了，他們採用附近國家的言語。他們稱他們的國王為可汗。[58]

麝香

西藏與中國的麝香[59]，產自這兩個相鄰國家的同一種麝香鹿。西藏產的勝過中國產的，出於兩個原因：西藏的麝香鹿吃穗甘松[60]以及各種香草。中國麝香鹿反是。另外，西藏人把麝香留在膀胱裡，自然保存。中國人把麝香取出，用血及香料雜製。又，中國人用海運，沿途有水氣及氣候變化。當中國用雜香製麝香，結果降低它的品質，他們用緊封的瓶瓶罐罐保護它，這樣他們把貨送到甕蠻國，Faris，伊拉克及別的大城市。

當麝香鹿成熟時，立刻從睪丸取得麝香，那成分最好、最

---

58 Masudi寫西藏史好像陶淵明寫《桃花源記》，寫西藏就是寫烏托邦。傳說上，松贊幹布（約西元629–650）娶尼泊爾的尺尊公主及唐朝的文成公主，可能帶入了佛教，實際上，西藏第一個出家的和尚是在西元755年，這是「佛法前宏期」。松贊幹布還有另外三個妻子。西元840年，西藏王達瑪滅佛法，接著西元842年，西藏和尚吉祥金剛，騎著一匹塗黑的白馬，穿著一件外黑裡白的大衣，一箭射死西藏王達瑪，逃亡途中，經過一個湖泊，他把黑馬洗成白馬，大衣反穿成白衣，白衣白馬逸去無蹤。以後「一鳥高飛，眾鳥隨之」，西藏帝國覆滅，小邦林立，正當Masudi時代，都沒寫到。滅佛百餘年後，印度高僧蓮花生到西藏，佛法復興，是為「佛法後宏期」，帝國沒有恢復。

59 麝香是鹿科動物麝的肚臍和生殖器之間的腺囊中的分泌物乾燥而成，是高級香料。為了保護麝香鹿，現在都用化學合成品。

60 香水及護膚品的原料。基督在最後晚餐前，曾用此洗腳。

精美，這就是西藏麝香。普通鹿與麝香鹿之間沒有什麼差別，
不論形狀、外貌、雙角與顏色。唯一的差別是突出的犬齒，像
大象一樣。麝香鹿有一對從下巴生出的長白又強壯的大牙，有
9吋長。中國人與西藏人用套索、捕獸綱、夾獸器，捕捉麝香
鹿，有時候，他們用箭射。他們拉倒了麝香鹿以後，就從膀胱
割出麝香。那血肉有腥味，新鮮的麝香沒有香味，反而難聞。
它被貯藏了一陣子後，在空氣的影響下，它變香了。就像摘水
果，先摘下來，再得味。最好的麝香是在鹿的臍下生長，在膀
胱裡成熟到它有香氣。血液集中在臍下，後來，血液變了，有
香味了。這個動物感覺不自在，用肚臍在太陽曬熱的石頭上摩
擦，這樣它感到舒適。這樣，血液流出來，黏在石頭上。這就
像一個泡或一個腫塊被擠出裡面的膿一樣舒服。當麝香鹿的
膀胱（波斯人稱為臍）被擠空後，它結疤，血液第二次充滿了
它，就像第一次一樣。西藏人找到那些石頭和山脈，他們發現
凝固的血液，它是在動物身體裡成熟的，太陽乾燥的，空氣中
變香的。這是最美麗的麝香，收集了以後，放入獵獲的麝香鹿
的膀胱，又放入那個取得麝香的物質。這是西藏王子們互相贈
送的禮物，很少輸出。在西藏，有許多市鎮，而麝香以產地命
名。

天下前五王

　　中國王、突厥王、印度王、黑人國王以及所有的各國國
王，都仰望巴比倫的天下大王；因為他是最先的國王，是眾星
拱月。即他的國家最尊貴，人口眾多。在所有君主中，他最富

有；自然界最寵愛；他有一個強有力的政府。從古如斯[61]。但是，如今（回曆332年，即西元943年）這個國家的國王並不如此。巴比倫古王稱Shahanshah即萬王之王。他對應世上所有眾王而言，如心之於體，如紐之於帶。其次是印度國王，他是智慧之王，萬象之王。波斯賢王Khosraws認為智慧來自印度。印度國王之下是中國國王，他有聰明的政府，好的機構，完美的藝術。地球上沒有另一個國王更注意內政，更會管理公民、士兵、公務員。他的人民是勇敢、強壯、有力的。他能用裝備良好的軍隊防守國家。就像巴比倫王付軍餉一樣，他也付軍餉[62]。中國國王的次一階，是突厥王，他住在Kofristan[63]統治突厥國的是九姓烏古斯[64]。他被稱為萬獅（或萬虎）或萬馬之

61　很多中世紀阿拉伯—大食地理書上，都有這一段「套話」，不可當真。

62　許多古代的軍隊並無軍餉，例如成吉思汗的軍隊。

63　英譯者認為即Kushan，貴霜，在阿富汗。

64　阿拉伯史學家或以為是突厥種，然而不十分清楚。在唐代，起源於中國西北的突厥人與西方的胡人（東伊朗人）是不同的種族，例如安祿山（安史之亂）是父胡母突厥，而哥舒翰（「哥舒夜帶刀」）是父突厥母胡，兩人完全不同。自突厥人西去中亞以後，突厥人與胡人混為一談。突厥人傳播突厥語言（其實傳播語言是很快速的，只要子女家都講突厥語，而子女都與異族通婚，每二十年便可增加一倍，兩百年便可增加一千倍。但是基因成分並沒有改變。這件事經常發生在古代：例如，印歐人的文化傳布於伊朗，而似乎他們的遺傳基因並沒有什麼大變化，還是原住民居多）。目前，突厥語族從中國新疆，一直連到小亞細亞的土耳其，但是他們的遺傳基因，並沒有根本的改變。例如，土耳其人僅有1/10的東亞基因，還有9/10的希臘人及附近的原居民的基因。按照單傳維航君在他的博士論文〈簡述維吾爾族……〉（http://www.ccaa2009.com>blog-post）中，認為「這是九姓烏古斯，即九姓回鶻」。回鶻人是非突厥的黃種人。烏古斯後來變成畏吾兒，再變成維吾爾。維吾爾人是黃種的回紇人，與新疆當地的白種的東伊朗人及其他印歐人的混血。以前，戞吉斯人推翻回紇帝國後，一部分回

王；因為世上沒有一個國有那麼多勇士，像獅子（老虎）那麼
嗜血，也是因為世上沒有一個國家有那麼多馬。他的國家在呼
羅珊草原與中國之間。皇帝的名稱是伊利可汗（人之汗，這是
回紇的汗號，不是突厥的汗號）。突厥人有幾個王，統治不同
的部落，不向伊利可汗稱臣。但是沒有一個王比伊利可汗更尊
貴。拜占庭王（東羅馬帝國皇帝）是次一個。他號稱萬人之
王，世上沒有一個人比他的國民更好。自古以來，就有這五等
分法。近世以來，諸王漸漸平等了。一個有歷史知識的人，用
詩歌表達世界的各王。

地上的各王

最著名的兩個皇宮是Iwan（波斯國王Khosraws ）在
Ctesiphone[65]的皇宮及Ghomdan（葉門王在Sana的皇宮）；只
有兩個偉大的皇族，薩珊王族及Kahtanites分開說，Faris是土
地，巴比倫是天氣。伊斯蘭教的聖地是麥加，世界是呼羅珊。
兩個皇城，不花拉（Bokhara）與巴里黑是（呼羅珊的）兩隻
角，支起了防守。El-Bailakan及Taberistan是它的前線；er-Rai
是它壁壘的通道。社會上，有些人身居高位，像波斯帝國的

紇人在新疆吐魯番成立西州回鶻，在甘州成立甘州回鶻，另一部分人在中
亞成立「九姓回鶻汗國」，這就是本書提到的Taghizghiz。在歷史上，這兩
個名詞：回紇與突厥，經常混淆不清，例如在丘處機到中亞見成吉思汗的
遊記《長春真人西遊記》（記不記得《射鵰英雄傳》？）中，老是把突厥人
當成回紇人。現代用語，回紇人並不是突厥人，雖然回紇人是突厥語族。
65 《後漢書》的斯賓國，《唐書》的泰西封。

Marzoban[66]，羅馬帝國的Patrician[67]，及答剌罕（Tarkhan）[68]。波斯王的名號是Kisra；羅馬叫他們的皇帝Caesar；阿比西尼亞叫Nejashi；突厥叫可汗。

西班牙

在信伊斯蘭教前，西西里與在西非的Afrikiyah[69]的王叫Jirjia（喬治亞），西班牙王叫Lodrik（Roderic），所有西班牙王都這麼叫。這個國家的人民都是Ishban人（西班牙人），諾亞的子孫，鋪展到全國。西班牙的穆斯林人的一般看法是Lodrik（Roderic），是加利西亞人（Galician），即一種法國人。他是最後一個君王。他被Musa Ben Nosair[70]的自由奴Tarik所殺[71]。西元711年，北非倭馬亞朝的摩爾人在Tarik ibn Ziyad率領下，進攻西班牙，最後占領，當Tarik征服杜麗多（Tolaitilah，Toledo）時，它是大都市及王宮之所在。一條名為

66　一種波斯貴族名號。

67　羅馬最高級的貴族。

68　英譯者認為是九罪不罰，是韃靼人與匈牙利人的名號。更可能是突厥、蒙古人的官號，最早出自柔然。在《蒙古史》及《多桑蒙古史》中，成吉思汗封博爾朮為答剌罕，要點是九罪不罰。值得研究兩者的關係。可能是草原上的慣例，由來已久。

69　原來的迦太基，後來羅馬帝國的非洲省，在今非洲地中海沿岸的中部，即今突尼西亞。

70　北非的征服者。在第八世紀的初期，徹底消滅東羅馬在北非的勢力。

71　當時風氣，所謂自由奴即解放了的奴隸，也是權勢者最信任的人。例如，《紅樓夢》的作者曹雪芹屬於「包衣旗」，即奴隸旗。因為他的祖母李氏（《紅樓夢》賈太君的原型）是康熙帝的乳母（明、清最重皇帝的乳母），她的丈夫及兄弟又立軍功，所以是四大家族的成員。

Tajah（Tagus）的大河穿過這個城市。它從Galicians的國家及 Basques流出。他們是一個偉大的國家，由一個如同Galician及 法國人那樣，經常與西班牙的穆斯林作戰的君主統治。那條大 河（Tagus）注入大西洋。它是世界上最著名的河流之一：它 的中流通過Toledo。在Tagus上，有一座拱橋，是古代君王建 築的，那是地上最出眾的建築物，比起在美索不達米亞與拜占 庭之間的（在幼發拉底河上的）Sajineh橋更令人吃驚。Sajineh 橋距離Sarujah國的Somaisat城不遠。如此，Toledo市有強壯的 壁壘橋城牆。

Toledo城市（穆罕默德的）居民在被征服很久以後，起兵 反對倭馬亞朝的政權。距守了兩年。最後，在回曆315年（西 元927年），'Abd er-Rahman占領全市，延續倭馬亞朝，成為 如今（回曆332年，西元943年）的西班牙王。當它被占領 時，建築物被毀。Kordobah（今Cordoba）成了大都會，一直 延續到今天。到那個地方，從Toledo要走七天，從海邊要走三 天，離海一天的距離是Ishbiliyah（Seville）。西班牙的耕地與 市鎮，延伸到兩個月的旅程的長度。有四十個有名的都市。

西班牙的倭馬亞

西班牙的倭馬亞王朝自認為哈里發的兒子，但是他們不用 哈里發的王號，因為他們認為，沒有不能管理兩個聖城[72]的王

---

72 那是先知的領域，即麥加與麥地那。

子可以用哈里發的王號[73]。

'Abd er-Rahman[74]在回曆137年[75]三月，抵達西班牙（死在171年）[76]。他的兒子Hishan繼位，統治九年（180）。然後他的孫子Hakam繼位，統治了幾乎二十年（206）。目前，像我們說的，'Abd er-Rahman Ben Mohammed統治西班牙，他有一個非常好的政府[77]。

他在回曆327年（西元939年）動用十萬軍隊，出征基督徒，包圍加里西亞（Galician）的有七層城牆的首都Samurah（今Zamora）[78]，那是古代國王最可讚嘆的作品。兩道城牆頗有間距，又有充滿水的溝渠。他攻陷了兩道城牆，受圍困的敵軍，發動突襲，斬殺陷入的我軍。被刀劍所殺及落水而亡，死者四萬人。這使Galician及Basques軍隊的人數超過了穆斯林軍隊的人數，他們又攻取了法國邊境的城市與壁壘[79]。在邊境上有Orbunah市，穆斯林在回曆300年（西元912年）與其他城市及壁壘同失，至到回曆332年的今天，城市還在。

73　當時他們自稱是Toledo酋長國。中東與歐洲的拜占庭帝國，330-1453，是千年帝國。倭馬亞帝國從661-750，然後在西班牙復國，1492年滅亡，有八百年。阿拔斯帝國從750-1258，五百年。

74　是上面那個同名的七世祖，即上文復國的王子。

75　英譯者認為是138年。

76　倭馬亞王朝復國。

77　西元711年，倭馬亞朝的北非人跨海進攻西班牙。西元750年，巴格達的倭馬亞朝亡，王子'Abd er-Rahman抵西班牙，復國，後世多娶碧眼金髮的女人，幾代以後，貴族與王族多金髮碧眼。本書發表後五百年，西元1492年，西班牙的倭馬亞王朝結束。西元1609年，摩爾人被驅逐。

78　在穆斯林與西班牙人的長期征戰中，此城幾度易手，兩者為死敵。

79　伊斯蘭軍大敗。

在西班牙東部，面臨地中海，有Tortushah市，再北一些，是在一條大河上的Faraghah，再過去Laridah，更向北去，是與法國邊界的城市，那是庇里牛斯山的險隘城市。

大西洋與印度洋相通

在回曆第四世紀略前，一些船隻在西班牙登陸，帶了一千名船員，沿岸窺視。西班牙的穆斯林相信，他們是拜火教教徒，慣例是每二百年，訪問一次這個國家。他們來自大洋的一個海灣，並非是有銅柱的那個海峽（直布羅陀海峽）。我猜想那個海灣連結黑海（Sea of Mayotis and Pontus），那些侵略者是俄羅斯人[80]，我們原先就談過他們，唯一的民族航行於海上，與大洋相通。

在地中海的克里特島附近，發現了用印度產木板做的船艙，木板切割整齊，用可哥豆樹的纖維綁在一起。很明顯地，這是浸在水裡很久的遭難船；這種船隻是阿比西尼亞海才有的[81]。因為，地中海及西方的船隻用鐵釘連結木板。在阿比西尼亞海，不能用鐵釘做船，因為那個海的海水腐蝕鐵器，鐵釘在海水裡，漸漸變薄變弱，因此木板用可哥豆樹的纖維綁在一起，再加油脂與石灰密縫[82]。這樣證明了兩洋有交通。這個海

80　其實是北歐Norman。

81　這是埃及古代製造尼羅河河船之法，有西元前三千年的遺物。

82　所謂海水腐蝕鐵器云云，不可信。那是一種傳統製船法，源自尼羅河船。西元一世紀，羅馬人用希臘文寫的《第一世紀的印度洋商旅》，所謂紅海即南海，包括印度洋，書中記載到印度貿易之事。書中已記載了不用鐵釘的縫合之船，此後，中國也有這類船，宋代的《嶺外代答》稱賈人船。

向中國及新羅環繞突厥人的國家（北亞）經過海峽與大西洋連
絡[83]。[84]

香料

在敘利亞的海岸線，可以找到被拋上岸的龍涎香，雖然從
古到今，地中海都不出產龍涎香，很可能就像我們以為的，從
中國海來的海難船一樣，它們一樣來自那裡。上帝最了解。西
班牙海盛產龍涎香，從Shantriin[85]及Shodaunah（Sidonia）的海
岸，它從西班牙輸出埃及以及別國。用巴格達的計量，一盎司
值三mithkals[86]的黃金，在埃及值十第納爾（dinars）銀幣，雖
然是次品。

在西班牙，有值得一提的銀礦及水銀礦，那裡出產最好的
水銀，它輸出到穆斯林國家及非穆斯林國家。西班牙的其餘的

83　指通過北極海。

84　克里特島發現印度洋的遭難船之事，並以此證明兩大洋經過北極海，再經
　　過裏海、黑海與地中海相通是Abu Zayd的主張。Masudi主張，兩大洋經
　　過北極海，再經過大西洋與地中海相通。而裏海是孤立的。當然，Masudi
　　是對的。其實，兩洋也繞過南非洲相通。先是，古希臘的歷史學家希羅多
　　德在西元前480年提到，以前埃及的法老與兩河流域作戰，派了一個腓尼
　　基人的船隊環繞非洲。他們花了三年，從紅海出發，秋天在非洲種麥，春
　　天收穫後，繼續向西，最後通過直布羅陀海峽，回到埃及。證明印度洋繞
　　過非洲與大西洋相通，但是這是孤證。之後大地理學家托勒密認為，大西
　　洋與印度洋都是內陸洋，隔絕不通，取得公眾的信仰，直到1488年，迪亞
　　士發現好望角，才實證，兩洋通過非洲南部相通。Masudi在後文又提出兩
　　洋相通的龍涎香的證據，他的證據是可以反覆觀察的，所以是科學證明。

85　即今葡萄牙面臨大西洋的Santarem。

86　重量單位＝4.6克。

輸出品有番紅花（saffron）[87]與薑根（root of ginger）。香水的五大主要材料是：麝香、樟腦、蘆薈、龍涎香及番紅花。除了龍涎香及番紅花，它們都從印度來，那兩種可以在黑人國，Shihr[88]及西班牙找到。

有二十五種香料[89]，即風信子（hyacinth）、紫羅蘭（gillyflower）、檀香木（sandal-wood）、肉豆蔻（nutmeg）、玫瑰（rose）、決明子（cassia）、石榴皮（bark of pomegranate）、好肉桂（cinnamon）、豆蔻（cardamons）、蓽澄茄（cubebe）、中國肉桂、蘇木（Caesalpinin Sappa）果實、睡蓮（Nymphea）根、一種類似櫻桃石的穀類（出產於亞塞拜然）、葉門的番紅花、廣木香（costus-root）、丁香（clove）[90]、lada膠、安息香（styrax）、satonicum的子、香菖蒲（calamus aromaticus）、列當（orobanche）[91]。

在《時間的歷史》那本書裡，我們談到銀、金、水銀礦，

87　一種花的花芯，原產地伊朗，古希臘人開始種植，傳到中東、西班牙、印度、喀什米爾等地。明朝時，由喀什米爾通過西藏輸入中國，中國人以為是西藏的產品，所以稱為「藏紅花」或番紅花。《本草綱目》列為藥物，可泡水食用。它是最貴的香料。

88　在葉門國的印度洋岸東部。

89　古代南洋貿易，香料是大宗，例如宋代的《諸蕃志》中，羅列了海上絲綢之路或香料之路的47種貨物，其中25種是香料。歐洲人航海發現新航線，也是為了做香料貿易。

90　著名香料，也是中藥，熱帶作物，原產於印尼的Maluku群島，後來非洲的Zanzibar也產。另有一種溫帶園藝作物，丁香花（Lilac），南唐中主的詞「丁香空結雨中愁」，指此物。

91　數來數去，只有二十二種，缺了三種，好像古代，一百大錢，九七足串，也是缺了三個銅板。即使《佛說百喻經》也不足百。奈何。

以及出產香水的地方。在本書裡，我們可以不討論它們了。

北非

那些關於西方海洋的報告是出眾的，特別是那些關於浪打蘇丹國的耕地的海洋及西極海洋。對地球有廣泛知識的人說阿比西尼亞與蘇丹的國土[92]有七年的距離[93]。埃及國土是蘇丹國土的六十分之一。而蘇丹國僅占地面的一小部分。地面的大小是五百年的旅程[94]，其中，三分之一居人，三分之一沙漠，三分之一海洋[95]。蘇丹國鄰接西非[96]由Idris統治的國，包括Tilimsan，Tahart，Fas，然後是距離el-Kairwan二千三百哩，距離Sus el-aksa二十日程的Sus el-adna。從此遍地農業，直到沙谷與黑宮。再下去是沙漠，中有一鎮Medinate en-Nohas wa Kinab er-Rasas（號稱「鉛頂銅鎮」）。

Musa Ben Nosair[97]一直推進到Medinate en-Nohas。時當'Abd el-Malik Ben Mervan朝[98]。有幾本眾所皆知的書，描述老將軍見聞的妙事。有人認為老將軍住的城鎮在本部平原，那是西

92　指撒哈拉沙漠以南的所有黑人非洲。

93　即7×365×5 = 12775公里，過大。

94　500×365×5 = 912500公里，過大，地球的圓周約40000公里。

95　現在已知只有29%的地球表面積是陸地。

96　中國宋代稱為木蘭皮國，這是Murabitum帝國的音譯，居民大部分是阿拉伯人的近親，柏柏爾人，他們也有與黑白混血，曾統治西非與南部西班牙。

97　這六十歲的老將軍是由當朝哈里發的兄弟任命的，主管西非的軍事。他是北非的征服者，徹底擊敗拜占庭。

98　第十世哈里發，倭馬亞朝，西元646–685。

班牙的屬地。Ibadhian教派的Maimun Ben 'Abd el-Wehhab傳播了「出走派」[99]的教條。一些歷史學者認為居民是Ishban在那兒耕種的遺民。Maimun又跟Talebites打了幾仗。在本書的其他章節，我們要談到關於Ishban的各種看法。有人認為他們來自伊朗，Ishban即Ishfahan的變體。

在西非一些地方，有「出走派」的一些人，稱為Harurians。他們領有好幾個城市；例如Darah城，它有一個大銀礦。這個城面向Jasr，與阿比西尼亞接界，並且雙方戰事連年。在我們的書《時間的歷史》我們談到西非的戰事；我們談到西非的城市；我們指出這兒有的「出走派」的各支派，如Ibadhian，Sufians[100]，以及Motazilite教派；我們講各種不同教派之間的戰爭；我們也讓讀者熟悉el-Aghlab et-Temimi的歷史，el-Mansur任命他管理西非，他在Afrikiyah的住宅，他的治理成績，他在er-Rashid治下，他的兒子繼位為Afrikiyah與其他西非省份的獨立親王，直到在el-Moktader朝，西元929年，他以後的繼承人Abu Nasr Ziadatullah被El-Mahdiyah的郡守的特派員、警官、Sufi（蘇非派信徒）的Abu 'Abudllah聯合Ketamah及其他柏柏爾部落[101]所驅逐。我們在《時間的歷史》裡有詳細說明，我們詳述他向er-Rakkah進軍，以及他原本是Ahwaz的Ramhormuz的警官。

---

99 伊斯蘭教內部的反對派。
100 蘇非，一種神祕教派。
101 北非人，中國宋代稱為弼琶羅人。

阿比西尼亞海的各國

我們現在回頭處理我們的主題，延遲到如今的，關於阿比西尼亞海的國家及它們的國王們。我們現在要提請讀者們留心。

黑人國國王是Wafliman，阿蘭國國王是Kerkandaj；夏獵國國王們是Nomans及Mondirs；山嶽國Tabaristan的國王是Fanan，世代國王的稱號是el-Jebel。

印度諸國

印度國王是Ballahra[102]，身毒諸國王之一，Kinnauj國王的號稱Budah，那是他們世代的號，今天，這個國家是在伊斯蘭的權杖之下，成為莫爾潭國[103]的一個省。身毒地方的五道支流合成的彌蘭河[104]。彌蘭河的一個支流，穿過這個城市[105]。el-Jahit[106]認為它就是尼羅河[107]，別的人認為它是呼羅珊的阿母河流下來的[108]。Kinnauj國王Budah是印度國王Ballahra的敵人。坎

---

102 這是王號而不是王名。這念錯了，應為Vallabha Raja（崇愛之王），他的首都叫Mankir，即Malkhed，這是當時印度面臨身毒的Rashtrakuta帝國的首都，一直抵抗穆斯林的入侵，擁有印度西海各城，延續到孟買，北邊與喀什米爾接界。

103 今巴基斯坦東部大沙漠平原的中南部。

104 印度河，即《大唐西域記》的信度河。《多桑蒙古史》的申河。

105 現在河已移到西方。

106 阿拉伯的天才作家。

107 【英譯者註解】希臘人遺留的錯誤。

108 【英譯者註解】伊朗人遺留的錯誤。【中譯者註解】Ebn Haukal的《The Oriental Geography》也有此錯。

達哈（Kandahar）國王是身毒眾王之一，他的名號是Jahaj，那是歷代傳承的，他統領這個國家。從他的國土裡，流出Rayid河，它是彌蘭河的五支流之一。坎達哈又稱Rahbut（Rajbut）之國，旁遮普的另一條河叫Hatil；它從身毒山區經過Rahbut之國，即坎達哈。旁遮普的第四個河流是從喀布爾（Kabul）流過，河名喀布爾河[109]，及附近山區。這些山嶽隔開身毒與Bost[110]，Ghaznah[111]，Nafsh，er-Rakhkhaj以及er-Rawan國，那是Sijistan國[112]的邊疆。五條支流之一來自喀什米爾（Panjnad河）。喀什米爾的國王叫Rama[113]，歷代王號也。

喀什米爾位於身毒的群山中，是一個強壯的王國，有六萬到七萬個城鎮及農村，他的國家除一面外，無處可進，所以只用一牆便可以圍住國家。它被高山環繞，人獸難越，只有飛鳥可過。沒有高山的地方，又有深谷、樹木、叢林以及河流，河水激流足以抵擋來犯的敵人。呼羅珊人及別的人，早已耳聞這些自然險阻，那是世界有名的奇景。

Kinnauj國王Budah的國土，長寬都是一百二十身毒制日

---

109 喀布爾是今天阿富汗的首都，自古交通要道，《漢書》稱為高附。

110 今阿富汗的Lashkar Gah。

111 在阿富汗與巴基斯坦接界處，西元十世紀末，它蠶食阿拔斯帝國東疆，包括今阿富汗斯坦、伊朗大部地區及部分中亞，自稱古兒汗。宋代稱吉慈尼，元代稱哥疾甯。西元1192年，哥疾甯國蘇丹Ghori攻入曲女城（kannauj），成立新德里蘇丹國，是今印度本部穆斯林化的開始。

112 即伊朗的Sistan，古代稱塞卡斯坦，即塞卡人（Sakae）的國家，漢代西域的強國莎車，即可能是Sakae的譯名。伊斯蘭教占領伊朗後改名，位於伊朗與巴基斯坦臨海的邊界。

113 婆羅門教的主神之一。

程，一身毒制日程等於八哩。這個國王有四大兵團，對應於四大方面的風。每一個兵團有七十萬兵員[114]。北方兵團面對莫爾潭國王及他的盟友們，南方兵團衛國而敵對 Mankir 國王 Ballahra；同樣地，另外兩個兵團也對應鄰國。全國共有一百八十萬市鎮、農村、農莊，周圍是樹林、河流、山脈及草原。

戰象

雖然他的戰象個數不及其他國王，他幾乎有一千頭戰象。如果一個戰象有精神、好鬥又勇敢，它的背上有騎士，它的鼻帶砍刀。它的長鼻有鎖子甲保護，其餘全身裝上鐵鎧和皮制護身，周圍有五百士兵保衛後方。這樣一個戰象可以力敵一千個騎兵。只要背上有騎士，它可以前進、後退、旋轉，像一匹背上有騎士的戰馬。這就是印度人在所有戰爭中，如何運用他們的戰象。

莫爾潭國

莫爾潭國的王權在 Samah 家族，他們有足夠的軍力。它是穆斯林大國，形成面對異教徒的前沿。在前沿可以數出十萬個農村及農莊。Multan 有一個著名偶像[115]，受到遙遠的成千上

---

114 此處有錯。（1）上文已說它是莫爾潭國的一省，可能上文有錯。或（2）上文不錯，不可能有一個七十萬人的兵團，對付莫爾潭國。（3）這實在太多了，中國在戰國時，秦國動員五十萬人橫掃楚國，亞歷山大大帝率二萬士兵破伊朗帝國。一個小國會有二百八十萬士兵?!）

115 印度教的黃金鑄成天日神像。見《大唐西域記》的「茂羅三部盧國」條，「茂羅三部盧國」的地理位置及神像與莫爾潭同。所謂天日神像，天即

萬的信徒的膜拜。他們帶來金錢，寶石，蘆薈，各種香水來還願。莫爾潭國王的大部分收入，來自那些不摻雜真貨的komari（南印度尖端之國，即柯枝國）蘆薈，11公斤價值200第納爾。它有蠟印為證，以及貢獻的別的寶物。當異教徒向莫爾潭國進軍，而穆斯林自忖抵抗不了，就宣稱要與偶像同歸於盡，那異教徒立刻撤軍。

在回曆300年後（西元912年後），我訪問莫爾潭國，當時的國王是Abu-d-Dilhat el-Monbad。同時，我訪問了門書瑞國，國王是Abul-Mondir Omar，我與他的大臣Riah以及他的兩個兒子Mohammed及Ali還有一個貝都因的領主與王爺Hamzah都很熟。'Ali Ben Abi Taleb，'Omar Ben 'Ali，Mohammed Ben 'Ali在門書瑞有很多子孫。門書瑞的王家與法官（Kadi）[116]家族Shawarib有關連，屬於Habbar族，也叫Beni 'Amr Ben 'Abd el-Aziz el-Karshi，他們與倭馬亞朝的哈里發的族屬Beni 'Amr Ben 'Abd el-Aziz Ben Merwan不同。

當所有我們編了號的支流，都匯合通過金色的廟宇（那就是莫爾潭的字義），匯合點是離城三日程，還沒到門書瑞，一個叫Dushab的地方，他們匯合成一，叫彌蘭河，流向Rud城，那在河流的西岸，地屬門書瑞，在那兒分為兩支流，流過

提婆（Deva），神也，天日即日神，蘇利耶（Surya）。西元前十五世紀的《梨俱吠陀》有言：「太陽不照這裡，就照那裡，太陽是不升不降的。」在十世紀後期，此神像被伊斯蘭教徒毀壞，遺跡尚在，足以垂弔。從十三世紀以後，印度的太陽神崇拜下降。在《多桑蒙古史》中，此地作Mouletan。

116 伊斯蘭國家有一與軍事及行政系統，獨立的法官系統，由國王任命。

Shakirah鎮，也是門書瑞的境內，入印度洋，距離Daibol[117]二日程。

　　莫爾潭國距離門書端國七十五身毒制日程。我們以前說過，一身毒制日程是八哩。門書瑞國有三十萬農莊與農村。整個國家農田四辟，到處是森林。他們經常與一個身毒當地叫Mind的國家作戰。他們也與別國進行邊界戰爭。莫爾潭也同樣有身毒的邊界，也有同樣多的居民。門書瑞是紀念倭馬亞朝的郡守Mansur Ben Jamhur而取名的[118]。門書瑞國王有八十戰象，在戰場上，每隻戰象有五百士兵保衛。就像我們說的，這些戰象可以力敵幾千個騎兵。

象的故事

　　我看過以勇氣及勝利，傳遍印度及身毒各王庭的兩隻象。一隻叫Monkirkals，另一隻叫Haidarah。Monkirkals有一些傳遍印度的奇聞。當牠的一個領導死了，好幾天，牠不吃不喝，哭泣歎息，像一個悲傷的人。眼睛流出淚水，有好長時間。另外一個故事是，有一天，牠離開牠的象圈出去，Haidarah跟著他，後面跟了八十隻象。當他們走到門書瑞的一個窄巷，一個婦女出奇不意地嚇到，衣裳不整摔倒在街中。Monkirkals看到，自己橫擋在街上，右側對著後面的象隊，防止牠們踏到倒地的婦女，牠用鼻子替這個婦女整理好衣裳，然後幫她站起

---

117 唐代賈耽《皇華四達記》作提颭國，是信度河入海口。信度河即彌蘭河，向西移動，提颭國應在東面。

118 Mansurah在印度河下游，今Hyderabad的西北方75公里處。

來。當她安全回到她的丈夫身邊[119]，大象改變了位置，領著一隊象，繼續向前走。

象的自然故事，就是如此有趣。他們不僅能打仗，也常做些別的事，例如舉重物，拉車，揚稻穀，以及別的穀類，就像用牛隻踏地上的穀類。以後我們說到黑人國的章節時，我們會說大象，因為沒有一個地方有那麼多大象，個個都是野生的。

印度眾國[120]

讓我們繼續討論一下印度與身毒的眾國王們。身毒的語言不同於印度語言。身毒與穆斯林國家相近，而印度與穆斯林國家相遠。Ballarah的國家Mankir的居民說Kiriyah話，即那個地方的話。在阿拉伯海的海岸線的城市，如Saimur（Saymur），Subara（Sopara），Tanah（Tana）以及別的城市，一個用波浪激盪他們的海——即我們已經描述的阿拉伯海——為名的語言[121]。在海岸線上，有許多河流自南流來。世界上所有河流，除了埃及的尼羅河（及身毒的彌蘭河）以外，都是自北往南流[122]。在我們的書《時間的歷史》裡，我們給出一個解釋，以

---

119 這隻大象好似一名有教養的穆斯林男人。

120 Masudi寫書時，是十世紀，屬於印度史的中古史的前期，統治全印度的笈多王朝已消亡於六世紀，全印度分為二、三十個國，參考《大唐西域記》，各國此消彼長，一直如此到十六世紀的莫臥兒帝國，這千年的印度史，是穆斯林逐漸取得許多國統治權的歷史。印度人長期不重視歷史紀錄。現有的歷史，前期靠中國的僧人。中期靠阿拉伯旅行家的文字，後期有鄭和下西洋的印度部分，現代靠近代的歷史學家。

121 Dravidian語族的Kannada語。可知此國統治印度西海岸的南部各城。

122 其實不然。

及別的有學問的人的看法。在那本書裡，我們給出海拔高的地方以及海拔低的地方[123]。

　　不論在印度或身毒，沒有一個國王找他國內的穆斯林的麻煩。所以穆斯林都安居樂業。穆斯林崇拜的清真寺與大教堂，都大而堂皇，國王也長治久安，統治四十年、五十年，甚至更多年，穆斯林的信徒相信，國王的壽命，靠他的正義性及如何尊重穆斯林而決定。他（Ballarah）像穆斯林一樣，用公款付軍人的薪水。在他的帝國裡，流通Talatarian第納爾，一個重一個半Drachm（60克）。錢幣上印了國王登基的日子。他有不可數的戰象。這個國家又叫Kiminker之國。在一邊，這個國家面向可薩王[124]入侵之路。可薩王有很多的馬、駱駝、士兵，他們相信世上沒有一個王比可薩王更光榮，當然除了在第四氣候區[125]。巴比倫國王。巴比倫王比任何國王都偉大與勇敢。Ballahra王非常友善穆斯林。他有一些戰象。他囊括了一個語言區，又富有金、銀礦，金銀成了流通仲介。緊挨著這個國家是塔金國（Takin）。這個國王與鄰國友好相處，對穆斯林也如此。他的軍備不如我們提到的國王。這個國家的婦女的美

---

123 西伯利亞的大河都是自南流到北，以後發現南美的亞馬遜大河，以及不少澳洲河流也是自南流到北。有些歷史學家記錄了印度河往西移動，影響了歷史進程，以為是神奇或怪事。例如，本書說尼羅河距亞歷山大城越來越遠。其實，按照古典力學，由於地球自轉，任何從高緯度流到低緯度的北南向的河流，都會向西移動，反之，如尼羅河及西伯利亞大河會向東移動。

124 可薩國在裏海之北，不大可能侵犯印度，應該是別的遊牧民族。

125 阿拉伯人把人類活動區分成七大塊，號稱七個氣候區。巴比倫是第四氣候區。

麗，是全印第一。她們享譽於 De Coitu 等書。水手們爭著去購
買她們。她們被稱為塔金人（Takinians）。過了這個王國，是
Rahma 國[126]。Rahma 也是國王的稱號，也就是國王的名字。他的
國土與可薩交界。另一邊接境於 Ballahra 王，雙方經常交戰。
Rahma 有比 Ballahra、可薩王、塔金王更多的戰象、戰馬與士
兵。當他上陣時，有不少於五千匹戰象。除了冬季外，他不出
兵打仗，因為象不耐渴。他的軍隊被誇大了；有些人說他的軍
營有一萬到一萬五千個洗衣人[127]。以上提到的國王都排方陣作
戰。每個方陣有二萬人，所以每邊五千人。

　　Rahma 國[128]，他的國家豐產金、銀、蘆薈以及最高級的布
匹。這個國家出產一種出口的長毛，可以捆綁象牙與銀器，也
可以製成蠅拂。當國王們上朝時，有個傭人拿著蠅拂，立在上
頭。

---

126 在《蘇萊曼東遊記》中，被稱為 Dahma，即北印度的 Pala 帝國，從孟加拉
　　到喀什米爾，流行大乘佛法及密宗。立國於 8 世紀到 12 世紀滅亡。它是最
　　後一個信佛教的印度大國，國滅後，應了佛教傳言：「中原覆滅，邊地中
　　興」，中原是指印度北部的恆河流域平原，即 Pala 帝國。從此佛教以中國
　　為中心。恆河出口的孟加拉，古代生產著名的細棉布（muslin），一件衣
　　服可以穿過一個指環。見《第一世紀的印度洋商旅》及《蘇萊曼東遊記》。
127 古代作戰，軍官多半是貴族，經常攜帶傭人一起作戰，例如《紅樓夢》提
　　到焦大，尤氏說：「因他從小兒跟太爺出過三四回兵。」唐吉訶德也有一
　　個跟班桑丘。從洗衣人數可以估計軍隊數。
128 此國有犀牛，見下文，因此必定是 Pala 帝國，在喜馬拉雅山麓，長條形，
　　北部印度，從孟加拉到喀什米爾。《蘇萊曼東遊記》謂之 Dahma，出產西
　　元前後著名的印度細棉布（muslin）用子安貝（cowries）為商業通貨。

犀牛

在這個國家，有一種動物叫犀牛，民間稱為獨角獸[129]。牠的前額有一個角，不如象那麼大，比水牛大的多。牠吼叫起來就像一頭公牛。象聽到就逃走，上帝知道，沒有一種動物比牠更強壯。牠的骨骼不分成四肢，腿腳沒有分節，因此不能彎腿。牠生活在叢林與樹木中，睡覺時就靠著樹幹睡。印度人與穆斯林都吃牠的肉，把牠歸類為牛或水牛[130]。多數印度人對犀牛不熟悉。這個國家的人，比較熟悉，它們的角更純更好。犀牛角是白色的，裡面有一個黑色的形象，在白底內。它是人或珠雞或魚或獨角獸或別的動物的外狀或陰影。犀牛角可以精製成腰帶或帶子，就像用金或銀製成裝飾品一樣。這些飾品是國王或中國貴人的用具。它們一件值二到四千第納爾。金子裝飾的角製物品常常掛在帶子上，看起來非常漂亮。它們常常鑲上寶石與黃金。犀牛角的形象通常是白底黑色的，也有黑底白色

---

129 犀牛現在是瀕危動物，奇蹄類，只存在五種：非洲的白犀、黑犀，亞洲的印度犀、爪哇犀、蘇門答臘犀。其中印度犀存在於喜馬拉雅山麓的北印度長條。印度犀與爪哇犀是獨角犀。中國古代有犀牛。中國商代有陶製與銅製的犀尊傳世，它的形狀是蘇門答臘犀。漸漸地，中國犀牛少了，犀牛變成罕見的神獸。《晉書》上有「燃犀照水」的神話，唐代李商隱有句：「心有靈犀一點通」。現代愚民相信犀牛角對治療有靈效。

130 牛是偶蹄反芻類，豬是偶蹄不反芻類，犀牛是奇蹄不反芻類，牛與犀牛皆不同。如果把犀牛歸類為豬，則穆斯林不能吃。犀牛體重腿粗，羚羊身輕腿細。如算腿橫切面的單位面積負擔的體重，則兩者差不多。有人假想昆蟲體長增加一百倍，不就能吃人了嗎？不用擔心。因為昆蟲用皮膚呼吸。長度增加一百倍，那它的體重增加一百萬倍，而皮膚僅增加一萬倍，按照老法呼吸，早就悶死了。又牠的腳的橫切面僅增加一萬倍，因此單位面積的壓力增加一百倍，原來材料接受不了，因此各腿立斷。

的。El-Jahit相信犀牛是駱駝懷胎七月生下的，牠在母胎裡會伸出頭來吃草，又縮回去。他在《談動物》裡講這些故事。我為了這些故事，去問那些去過這些地方，並且我在印度遇到的，西瑞夫與甕蠻國的商人們；每個人都覺得這個問題很古怪，並且向我保證，獨角獸的懷胎與生產與水牛並無不同。我不知道el-Jahit怎麼知道這回事：書本上看來的，或是有人這麼說的。

印度諸國

Rahma國有濱海省和內陸省，他的國接境一個無海的國家，國王名Kas[131]，居民是白種人，割開耳朵，男女都極漂亮。他們有象隊、駱駝和馬匹。

這個國王的鄰居是Farbikh（Kimirus）的國王，他有濱海省和內陸省，他的國家在一個半島上。大海向岸上，拋出龍涎香，他的國家又出產胡椒[132]與大象。他是既勇敢又高傲。但是他不像高傲那麼強壯，勇氣不如他凌人的氣勢。

次一個國家Maujah[133]的居民，是白皮膚而且漂亮，他們不割開耳朵。他們有戰馬以及許多防禦的戰爭裝備。他們國家富產麝香。在前幾頁，我們說過了麝香鹿。居民穿著像中國人。周圍有皚皚雪山，幫助他了們防守；印度與身毒都沒有更高的山。他們國家的麝香最出名，以國家為名。出口它們，從事貿

---

131 可能是Khas。
132 羅馬人的貴族食佐料，他們僅知是從紅海遠來，不知產於印度。
133《蘇萊曼東遊記》用同樣國名。

易的水手與商人都稱它們為Maujahian麝香。[134]

從Maujah再過去，是Mayid國[135]，有一些城鎮，廣大的耕地，不少軍隊。此地國王們用太監服務，及用太監為富產自然產品的省區的郡守，或主管征稅。就像中國帝王的習慣那樣，這在〈中華帝國〉章節中，我們已經談過。Mayid鄰接中國，兩國不斷交換大使及禮物，兩個朝廷互換禮物。但是兩國隔了很難通過的大山。Mayid又勇敢又強壯。Mayid國的訪中國使者，受到監視，不讓他們窺視國家，找出弱點，更不讓他們發現大中國的道路。

印度風俗

印度眾國與我們提到過的中國，在飲食、農牧業、衣著以及醫療方面，有自己的禮貌、習慣。他們用炙治療。我們說一則他們的禮貌；他們的國王們不認為應該小心不放屁，他們說：「那是有害的物質」，他們不認為在任何情況，讓屁出來是不合適的。他們的聖賢也這麼認為。他們認為，在這方面加以限制，是不衛生的，有害健康。他們認為放屁有療效。他們認為這是治療膽酸及便秘的最佳藥物，也可以減輕脾臟問題。因此，他們放暗屁，放響屁，肆無忌憚，也不認為這是沒有教養的行為。古代印度人精於治療之術，有很多佳話，與我們討論有關。有個歷史學者說，咳嗽之無禮，有甚於放屁。打嗝被

---

134 此地似乎指尼泊爾。
135 緬甸？《蘇萊曼東遊記》用Mabud。

認為與忍住胃脹氣是同一碼事。放響屁的聲音，使它不臭。這個歷史學者表示他對於印度人的看法，是眾所皆知，而且散布於各種文獻，如傳記、史書、雜著、詩集等等。他引用詩集：

「聰慧與善言的印度人，說了一個意思，我用詩歌來表達。當你覺得有需要時，別悶著響屁不放，放出來吧，開門放它出去，因為憋著是不衛生，自在放屁，使你既輕鬆又健康。咳嗽與擤鼻涕不高貴又無教養，放響屁則不然。打嗝與放輕屁是同樣的，唯一不同，輕屁有股難聞的氣味。」

在這兩種情形，腸內的空氣是相同的，唯一的不同是出氣的方向；從上面出來叫打嗝，從下面出來叫胃脹氣；它就像打臉或重擊，前者打臉部，後者打後腦勺。事實上是同一回事，只是打擊的部位不同

人受了很多情緒的、經常的誤傷、長期病患的影響，得了膽酸過多、胃疼以及別的病患，這些都出於腸胃系統的不潔引起的，這些問題並非運動能排除的，自然經常要排除它們。動物並不會受罪，它們立即排除那些使腸胃不適的物質，因為它們受不了沒有秩序。古希臘的哲學家與聖人，如德謨克里特（Democritus）[136]，畢達哥拉斯（Pythagoras），蘇格拉底（Socrates），第歐根尼（Diogenes）[137]以及所有國家的聖人，都反對事物的每一種限制，因為他們知道那可以產生多少害處。每個有觀察力的人，都會自己發現，他們的意見是對的，因為

---

136 原子論的奠基人。

137 犬儒學派奠基人。傳說，亞歷山大大帝東征時，去拜訪正在曬太陽的他，問他：「我可以為你做什麼？」他答：「請移開幾步，別擋住陽光。」

那是用經驗推導，理性證實的。道德家們因為不同的理由，找出差錯，實際上，這與他們毫無關係。

本章小結

　　Masudi曰：在我們的書《時間的歷史》裡，我們講印度諸國王的歷史、習慣、佳言，表示他們的禮節及社交習慣。在我們的書《中冊》裡，我們仔細講大王（印尼王），他是群島之王，那兒出口藥材與香料，以及別的印度王，例如Komar王（Comorin王）以及其他面對印尼的山嶽地區的王。中國國王的歷史，錫蘭王，以及錫蘭對海的Mandura國[138]，就像高棉面對印尼一樣。沒來國的每一個國王都有稱號Kayidi。

　　在這本書裡，我們要提到東、西、南、北各王，我們要說葉門王、波斯王、羅馬王、希臘王以及西非王，阿比西尼亞海各王、各黑人王以及Yafeth[139]的子孫的王國。[140]

---

138 唐代賈耽的《皇華四達記》的沒來國。

139 諾亞之子，印歐族的祖先。

140 Masudi去訪問過很多穆斯林國家，因此在本書裡對那些穆斯林國家的著墨也很多。但是當今世界的穆斯林的第一大國，印尼，則是語焉不詳，其餘馬來西亞、孟加拉也類似。這些國家都是十三世紀以後才開始穆斯林化的。十五世紀時，鄭和經常訪問這些國家，中國的穆斯林鄭和，所用的通事，即第一線的外交人員，多會阿拉伯語，可能多是穆斯林，可能幫助這些地方的穆斯林化不小。印尼到十六世紀才完成穆斯林化。又及，最近檢視文獻，發現印尼的宗教領袖及伊斯蘭學者Hamka（1908–1981）在1961年著文，把伊斯蘭教在印尼與馬來西亞的發展，歸功於穆斯林的鄭和，與本註同義。

第十七章

高加索

　　高加索山[1]是一座大山，裡面有好幾個王國與國家。在此山中，有七十二個國家，每個國家有個王，有自己不同的語言。此山中有很多山谷與通道；在其中之一，Kisra Anushirwan[2]建築了 Bab el-Abwab 城[3]。在城與可薩海（裏海）之間，他建了一道牆[4]，牆又伸入海中一哩，反過來伸入 Kaikh 山

1　【英譯者註解】它在伊朗文是公牛山，希臘歷史學者希羅多德稱它為 Taurus 山，同義。【中譯者註解】現代語言學家另有說法，姑且不論。那有兩大山脈，北邊的大高加索山脈與其南的小高加索山脈。中間是谷地，有大河 Kura 流入裏海。谷地又通黑海。古代，這是伊朗的北邊，有許多友善鄰國，近代分為三國，東面的亞塞拜然，西面的格魯吉亞，及南部的亞美尼亞。中國古代第一次提到高加索山是《元史・速不台傳》，用太和嶺。

2　即伊朗薩珊王朝的著名國王 Krosrow I，這個名號是「不朽靈魂」的意思，西元 531-579。

3　今俄羅斯國極南與亞塞拜然國相鄰的 Dagestan 省的 Derbent 城，Derbent 在波斯文是門鎖的意思。《多桑蒙古史》稱為「打耳班」城，一直是伊朗北方重鎮，現屬俄羅斯。

4　這道牆長五十哩，高二十九呎，寬十呎，又名 Gorgan 長城，遺跡尚在。古來傳說是伊朗阿契美尼德王朝的居魯士大帝所建，或亞歷山大大帝所建。當然也可能重建多次。所以可能都對。先是西元前九世紀時，裏海北岸的印歐族的遊牧民族的伊朗人南下，進入伊朗，成立米底帝國，與新巴比倫

峰（大高加索山），總長四十日程，橫跨山脈與谷地。在另外一端是 Taberistan 堡壘[5]。Anushirwan 大約每隔三哩，按照經過的道路的重要性，建築一個鐵門，他屯軍於牆內近鐵門處，軍隊要防守鐵門，保護邊牆，瞭望山中諸國的動靜，例如，可薩人，阿蘭人，不同的突厥部落 Serir，保加利亞人及其他異教徒。Kaikh 山脈連綿，長寬都有二月程。住在山裡或附近的人數，只有創造他們的真主，才知其數。

有一條通道通向可薩海，我們剛提過，距離 Bab el-Abwab 不遠。另外一條通往 Mayotis 海[6]，就像我們說過的，它與君士坦丁堡海峽通航。在這個海上，有個城叫特烈必宗德（Trebizond）[7]，有一個年度賽會，各國商人群集，來自穆斯林

帝國聯合攻破亞述王朝的首都尼尼微，以後成立阿契美尼德王朝及改良的拜火教，它合併蘇美人附近的埃蘭王國。它須在北方建城，保衛國土。築長城是農業民族築水壩的老法。各地都有築長城防衛的習慣，例如二世紀時，占領英國的羅馬兵團，就橫跨英國，築了兩道三公尺高的石牆長城。中國在秦始皇統一中國後，把燕趙秦北方長城，連成一條，那是用夯土加草的長城。之後舊的長城倒塌，新的長城建起。《馬可波羅遊記》並未記載長城。可能那一代沒有長城。明初，洪武帝及永樂帝橫行沙漠，中國也沒有長城。正統年間，瓦剌俘虜了明帝，攻打北京城，蒙古騎兵被明軍的火槍兵與砲兵擊走，從此明代花了二百年，分段建成六千公里的磚石製長城。即我們今日所見的長城。

5　從現在遺跡來看，全牆在俄羅斯國 Dagestan 省境內，另一端是西面的 Daryal 城，可能是 Taberistan 堡壘，應為 Tabarsaran 堡壘所在地。Ebn Haukal 的《The Oriental Geography》，稱 Derbent 附近的裏海海面為 Taberistan 海，可能很多地方都稱為 Taberistan（山嶽地），不一定是伊朗沿裏海岸東極的 Taberistan 省。

6　此處 Mayotis 海是指黑海。

7　在黑海南岸的土耳其，今 Trebzon。絲路要港。當年它的沿海領域很廣，長條形的，一直延伸到黑海北岸。

國、拜占庭、亞美尼亞以及阿蘭。

Sharwan 國

當 Anushirwan（「不朽靈魂」）建完這個叫 Bab el-Abwab 的城市，以及那道立在土地、水裡及山上的牆，他移民充實地面，又任命國王們，規定他們的級別、轄區及疆界，就像 Ardeshir Ben Babek[8]任命呼羅珊諸王及他們的級別。其中的一個王，邊靠穆斯林國，接近 Bardaah 省，Anushirwan 定下他的級別，他叫 Sharwan[9]，他的國家也叫 Sharwan。他的正式名稱是 Sharwan Shah，並且每一個有此領域的王都叫 Sharwan Shah。因為他占領了好幾個 Anushirwan 沒有劃歸他的領地的省份，他的領地在回曆 332 年，周圍有一月程，包括新占領的土地[10]。現在（就是我們剛剛提到的日期）的國王是叫 Mohammed

---

8 伊朗的薩珊王朝的太祖，出生於拜火教家庭，西元180–242。相當於中國的三國時代，推翻了安息帝國，恢復了亞歷山大大帝毀滅的拜火教崇拜及進一步實行中央集權。其間推行墜道式的崁兒井以灌溉。又以提倡伊朗詩歌聞名於世。中國唐代初年，西元651年，薩珊王朝亡於伊斯蘭教的阿拉伯人。

9 《多桑蒙古史》作 Schirvan，馮譯「設理汪」。它在 Derbent 城附近。

10 參考中國歷史。周武王滅商，在商地，五等授爵封建，希望諸國能帶礪山河，永保王室。幾代以後，親情喪失，友誼不再，只剩下赤裸裸的爭權奪利，帶來五百年的內戰——春秋戰國時期。漢興，大封子弟，漢景帝時，撕破臉皮，有七國之亂。晉立國，不想長治久安，只圖一家一姓，於是大封宗親，引發八王之亂，中原沉淪二百年。明朝，朱元璋大封子弟，引發靖難之變，三年內戰，以燕王得勝告終。古今中外，分封子弟親友者，都失敗了。

Ben Yezid的穆斯林，他是Behram Gur[11]的子孫。他也管理
Mukanians的國家。Kiz國國王也是Sharwan的部屬。這個山地
國的人口數不清。一些人是異教徒，不承認Sharwan是他們的
主君；他們是原始Dudanian（一種伊朗教派），不承認國王。
他們婚姻與出行的習俗很奇怪。

　　由於高山峻嶺，阻絕交通，又有沼澤叢林，頂峰流水，激
湍直下，各處有巨石巉岩，因此位於山谷與通道的國家，經常
互不聯絡。

　　這個叫Sharwan的人，征服了許多以前Anushirwan及其
他人劃定疆界的山區國家。他們現在都接受Mohammed Ben
Yesid的權杖；他們之中有呼羅珊shah及Rawan shah。我們將
述明他如何在Sharwan國，當上國王。他與他的父親僅只領有
Layidan。Sharwan的國王是Taberistan[12]國王的鄰居，在現代，
Taberistan[13]王是一個叫Ibn Okht 'Abdul Melik的穆斯林，以前他
是Bab el-Abwab的酋長。

Haidan國與可薩國

　　下一個最靠近Bab el-Abwab的國家是Haidan，那是可薩眾
國之一。從Haidan再下去是可薩國[14]。它的大城市是Semender[15]，

11　薩珊王朝第十五王，西元420–438年。伊朗賢王，狩獵陷入流沙而亡。
12　應為Tabarsaran。
13　應為Tabarsaran。
14　唐代的《經行記》有可薩國之名。
15　即Samandar。英譯者或言是今Tarku，十世紀被俄羅斯人摧毀。

它距離Bab el-Abwab八日程[16]。這個城市有許多可薩居民，但是它不是可薩國的首都[17]，因為在伊斯蘭教初興之時，Solaiman Ben Rabiah el-Bahili攻占此城[18]，可薩王遷徙王宮到Itil[19]，那兒距離Semender七日程。從那時起，可薩王住在阿得。

　　那個城（Itil）被一條發源於突厥國高原區的大河，中分為三部分。大河在Targhiz國[20]附近，注入Mayotis海[21]。這個城有兩部分，大河中央有一島，王宮就在島的一端，有船橋連接城的一岸[22]。城中住了許多穆斯林、基督徒、猶太教徒及本地教徒。在阿拔斯Rashid朝，國王與他的隨從信了猶太教的教義。穆斯林國的猶太人及拜占庭的猶太人，雲集於此。因為當時（拜占庭的）皇帝強迫猶太人改宗基督教，並且獎賞改宗人。

16　可以因此算出它的位置。

17　它在720-750年是首都。

18　當時的伊斯蘭軍攻占大部分的亞塞拜然、阿美尼亞、格魯吉亞三國。與可薩國交錯。

19　古譯為阿得，在伏爾加河上，750-965或969是可薩國的首都。在今俄羅斯國的Astrakhan附近。可薩國向西延伸，有克里米亞（或稱可薩米亞）及基輔，向北延伸，是（伏爾加河流域的）保加利亞，它是一個大國，存在四百多年，宣導東西貿易，它與裏海及其南的伊朗，連成南北直線，阻擋中亞向歐洲移動的遊牧民族。後為俄羅斯所滅，再後為金帳汗國的一部分。莫斯科大公滅金帳汗國，以後稱喀山汗國，1552年，為沙俄帝伊凡四世併入俄羅斯。

20　保加利亞。蒙古西征時，已無可薩國，可薩國土地由欽察人（Kipchack）居住。蒙古軍先攻擊伏爾加流域的保加利亞人。現在的黑海岸的保加利亞是他們的另一部。

21　大河是伏爾加河，注入Mayotis海的是頓河，不是伏爾加河。

22　據Ebn Haukal的《The Oriental Geography》，則關於此城的介紹與此不同，據說此城在河西，王宮與河有段距離。城有四門，一門面向大河，一門面向伊朗。

現在（回曆332）的皇帝是Armanus（即Romanus II）。在本書的另外一章裡，我們將討論拜占庭皇帝；有多少皇帝；我們要討論Romanus及他的同事的歷史。在這種情況下，許多猶太人從拜占庭帝國逃到可薩國。我們不能在這本書裡插入這些事情，可薩國王改宗猶太教的歷史，請看我們以前的作品。

俄羅斯習俗

　　居民中信仰原始宗教的有斯拉夫人（Sclavonian），還有俄羅斯人（Rus）。他們住在這個城的一邊。他們焚化死人，把他的牛、鍋碗、武器與飾品一起燒化。當男人死了，他的妻子也一起火化[23]。但是，如果妻子死了，她的丈夫不一起燒。如果單身男人死了，死後還要結婚。女人很喜歡被燒，因為一個女人自己進不了天堂。印度人也有這個習慣，就像我們說過的。但是印度人從來不把女人跟丈夫一起燒，除非她自己希望如此。

穆斯林士兵

　　這個國家的主要居民是穆斯林；國王的常備軍也是由穆斯林組成，他們來自呼羅珊，號稱Larisian[24]；他們的國家在伊斯蘭教開始傳教之時，遇到旱災與瘟疫，他們移民到呼羅珊，然

23　在Ibn Fadlan的《伏爾加河的使命》（有James E. Montgomery的英譯本）有詳細而略有不同的描寫。

24　或稱Arsiyya，這是一個信仰伊斯蘭教、當時已經滅亡的古國，在花剌子模附近。據本書第九章，他們很可能是塞爾柱人。

後到此當兵。他們是勇敢、優秀的士兵，在戰爭中，是可薩國軍隊的主力。他們定下了幾條他們為可薩國效力的規矩；規矩之一是他們可以公開信仰伊斯蘭教；建築清真寺，呼叫崇拜；丞相是他們民族的和同一信仰的人；現任丞相是他們的族人，名叫Ahmed Ben Kuwaih。另外一個規矩是，如果國王要與穆斯林國家作戰，他們可以在軍營中，自成一隊（保持中立），不參加對同一信仰的國家的作戰；但是如果對別的國家作戰，他們會效命疆場。如今，在國王軍隊中，他們有七千騎士，持有弓箭，身穿胸背護甲，頭盔及鎖子甲；他也有長矛兵。裝備方面，他們大同於穆斯林國家的士兵。他們的最高法官，不論是管宗教或民事，都是穆斯林。

法官

按照可薩國的大法，國家有九個最高法官，有兩個判穆斯林的案子，兩個按照《摩西五經》判可薩人的案子，兩個按照《新約聖經》判基督徒的案子，一個判斯拉夫、俄羅斯以及其他相信本地神靈的人的案子。最後一個法官按照Heath法則，這就是說，按照理性法則（而不是用經書的天啟法則）。如果有一個重要案子出現，那他就把案子交出來，由穆斯林法官按《古蘭經》裁決。[25]

25　用經書判案是政教合一的制度，如此，則法律是教條，是天經，永不改變。這種主張，並非一般宗教的，有相當危險。又，Masudi說有九個法官，但只列出七個法官。據Ebn Haukal的《*The Oriental Geography*》的報導，也是如此有九個法官。

在這一帶，只有可薩國王付軍餉。每一個穆斯林都被稱為Larisian（即使他不是那國人），甚至於軍中或者服務王家的斯拉夫人或俄羅斯人也被如此稱呼，雖然他們是信仰本地神靈的民族[26]，像我們以前說的。國內有許多非Larisian的穆斯林；他們是被此地政府的公平與安全（關於財產）所吸引的手工業者，貿易者，與商人。他們有公共的大清真寺及比王宮更高的寺旁叫拜塔；他們還有幾所私用清真寺，教授兒童讀《古蘭經》。如果穆斯林與基督徒都同意一件事，那麼國王不能否決。

可汗

Masudi曰：我們所說的，不是國王，而是可汗[27]。在可薩國，除了可汗外，有一個國王。他住在王宮裡不見人；他從不在公共場合露面；他不接見貴族也不見平民；他從不出宮。他的個人是神聖的；但是他與國務無關，既不贊成也不反對。每一件事都由可汗替國王處理，他與國王住在同一個王宮裡。如果旱災或別的大亂發生在可薩國，或者戰爭或者別的不幸發生了，平民階層與貴族階層跑去見國王，說：「可薩國的政府帶來不幸，殺了他吧（可汗），或者把他交給我們，讓我們處決他。」有時候，國王把可汗交出來，由他們處死，有時候，

26　即非穆斯林。

27　後世研究，參考Ibn Fadlan的《伏爾加河的使命》，Masudi說的大致不錯，只是兩名詞要改一改，可汗要改成伯克（Bek），國王要改成可汗。兩者的關係，相當於日本的幕府大將軍與天皇。

國王自己執行處死可汗的事，有時候，他可憐可汗，保護他，放他活命，雖然他可能理應一死。我不知道這個規矩是古已有之，還是現代新規。可汗是由大貴族在貴族中選舉，但是我以為目前的朝代的可汗族由來已久了。

狐裘

可薩人有船航行在通過 Itil 的大河（伏爾加河）及在 Itil 以上的一條支流裡。這條支流叫 Bortas，河岸上，居住突厥種人，地屬可薩國。這一帶富有農產，在可薩國與保加利亞國之間。河流從保加利亞國而來，兩國之間有頻繁的航運。Bortas 是原來住在這裡的突厥國名，就像我們所說的，他們給了這條河名。這個地方出產黑、紅狐裘，它們叫 Bortasian 狐裘，一套黑狐裘值一千第納爾或更多，紅狐裘便宜些。阿拉伯或野蠻國的國王穿著這種衣服；並且修飾得體；一般認為它們比貂鼠或鼬鼠皮之類更值錢。國王頭戴寶石頭飾，身著狐裘長衫與長袍。如果國王身著狐裘鑲邊的長衫與長袍，那是可以諒解的（雖然不合上天的法律）。

俄羅斯海

在可薩河（伏爾加河）的上流，有一條臂膀分出（頓河）[28] 流入黑海的一個狹海灣，那是俄羅斯海。沒有其他國民在這個海面航行。他們是一個大國，在這個海岸線生活，他們沒有國

28　地理錯誤，頓河不是伏爾加河的支流。

王，也不承認天啟的（穆斯林的）規矩。他們之間，很多是商人，在保加利亞國從事貿易。俄羅斯人有大銀礦，可以與呼羅珊的Lahjir山的銀礦相比。

保加利亞

保加利亞的首都在Mayotis海岸上[29]。我認為這個國家是在第七氣候區。保加利亞源出突厥[30]。他們的商隊一直走到呼羅珊的花剌子模，從花剌子模，商隊也一直走回到他們的地方。但是路上在兩國之間，有幾個與他們不同的突厥的遊牧的部落，使這條路線不十分安全。

保加利亞西征

保加利亞的現任國王（回曆332）是穆斯林。他在el-Moktader Billah朝，回曆310年，受上天啟示回歸正教[31]。他的兒子到麥加朝聖，去了巴格達。Moktader送給他一個大的及幾個小的模型，還有一些金錢禮物。他們建築了一個大清真寺。國王動用了五萬騎兵，對君士坦丁堡[32]發動聖戰。這個侵略性

---

29 【英譯者註解】應該在內陸的伏爾加河上。參考Ibn Fadlan的《伏爾加河的使命》。【中譯者註解】蒙古拔都西征時，首先攻擊的保加利亞的首都，不裡阿耳（Boulgar），是在伏爾加河流域。

30 這時候，突厥是蠻族的意思，不是人種學的分類。

31 這一段歷史，可參考Ibn Fadlan的《伏爾加河的使命》，可知保加利亞國王是低於可薩國王，曾經獻女。他改信伊斯蘭教，是為了與阿拔斯帝國聯盟，對抗可薩國。

32 東羅馬帝國，當時他們與馬箚兒人，即匈牙利人同行。

戰爭，一直打到羅馬域、西班牙、Borjan國[33]、加利西亞[34]、法國，從君士坦丁堡出發的行程兩個月；沿途所見，有開墾的土地，也有未開的荒地[35]。另一路，在回曆312年，從敘利亞的邊界城Tausus[36]出發，穆斯林在前線長官及內閣官員Thaml（宦官），又名Ed-Daksi（邊區司令），所率領的穆斯林及基督徒舟師協助下，進向Jarkendiyah[37]。他們進到一個不通外海的地中海灣區（亞德里亞海），他們到了Jarkendiyah地區。在陸上，他們遇到了好多幫助他們的保加利亞人；保加利亞人說他們的國王就在不遠處。這就證明我們所說的，保加利亞遠征軍去了地中海。有些保加利亞人與穆斯林一起，乘著Tarsus的船，去了Tarsus。

　　保加利亞是一個偉大又強壯的國家，他們很勇敢，征服了他們的鄰國。他們的國王有很多騎士，每一個穆斯林騎士可以對抗三個別國的騎士以及二百個異教徒。君士坦丁堡的居民擋不住他們，除非用城牆。周圍的地區只有同一對策；只有用城堡或城牆保護自己。

33　英譯者以為可能是諾曼地。

34　西班牙的一部分。

35　這是從歐洲的東極一直打到西極的西征，由保加利亞人聯合匈牙利人同行。西元1235年拔都的西征，是從亞洲的西部打到歐洲的中部，快到維也納郊外。

36　現屬於土耳其。

37　威尼斯。

夜短

在保加利亞，全年的夜晚特別短[38]；有人相信保加利亞人晚上煮肉，還沒開鍋，天就亮了[39]。在我們以前的書籍裡，我們說明這個現象的原因，是地球是圓球體；我們也說明，在有些地方，是連續六個月黑夜，同時，那有六個月只有白天，沒有黑夜。這是在太陽在摩羯座[40]。建立天文圖表的作者們[41]，也用地球是圓球體來解釋這個現象。

俄羅斯海盜

俄羅斯人有好幾個民族，好幾個部落；其中有一個叫立陶宛人。他們從事貿易的商業，遠至西班牙、羅馬、君士坦丁堡以及可薩國。回曆300年以後，他們有500艘船，每船上有100水手。他們從流入黑海的頓河，溯流而上，又從頓河駛入伏爾加河[42]。可薩王在流域這邊駐軍防守，配備了足夠的武裝，防止敵對勢力通過，或者占領伏爾加河通向黑海的通道。遊牧的突

38　夏季夜短，冬季夜長，不可能全年夜短。查看下文，作者不可能犯這個低級錯誤。非常可能是抄書人的錯。

39　假定發生在夏至日，假定開鍋的時間，便可以算出當時的保加利亞與北極圈的距離。

40　也叫公羊座。注意，用太陽在星座的位置，即地球在地球軌道的位置，來決定氣象，這是陽曆。中國曆法用二十四節氣，也是用太陽在星座的位置決定的，道理也相同。所以中國曆法的月份是陰曆，二十四氣節是陽曆，合併二者是陰陽合曆。所有非純的陰曆都可能是某種陰陽合曆。

41　指科學家們。

42　在本書第十四章，Masudi似乎相信俄羅斯人是陸上行舟，即把船抬過陸地，但是兩河之間，也可能有運河相連。

厥人，即古茲人（Ghozz）[43]，經常想在這裡過冬。有時候，連結頓河與伏爾加河的水道結冰，雖然那是一條大水，古茲人騎馬過水，而冰不破。如果守衛軍隊擋不住，可薩國王率軍親自出征，守住水道，保護國家。在夏天，突厥人不能渡水。

當俄羅斯人的船隻，遇到流域入口處的守衛隊，他們送信給國王，請求准許他們通過可薩國，到裏海（包括Jorjan海，Taberistan海，及各野蠻國的海）去搶劫沿海諸國，所得由可薩國取一半。國王同意。他們進入流域，由頓河上行，一直走到伏爾加河，順河而下，經過Itil（得水城），從伏爾加河的出口，進入裏海。這條河既大又深。就是這樣的，俄羅斯人進入裏海，肆虐於el-Jil、ed-Dailem，Taberistan，Aboskum[44]，及Naphtha郡（Shirwan國），朝亞塞拜然進軍，攻擊亞塞拜然的Ardobil，那距海有三日程。他們殺人，搶奪財物，擄掠兒童。他們四面派出搶劫及放火的部隊。沿岸居民人心大亂，他們從來沒想到海裡有這麼多海盜；海裡從來都是漁民與和平的商人。只有el-Jil、Ed-Dailem及Ibn Abi-s-Saj的軍隊與他們作戰，沒有別人了。俄羅斯人在Naphtha郡登岸，那又叫Babikah（巴庫），屬於Sharwan Shah的王國。俄羅斯人離開時，在附近幾哩的幾個小島上岸。當時Sharwan國王是'Ali Ben el-Haithem。當商人們乘船與艇到小島上，從事貿易，俄羅斯人攻擊他們，

---

43 古茲人是不是烏古斯人？有的書上，以為二者相同，這個問題，涉及烏古斯人是回鶻人還是突厥人的問題，即維吾爾人是不是突厥人的問題。我以為兩者不同。

44 以上在伊朗。

幾千個穆斯林死亡，有被刀殺的，有被水淹的[45]。就像我們說的，俄羅斯人停在海裡幾個月。岸上國家無法把俄羅斯人趕走，雖然他們做了戰爭準備，加強防禦，但是沿岸的人民是太文明了。當俄羅斯人搶劫夠了財物，捉足了俘虜，他們航行到伏爾加河口，按照約定，把錢和財物交給可薩國王。可薩國王沒有在海裡的船隻，也沒有水手，否則可薩對穆斯林是個大威脅。Larisians及國內的別的穆斯林，聽到俄羅斯人的暴行，對國王說：「俄羅斯人侵入了穆斯林兄弟國，他們殺了人，又擄略婦女兒童。那些人敵不住他們，讓我們跟他們一戰。」國王壓不住他們，只得派人通知俄羅斯人，穆斯林要跟他們一戰。穆斯林出軍，沿著河岸趕來。兩軍相遇，俄羅斯人棄船登陸，對穆斯林形成戰鬥隊形，穆斯林軍中，有很多Itil的基督徒。穆斯林軍有一萬五千人，有足夠的戰馬及裝備。他們打了三天，上帝保佑穆斯林得勝。他們用刀斬殺俄羅斯人，其餘淹死在水裡，只有五千人乘船沿河逃向Bortas，然後棄船上陸，剛逃得性命，又遇上Bortas的居民，被殺死不少，餘下的逃到保加利亞地面，又有不少死在穆斯林劍下。在伏爾加河岸有三萬具俄羅斯人屍體。俄羅斯人從此不敢再來。[46]

---

45 此事可疑，為什麼會有幾千個商人們，去小島貿易？更可能是幾千個士兵，乘商人船，去追擊海盜。

46 這是西元913年，俄羅斯人侵入伊朗的裏海沿岸的東端Taberistan，及伊朗裏海沿岸的中部及西部的Gilan，Mazanfazan。轉向高加索，沿途燒殺。後為可薩人殲滅。西元943再次出兵，退回。後來，西元965年，俄羅斯人在基輔小王Svialoslav率領下，與拜占庭帝國合兵消滅了可薩國，建立俄羅斯人在裏海的霸權。據《多桑蒙古史》記載，中亞的遊牧民族開始西

裏海是孤立的

　　Masudi曰：我們用以上的事實來證明我們的論點，黑海與裏海是分開的，反對那些認為裏海與Mayotis海相通，及經過Mayotis海與黑海，與君士坦丁堡海峽相通；因為如果是這樣的話，黑海的霸主俄羅斯人會從黑海直接到裏海。除此之外，住在裏海附近的各國商人毫無異議地說，蠻子海（裏海）無海峽連通任何別的海。這個海不小，我們知道它的全域。俄羅斯人的船隻的故事，是住在這一帶的民族，人盡皆知的。我記不得事件發生的切確日期，但是它發生在回曆300以後[47]。那些堅持裏海連通君士坦丁堡海峽的人，莫非認為在裏海、Mayotis

---

遷。當地由欽察人（Kipchak）居住二百年，伊斯蘭教的遜尼派傳入。十二世紀成吉思汗破滅花剌子模後，者別、速不台二將率軍追逐花剌子模王摩訶末，先殘破伊朗北部諸城，然後通過高加索地區，降Tbilis大城，殘破各地，與成吉思汗合兵東歸。以後十三世紀時，拔都西征，蒙古軍先滅保加利亞，後來成立金帳汗國或欽察汗國。其主要地區即可薩國、保加利亞、基輔及莫斯科地區，而以伏爾加河上之薩萊（Sarai）為重鎮。兩百年後，金帳汗國分崩，重新恢復的可薩汗國，中文稱喀山汗國，一百年後，1552年，為沙俄伊凡帝率軍所滅。喀山貴族還是貴族。沙俄開始向這一帶移民，黑海岸邊、頓河沿岸及裏海西北岸遍布哥薩克人。有兩百年時間，沙俄安靜地消化可薩國及北部高加索地區各國，並進向太平洋。在1684年與清朝的康熙帝訂立《尼布楚條約》，終於橫貫西伯利亞到了太平洋。到1800年，沙俄開始向剩下的三大國動手，當時，東面的亞塞拜然，西面的格魯吉亞的東部有眾小國，附屬於伊朗，南部的亞美尼亞及西面的格魯吉亞的西部有眾小國，附屬於土耳其。經過幾次戰爭，在西元1864年，沙俄合併這三國，史達林即格魯吉亞人，蘇聯繼承這帶地區。1989年，蘇聯解體，這三國恢復獨立。新成立的俄羅斯國還保留北部高加索及古可薩國及古伏爾加河的保加利亞，如何發展，只有後人才知道。

47　發生於西元913，回曆301。

海、黑海的地底下，只有上帝才懂啊！

火山

　　Taberistan 的海岸線延伸到 Samer 城，那是海港，距離 Itil 是一天的一小時[48]。在 Jorjan 海岸線上，是 Aboskun 城，距離 Jorjan 城是三日程。在這個海上，有 Jil 及 Dailem 城。從上面所說的城市到 Itil 有經常的航船。他們從伏爾加河一直走到 Itil；他們也掛帆到巴庫，那出產白色及別種石腦油[49]。整個地球上，只有那兒出產白色的石腦油。巴庫在 Sharwan 國的南方。產石腦油的地區，有一個火山口（煙囪），從那裡噴火不停，有時火焰高高射出。對著海岸線，有幾個小島，最遠的小島有三日程，島上有個大火山，一年四季，常常噴火。噴出火來，有如高山，光照大海，百日程之內可見。這個火山可以與西西里島的 Borkan[50] 相比，那是在法國與 Afrikiyah[51] 之間。地球上沒有一個火山，不論聲音，黑煙，豐富的火焰，可比得上印尼大王國中的火山。其次的火山是在葉門及甕蠻的 Shihr 地區的 Barahut 火山[52]。火山聲如雷鳴、數里可聞，它從深處噴出火紅的岩石，噴高如峰，數里外可見，然後石頭落下，半入火山口，半落四周。噴出的火紅岩石，是石頭吸收了熱粒子而變紅。我們在

48　此話難解，可能是抄書人筆誤。
49　醫藥用輕油，也用於海戰。
50　即埃特納火山。
51　即羅馬帝國的非洲省，今突尼西亞。
52　即 Bir Borhut 火山，西元 905 年最後爆發，現為死火山。

《時間的歷史》書裡，解釋了火山的成因。

海東青

在正對Jorjan海岸線的海島，出產白色的海東青（white falcans）[53]。這些海東青很快就失去野性，我們不必擔心牠們野性難馴。在島上捕獲牠們的獵人們，餵牠們吃魚，使牠們弱化；如果餵牠們吃別的食物，牠們的身體就壞了。不論波斯、突厥、拜占庭、印度以及阿拉伯的養猛禽人，其中最高明的人都說，白色的海東青是最快的，也是最漂亮的；牠們形狀最好，胸部最好；牠們最容易馴化，是高飛的海東青中最強壯的；牠們一口長氣，飛得最遠，牠們輕捷又精神十足，牠們又比別的海東青更有衝勁。顏色之不同在於氣候之不同。因此，牠們在多雪的地方如阿美尼亞、可薩國、Jorjan以及附近的突厥國，是白色的。

高空昆蟲

眾突厥國王聽命於可汗國。可汗國的一個聖人說：「我們國家的海東青從巢裡帶出小鳥，牠們高飛到寒冷及稠密的上空，那兒有蟲子可以餵小鳥；很快地，小鳥長得強壯了，雙翼

---

53 海東青出產於亞洲、歐洲及北美洲的北部，用為狩獵的猛禽。唐代已經用海東青了，李白有詩〈高句驪〉：「金花折風帽，白馬小遲回。翩翩舞廣袖，似鳥海東來。」明代李時珍的《本草綱目》說：「鶻出遼東，最俊者謂之海東青。」可知鶻是隼（falcan）的一種。最重六公斤。海東青又稱矛隼。滿清人喜養海東青。純黑為絕品，純白為上品。

更靈活了，自己可以高飛找食物了。有時候，蟲子的殘餘可以在鳥巢裡找到。」[54]按照Galen[55]的分類，空氣是溫暖及濕潤的，它所以寒冷，是由於地上颳起了寒氣[56]。空氣中有生物。羅馬自然學者普林尼說：「（四大元素的）土與水中有生物，那麼兩個上元素，氣與火中也有生物。」

　　我找到一個（哈里發）Rashid的趣事。有一天，他到Mausil狩獵，手握白海東青。那隻鳥在他手中躁動不安。他就放飛牠。牠高飛到目力不及之處。他等得發急，然後他看到牠帶回一隻蟲子，既像蛇又像魚，有翅膀像魚鰭。Rashid要人把牠放在盤子裡帶回。當他狩獵運動完畢後，回去召見有學問的學者們，問他們知不知道空氣中的生物？其中Mokatil回答：「噢，信仰的統帥！您的祖先'Abdullah Ben el-Abbas[57]告訴我們，空間居住了不同形態的人類[58]。比那些人類更近的是白色的蟲子，在空中繁殖，被厚重的空氣抬起來。牠們長成蛇或魚的樣子，有翅膀無羽毛。這些蟲子被亞美尼亞的白海東青捕捉。」哈里發拿出放蟲子的盤子，重賞Mokatil。

高空生物

　　一些好的觀察家們在埃及與別的國家告訴我，他們看到空

54　根據科學家的調查，每月有三十億隻昆蟲，飛過五千尺──一萬兩千尺、你我的頭頂上空，其中99％是活的。
55　羅馬科學家，西元129-210。醫聖Hippocrates的學派。
56　現代科學家的觀點與此不同。
57　西元619–687，穆罕默德的親族，《古蘭經》學者。
58　近代學者也推論有外太空人。

中有白蛇以驚人的速度移動，幾乎快如閃電[59]；有時牠們掉下來，壓死動物；有時夜晚，我們可以聽到飛行的聲音；牠們在空中的動作，發出把新衣服打開的聲音。對這方面沒有知識的人，或者愚婦們（迷信與愚昧），常常說，這是巫婦用羽毛翅膀飛翔的聲音。對這點有幾種不同的意見；這也證明了存在兩種（上）元素裡的生物，使人不懷疑在兩種輕元素，即氣與火中，有生物發生與生長，就像在另外兩種元素，即土與水中，有生物發生與生長。

海東青的頌詞

　　Masudi曰：聖人與國王描述海東青，誇大了牠們的美德。可汗，即突厥人的國王，說：「海東青是勇敢的、好樣的。」Kisra Anusharwan用下面的話來讚美這種鳥：「牠是積極的、專注的，只要能夠，牠抓住每一個機會。」凱撒大帝說：「海東青像一個高貴的國王，牠需要的就拿，不適當的就放。」哲學家們這樣說海東青：「你可以希望，海東青快速地追趕牠的獵物，強力地攻擊牠的獵物。高高飛起，如果牠有長腿寬胸；這是強壯的表徵，牠是輕捷的。」在猛禽中，你會注意到，牠的力量與胸膛的寬度成正比。另外，牠們旋轉的速度與牠們腳的長度及身體的緊緻度成正比；如果牠翅膀的長度縮小，牠的力道降低，身體變瘦；如果牠的翅膀變長，牠變弱，容易疲倦。狩獵的猛禽除了短腿的鳥以外，不會追別的，你可以發現

59　想像的生物。

鳥類如鷸（woodcock）、鵪鶉、鷓鴣的力量都是與腿的長度成反比的。

　　Arsijanis說海東青是一種猛禽，可是自然界沒有給牠任何優待；牠的力量在於身體是流線型的（後半身及長）腿，既使牠有鳥中最弱的身體，牠卻勇氣出眾，因為牠有一種熱情，鳥中罕見。我們發現牠的胸部有溫潤的肉，而不是鼓起的肌。Galen印證了Arsijanis的話。Arsijanis又說海東青用棘荊築巢，那是牠逐步採集的，用以防止冷與熱。當牠在生育期，牠把鳥巢加上屋頂，可避雨雪，那牠就可以舒服避寒。

猛禽狩獵之始

　　Ashamed Ben Mohriz說，第一個用猛禽狩獵的是el-Harreh Ben Mo'awiyah Ben Thaur，他是Kindah的父親[60]。有一天，他去打獵運動，設下了一些圈套，捕捉麻雀。一隻隼鷹去吃被套住的麻雀，結果自己也被套住，還折了翅膀。國王很驚奇看到牠折了翅膀還能吃麻雀，把牠關在一個大籠子裡。他看牠安靜地待著，也不躦頭覓縫想逃。如果餵牠就吃，如果看到肉，牠就跳到主人的手上吃；牠很溫馴，叫牠做什麼，就做什麼；牠從人手上吃，沒鎖住，帶牠去哪都行。有一天，牠看到鴿子，便

60　這是我的老學生Hajja博士教授（數學家）替我向I. Hammoudeh博士詢問所知，el-Harreh是西元四世紀人，部落Kindah的先祖，是一代名人。兩河流域的亞述人已有猛禽狩獵的石刻，埃及金字塔也有猛禽雕刻，之後希臘、羅馬（在分裂成東、西羅馬之前）無聞。《史記》有「挾彈飛鷹」之語，當時用猛禽狩獵。均早於本書的紀錄。

從主人的手上，飛去捉住鴿子。國王下命令帶牠去狩獵。有一天，國王與牠同行，驚起了一隻兔子，海東青撲上捉住牠。從此，國王用牠打獵，殺死鳥類和兔子。從那之後，阿拉伯人養海東青的越來越多。

哲學家 Arsijanis 在他的書說一個關於獵鷹的故事。一天，一個叫 Nisban[61] 的拜占庭皇帝送給 el-Mahdi 一隻土產的獵鷹，這隻獵鷹從天上下撲水禽，擒住牠，又飛上天，再重複幾次。大王說：「這是一隻狩獵運動的鳥；牠下撲水禽時，表現了高超技術，這使牠適合狩獵運動，牠飛高的速度很快，表現了牠的敏捷。」他驚奇於牠的旋轉速度，他是第一個用獵鷹的人[62]。

獵鷹

Said Ben Ofair 根據 Hashin Ben Khadij 的話說：Amariyah 的國王君士坦丁[63] 帶了一隻海東青去打獵，他一直走到黑海連絡地中海的海峽，他走過它，到了海峽與地中海之間的平原。他看到一隻獵鷹捕捉一隻水禽，他很欣賞牠捕獲獵物的速度、力道及勇氣。他下令捕獲及馴養牠。他是首先用獵鷹的人。他發現那裡牧場廣大，長滿了各色野花，他說，海、河（海峽）之間是一塊強固之地，可以建築一座城市。他在這兒建築了君士坦丁堡[64]，我們以後要在拜占庭的歷史的章節裡，談 Helena 的兒

61　按照年份計，只可能是 Leo IV（775–780）或 Constantine VI（780–797）。

62　此言不確，見前註。

63　其實是羅馬皇帝。

64　這種說法是錯的。在 5000 年前，就可能有人居住這裡。在西元前七世紀，

子君士坦丁的故事，他使基督教勝利。以上只不過是一種說法
而已。

　　Ibn Ofair用Abu Yezid el-Fehri的話說西班牙國王Lodriks[65]
的習慣，是出軍或出儀仗隊，都有蒼鷹在隊伍上盤旋。這些鳥
兒都訓練成飛得時高時低，一直飛到他休息了，那牠們就圍著
他。有一天，一個國王出發，蒼鷹們跟著他飛。其中一隻蒼鷹
追蹤、捕獲了幾隻飛起的鳥。這樣國王開始使用牠們打獵，他
是西非與西班牙首先用獵鷹的人。

希臘國王拜占斯（Byzas）在德耳菲（Delphi）神諭宣示所的指示下，在此
建築城市。希臘國王拜占斯用自己的名字稱呼為拜占庭（Byzantium）。傳
說中特洛伊之戰的遺民在羅馬建立新城，往後經過七王時代，走向共和時
代，在亞歷山大大帝死後，羅馬與迦太基爭霸西地中海。羅馬兵團揚名世
界。一個羅馬軍團大約有一萬一千士兵，半數是公民的正規兵，半數是輔
助兵，規模相當於現代的師，羅馬大約有25個軍團的國防軍。經過百年的
三次布匿戰爭，羅馬取得勝利，　迦太基，改為非洲省。後來，凱撒踏
平高盧，渡英倫海峽，後來凱撒任終身執政。西元前44年，他被謀害後，
他的養子　古斯都（Augustus）推翻共和，奪得帝位，他也被追尊為大
帝。他的重要貢獻之一是頒布「儒略曆」。他的養子稱帝後，把他自己的
名字擠入曆法，稱為八月（August），當然不能忘了養父，所以七月就叫
「July」。原來的七月、八月、九月、十月，改稱九月（September）、十
月（October）、十一月（November）與十二月（December）。到西元一世
紀時，拜占庭成了羅馬帝國的一部分。羅馬帝國成了世界上最大的帝國。
到西元330年，羅馬附近，烽煙四起，極不安定，曾幾度遷都。君士坦丁
大帝修整拜占庭並遷都於此地，改名君士坦丁堡。到西元395年，東、西
羅馬帝國正式分立。不到一百年，西元476年，德國國王逼西羅馬皇帝退
位，西羅馬滅亡。東羅馬帝國又延續了千年以上。習慣上，人稱東羅馬帝
國為拜占庭帝國。

65　另作Ruderic。

鷙鷹與巨鷹

Masudi曰：按照許多懂得這件事的人的說法，西非的人是首先用鷙鷹打獵的人。當拜占庭人（羅馬人）看到牠們如此精壯，又排出這麼多糞便，他們的聰明人說，沒有鳥比牠們更調皮搗蛋的。據說，皇帝贈送一隻鷙鷹給Kisra（伊朗國王），並且寫通道，在狩獵運動中，牠比海東青更有效。Kisra要牠對陣一隻野公鹿，雖然野公鹿不斷抵抗，鷙鷹還是獲勝。Kisra高興地回來。他為了狩獵餓了牠，牠撲向一個男孩，殺了他[66]。Kisra說：「皇帝不出兵就弄死了我們的孩子。」Kisra回送皇帝一隻鷹，寫信告訴他，牠殺死過公鹿和類似的動物，但是不提鷙鷹殺死男孩的事。皇帝喜歡這隻像豺狼的老鷹；他一不留心，牠就把幾個小孩撕成碎片。皇帝說：「Kisra讓我們上當，他也上我們的當。雙方扯平。」

重論高加索

說到Jorjan海及附近的海島，我們超出了範圍，談起了各種猛禽；在關於拜占庭的章節裡，我們要總結海東青及各種猛禽。現在我們繼續談論Bab el-Abwab，及那道長牆附近諸國，以及高加索地區。

---

66 地中海小島上，有巨鷹經常捕捉羔羊。新聞報導，曾有巨鷹捉住遊客的小孩飛去。

Haidan

我們已經說過Haidan國的人民是Bab el-Abwab附近最差的。國王是穆斯林，並且是Kahlan的子孫[67]。在全國，只有他的孩子們及家族才是穆斯林。在回曆332年，國王叫Salman，我相信這是所有國王的名。在Haidan與Bab el-Abwab之間，有些阿拉伯種人的穆斯林，他們只說阿拉伯語。他們的村落在樹林、叢林、山谷以及大河旁。他們從征服了這個國家以後，就住在那裡。他們住在Haidan國的邊境，但是他們是獨立的；因為叢林與河流，他們不通外界。Haidan國到此國僅有三哩。Haidan國的居民有時候向他們求援。

Birzoban

在Haidan國朝向長牆，及高加索方向的邊境，有一個王叫Birzoban。他是一個穆斯林，他的國家叫el-Karaj。居民用棍棒。Birzoban是統治者國王的名銜。

Ghumik、Zarikeran與寶座王

次於Birzoban的是一個叫Ghumik的國家。他們是基督徒，沒有國王，只有酋長，他們對阿蘭人很友好。再下去，朝著長牆和山脈是Zarikeran國，國名「鎖子甲製造國」，多數國人從事鎖子甲製造業、馬鐙[68]、馬鞍、刀劍及其他鐵器的製

---

67 Kahlan是葉門的部落，後移民四方。
68 馬鐙的出現，改變了騎兵戰術，對世界歷史有重大的影響。現有三種說

作。他們信仰各種宗教，有些穆斯林，有些猶太教、基督徒。
他們的國家高低起伏，交通不便，不通鄰國及外界。他們之
外是 Filan Shah[69] 之國，他是一個基督徒，像我們說過的，他是
Behrain Gur[70] 的子孫。他外號「寶座王」[71]。當伊朗薩珊王朝的
最後一王 Yezdejerd[72] 失國逃亡時，他派遣一個 Behrain Gur 的子
孫，帶著國王寶座及宮廷寶物逃到這個國家，這些寶物一直為
他守護到他死，他自己去了呼羅珊，在那兒被殺[73]，時當哈里發
'Othman 朝[74]，在本書，我們說過這些事，請參考我們別的書。
他們在這個國家住下，他成了國王，他的後人繼承了寶座王的
王號到如今。國家的首都是 Khonukh。全國服從他的有一萬二
千村，只要他選擇，他可以把任何國民當奴隸。他的國家崎嶇
不平，因此很容易抵抗任何入侵，他常侵略可薩國的原野，因

法：（1）首先出現於中國，有實物為證，415年北燕墓葬。（2）一世紀由
薩爾馬提亞人（Sarmatia）發明。（3）二世紀由印度－伊朗人發明，有雕
刻表示可能做出馬鐙。

69　可能是阿瓦爾人，Avars，即「冒名柔然人」。

70　伊朗薩珊王朝的第15王，西元420–438。

71　英譯者言，羅馬學者普林尼提到Serri國，後轉成Serir，在阿拉伯文中，
其字的意義是寶座，因此望文生義，因此以下的故事是人造的、不真的。
Ebn Haukal的《The Oriental Geography》也有類似的故事，可能是一般傳
說。Serir距Derdent三日程。

72　即Yezdejerd III，西元632–651。

73　他在貞觀十二年（639）、十三年、二十二年，三次請求唐太宗出兵。唐太
宗以路遠拒絕。當然，當時，中國四邊不靖，無法相助。後來他在木鹿被
刺死。他的兒子俾路斯逃到唐朝，時在唐高宗，後由裴行儉帶兵送他（這
有疑點，可能是他的兒子泥捏師）到碎葉城，波斯王族去了阿富汗，又對
阿拉伯人作戰二十年，俾路斯的兒子泥捏師又逃到中國。

74　第三任哈里發，正統王朝，西元644–656。

為他們在平原，而他在山地。

阿蘭國

這個王國旁邊是阿蘭國[75]，國王叫 el-Kerkendaj，那也是歷代王號，就像 Filan Shah 是寶座王的王號。阿蘭國的首都是 Ma[76]，意為信守宗教。他有幾個漂亮的王宮，他偶爾住在首都的王宮。他與寶座王是親戚，他們互相與對方的姐妹為婚。在伊斯蘭教興起後，在阿拔斯朝，阿蘭王擁抱基督教，在那之前，他們信仰本土的原始宗教。回曆320（西元932）以後，他們恢復原始信仰，放棄基督教，驅逐拜占庭皇帝派來的主教和神父。

Isfendiar

在阿蘭國與高加索之間，有一個堡壘以及在大河上的一座橋樑。堡壘名叫阿蘭關之城。它是波斯第一王朝的一王 Isfendiar[77] 所築。他設立了一個防衛隊，以防阿蘭人進入高加索；因為只有一條路可到高加索，這條路必須經過這個堡壘防

75　東伊朗人，阿蘭如同伊朗，都是雅利安的變詞。中文最早見於《史記》，《後漢書》、《魏略》稱奄蔡或阿蘭。一部分跟隨匈奴，進入歐洲，參與民族大遷徙，經過義大利、法國、西班牙到北非，一部分留在高加索，就是本書提到的阿蘭國，後在1221年，為蒙古軍所滅。阿蘭人參加蒙古軍隊，到了中國，成為皇帝的親軍，漢人稱為「綠睛回回」。但是玉耳（Yule）的《契丹路程》稱阿蘭人信天主教。對照後文，有此可能。根據DNA檢驗，現代在格魯吉亞與俄羅斯的 Ossetian 是阿蘭人的後裔。

76　應為 Maghas。

77　波斯神話的一名英雄。

守的橋樑。它建築在一塊活動的大岩石上，一夫當關，萬夫莫開。而堡壘鎮住了橋樑。它在大岩石的中央，有一道清泉。它是地球上最有名的、也是故事最多的堡壘。波斯的詩人傳唱它，傳唱Isfendiar建築它的故事。

Isfendiar與東方國家的各民族打了很多次戰爭；他向突厥國進軍，毀滅了廣大的、有自然險阻的、不可能攻破的Safr城（銅城）；這件事在波斯人中流傳成經典。在我們的老書裡，我們記載了Isfendiar的獲勝的細節。那本書被Ibn el-Makoffa翻譯成阿拉伯文。當Moslemah Ben 'Abd el-Malik Ben Marwan[78]打到這一帶，他與這一帶人講和，留阿拉伯人防守堡壘，他們後世一直防守這個地方。有時候他們的給養來自Tiflis[79]城附近的平原，距此五日程。在這裡，一個人可以抵抗所有異教國王，它的明顯優勢使人覺得它是懸在半空的堡壘，在橋樑與山谷之上。

阿蘭國王率領三萬個勇敢又健壯的騎士。這些騎士使他超過了附近的諸國王。他的國家田園連綿不斷，如果一個公雞叫了，全國公雞都會響應。全國到處有居民與田園。

Karshak

次於阿蘭國的是Karshak[80]。這個國家從高加索延伸到地中

---

78 倭馬亞朝阿利發'Abd el-Malik之子，阿拉伯將軍。

79 今Tbilisi城，格魯吉亞Georgia的首都，前蘇聯的領袖史達林出生在附近。

80 國中人是Circassians索凱西亞人，高加索人的一種，現在不少散布在中東，與阿拉伯人混居。

海[81]。他們是一個偉大的國家，信仰拜火教。他們在我們提到的民族中，是最乾淨的，外表最亮麗的，不論男人或女人。他們的身裁絕佳，腰圍收縮，臀部美觀，風度翩翩。Karshak 女人的舉止令人讚賞。他們穿白色的、希臘織錦的、深紅色的以及別種布的衣服如塗金織錦。在他們的國家，用麻或別的原料，織出了各種布料；有一種叫Talli 布：它比絲更細，它比麻更強。一匹這種布值十第納爾，出口到附近穆斯林國家。Karshak附近的國家也出口這種布，但是最良品出自 Karshak。

阿蘭國比這個國強多了，不是靠著海邊建築的城堡對抗阿蘭人，他們不能維持國家的獨立。關於他們的海是那個海，這是有爭議的。有人說是地中海，有人說是黑海。我只要指出，這個國距離 Trebizond 不遠，他們與該市之間經常有航運與商業交換。

他們在阿蘭國前站不直的原因是，他們的力量不統一於一個國王。如果他們能團結，不僅阿蘭國不能、也沒有一個國家可以控制他們。在伊朗文中，Kashak 義為驕傲與自大，一個人有這兩種個性，叫Kashak[82]。

七地國與 Irem 部落

這個國家的下邊是七地國[83]，靠著海。他們有廣大的領土，是一個大而強的國家。我一點也不知道他們的宗教與政府。七

81　應該是黑海。
82　作者的意思是Kashak 國人都有這兩種個性。
83　在今羅馬尼亞、保加利亞一帶。英譯者言，德文相同，不如此書之古。

地國接連一個大國，那被一個流入地中海或Mayotis海的大河，與Kashak國隔開。在河上，住了許多Irem國的部落。他們是原始宗教的信徒，模樣古怪。有一個奇怪的關於迴遊魚類的故事，他們把魚肉從魚的一邊切掉，次年他們回來，魚長全了，他們又把魚的另一邊切下。這個故事傳遍了那兒的異教徒[84]。

世外之國

距此不遠，是另一個在四座高不可攀的大山之中的國家，裡面有百哩平原。在平原中心，有一個像用圓規在岩石上畫出的圓形。這個周長五十哩的圓形是在岩石上砍出的。這些石邊像堵二哩高的石牆。這些高牆使人進不去。晚上，你看到星星點點的篝火；白天，你看到村莊，田園，河流供給村莊、人畜用水；但是每個東西都顯得很小，因為你站得高。沒人知道那是什麼國，因為裡面的人爬不出來，而從外面爬到上面的人也爬不下去。[85]

猴子

在那海岸線四個大山的懸崖旁，另有一個環形；在它裡面，有森林及叢樹，住了一種猴子，身形挺直，圓臉；牠們非

84　據英譯者言，這是裏海沿岸割取鱘魚子，做魚子醬，然後把死魚投入海中，所引起的荒唐故事。所有漁獵民族為了保護野生資源，都禁獵懷孕母獸及幼獸。中國古代《孝經》有「不卵，不殺胎」的主張，現代國家普遍禁捕母獸、母魚、母蟹。現代中國也應禁止食用魚子醬及母蟹的野蠻習慣。

85　【英譯者註解】中亞有很多類似的故事。

常像人，除了遍體長毛。有時候，牠們被捕獲，表現了智慧及順從，除了不能說話外，說話可以表明自己，但是牠們聽得懂[86]。牠們可以用記號表達意思。有時候牠們被帶到國王的地方，被教導站在國王的旁邊，先嘗國王桌上的食物；因為猴子有一種本能，知道食物及飲料中有沒有下毒。一部分食物先給猴子嚐，牠先聞一下，如果牠吃了，國王再吃，如果牠不吃，便知道有毒了。中國與印度的君主有同樣的制度，在這本書裡，我們描述了中國派出到 Mahdi[87] 的使者；我們報告了，他們說的他們國王怎麼用猴子嚐食物。我們也提過，在葉門他們用猴子的故事，以及 Solaiman Ben Dawud[88] 與猴子定約，寫在一個鐵盤上；Mo'awiyah Ben AbiSofyan 的郡守所寫的關於猴子的公文；我們描述了那個脖子上有個鐵盤的大猴子。

各種猴子

世界上沒有這麼滑頭與搗蛋的猴子。猴子住在暖和的氣候區，如努比亞[89]，阿比西尼亞北部，尼羅河上流的河岸。那叫努比亞猴，牠們比較小，圓臉，身軀漆黑，就像努比亞黑人一樣。耍猴人就養牠們。牠們站在矛頭上耍弄。另外一種猴子住在北方、樹林裡或叢林裡，在斯拉夫國以及我們提過的國家，牠們盡量長得人模人樣。在 Zanij 海峽、中國海及大王海的岸

86　【英譯者註解】別本上說法相反，牠們聽不懂。

87　本是阿拉伯神話中世界末日的國王，以後用為王號。

88　即大衛之子索羅門王。

89　埃及南部與蘇丹北部。

上，也有猴子。大王領域是面對中國，在Ballahra國與中國之間。這些國家的猴子，既多又相貌不凡。那兒把猴子與蚺蛇送給Moktader[90]。牠們被用長鐵鍊鎖住，有的猴子有鬍子，有的猴子有髭鬚，有的年輕，有的年老。Oman的郡守Ahmed Ben Hilal又搭配一些海裡奇物。西瑞夫與甕蠻國的水手們，只要跟筒羅國及印尼海諸國做生意的，都很熟悉這種猴子；牠們也懂捕捉水底鱷魚的辦法。El-Jahit相信鱷魚只存在於尼羅河與身毒的彌蘭河。我們在本書前幾頁，談到這個問題，以及可以發現鱷魚的地方。在葉門的許多地方，有那麼多猴子，旅客過不去；譬如在el-Jenned與Zabid之間的Nakhlah山谷，現在那地方是由el-Harmali的郡守Ibrahim Ben Ziyad管理。那地方田園豐產，水源充沛，極多芭蕉樹。周圍有兩座大山，有兩群猴子。每群猴子有一個雄猴王，大而雄壯，眾猴子只聽牠的。母猴子一次生一打小猴子[91]，就像母豬一樣。母猴子自己照顧幾個，像個母親那樣照顧小孩，其餘歸公猴子管理。牠們經常成群結隊舉行派對與集會。這兒你會聽牠們嘰嘰喳喳地討論。只有母猴子在一起的時候，牠們也會鬧嗑牙。如果在山上，芭蕉樹下、別的樹下或夜間，人們只聽其聲不見其形時，不會懷疑牠們不是人。葉門的猴子是最野性、最滑頭，也是最容易馴養的。公猴和母猴的肩上有長的小黑毛環，黑到不能再黑。當牠們集會時，會按照品級，在猴王之下坐好，牠們學人行事。

90　第三十七任哈里發，阿拔斯朝，西元908–929。
91　其實一般只生一個。

葉門

在Marib的山谷、平原、山區有那麼多猴子，只可以用天上的浮雲來形容其多。其地處在Sana[92]與Kahlan堡壘之間。

Kahlan堡壘是葉門眾堡壘之一。葉門的國王As'ad Ben Ya'fur與他的宮廷，脫世離俗地住在這裡。他是Himyarite高貴家族碩果僅存者，他付給五萬人軍隊的軍餉，包括步兵與騎兵。他們每月定時得到軍餉，所謂支餉日。他們集合在這裡領餉，再回到各自的堡壘。

在葉門，這個王子（As'ad）對Karmatian[93]及黑人的領袖'Ali Ben el-Fadhl在回曆270（西元882）以後，作戰。'Ali控制了大部分葉門，直到他被殺；之後，葉門向As'ad投降。

Nisnas及Irbid

在葉門的好幾塊地方及地球上別的地方（我們不說明白）有猴子；在我們的書《時間的歷史》中，我們解釋牠們生活在地上的某些地方，在別的地方牠們躲起來不讓我們發現。在那本書裡，我們也提起在Yemamah的Hajr有nisnas[94]及蛇類（irbid）。按照某些辭典編纂家之言，奇事是當El-Motawakel就位，要Honain Ben Ishak送一些動物包括nisnas；只有兩隻

---

92 葉門的首都。

93 什葉派的一個支派，反對阿拔斯朝。

94 英譯者以為是猿類或Satyr。Satyr是希臘神話的半人半羊，不可能存在世間。已知猿類僅存於非洲及印尼，不大可能生存於阿拉伯。牠應該是一種猴子。

帶到Serrmenray給他；但是他沒有要蛇類，可能因為這個動物一旦裝在籠子裡，離開Yemamah一段距離，就活不成了。Yemamah人用牠防止毒蛇、蠍子以及其他毒物，就像Sijistan[95]人用海膽為此功能。自古以來，他們從來不殺海膽。那個城是亞歷山大所築於空曠的沙地，四周有沙丘，沙丘上有樹林與蘆葦，有許多毒蛇與幾種蛇。如果沒有海膽，居民會被牠們趕走。在上埃及以及別的地方，埃及人有類似情形。他們有一種叫iras的小動物，比蝗蟲大，比鼬鼠小，紅皮白肚；如果沒有這種爬蟲，埃及人會被一種叫basilisks的大蛇趕走；當大蛇把這個小爬蟲圈起來，噴出一口毒氣，碰到大蛇，大蛇就爆炸了（奇事）。這種毒氣只有牠有。由於熾熱的季節，東方的水陸有幾種奇異的動物與植物。同樣的事發生在西方、南方（Tayammon）、北方（Jari）。我們討論了世界四方的自然界，這偏離了本章的宗旨。

四個突厥國

我們要回頭去討論Bab el-Abwab附近的國家，長牆，高加索，可薩國，阿蘭國。在可薩國西界，有四個突厥國，源出於同一祖先。有些是城居之國，有些是行國。他們都勇敢，可以抵抗任何國家。每一個國家都有自己的王，各國有幾日行程大，他們互相接界。有的國家濱臨黑海。他們的搶劫軍一直走

95　即伊朗與巴基斯坦接界的印度洋岸的Sistan省，古時塞卡人居住，稱塞卡斯坦。

到羅馬，朝向西班牙。他們打敗了那兒所有的國家。可薩國國王與阿蘭的領主之間有友誼。他們是那四國的鄰居。那四國的第一國是Bajna。第二國是Bajkord，其次是Bajinak，是四者之中，最勇敢的。第四國是Nukerodah[96]。他們的國王有主權。回曆320以後（西元932以後）或者在當年，他們跟拜占庭開戰。拜占庭在四國的方向有一個希臘大城Walender，那兒有很多居民（守衛隊），一邊有海保衛，一邊有山防守。這些居民（守衛隊）防守地方，對抗四個突厥國的入侵。在山、海與大城保護下，突厥人無法侵入拜占庭帝國。這四個突厥國自己打得不可開交，因為一個Ardobil的穆斯林商人，得到一國的庇護，又被另一國弄傷。這樣鬧起來，各國不團結。

Walender 之戰

　　Walender的拜占庭人乘他們不和之機，出兵侵入，擄略兒童，搶劫財物。時當他們內戰，消息傳來，他們停戰，統一指揮於一個將領，互相免罪，血仇不計。在召集全軍十萬騎及步兵之前，先鋒六千騎士，攻打Walender城。時當回曆332年（西元944年），拜占庭帝國皇帝Romanus得訊，派出一萬五千信仰基督教的阿拉伯騎士，手持長矛著阿拉伯裝，另有五萬拜占庭軍。八日內趕到，駐紮在城外，有些用守衛隊的房子。突厥人已經殺死了不少守衛隊，但是他們堅持到援軍到來。當

96　英譯者言，或者是Novgorod。Novgorod是西元895年立城，西元1014年
　　從基輔大公國獨立。年代不對。

四個國王發覺，有阿拉伯的異教徒及拜占庭人來援助他們的敵人。他們派人回到各自的國家，那些國家面朝可薩國、阿蘭國、Bab el-Abwab以及其他國家，召集穆斯林，他們只對異教徒作戰。

當兩軍排出作戰隊形，基督教徒的阿拉伯人走在拜占庭軍的前面，突厥軍隊裡的穆斯林商人走出前隊，勸阿拉伯人回歸穆罕默德的信仰，只要他們走入突厥人的隊伍，就一定把他們帶回阿拉伯。他們拒絕接受這個條款。兩軍混戰一場，因為人數差得多，基督教徒的阿拉伯人及拜占庭軍取得優勢。當夜他們宿營。四個突厥國王開會，Bajinak國王說：「明天我掛帥。」國王們都同意了。隔天，兩軍對壘，突厥軍在右端與左端立下了幾個千人方陣。戰鬥開始時，右端的幾個方陣向中間移動，不停發射弓箭與石子，襲擊對方中軍，左端的幾個方陣向中間移動，不停發射弓箭與石子，襲擊對方中軍。箭、石如雨下，落在敵人中軍頭上，右左兩端的幾個千人隊如磨石一樣，碾壓敵人中軍。突厥人的中軍與左右兩隊，按兵不動，他們這麼作戰：幾個千人方陣自右端而來，開始射擊拜占庭軍的左翼；他們越過自己的右翼，不斷射擊，直到中軍，同時，幾個千人方陣自左端而來，開始射擊拜占庭軍的右翼；他們越過自己的左翼，不斷射擊，直到中軍；左右的幾個千人方陣在中軍相遇，齊射對方。當基督徒軍（阿拉伯軍）與拜占庭軍發現，在敵人飛箭如雨之下，軍隊隊伍已亂，不能坐以待斃，軍隊反攻衝向敵人中軍，開始捕捉散兵。他們衝到突厥軍的前沿，突厥軍穩如盤石。幾個千人隊從兩面散開殺到，有如潮水

湧至。拜占庭軍三面受敵，人人無心戀戰，開始後撤。中軍突厥軍開始進攻，一波又一波攻來，左右突厥軍夾擊。很多拜占庭軍死於劍下，他們的戰局陷入困境，人吼馬嘶，天地皆驚；拜占庭軍與基督徒軍（阿拉伯軍）戰死六千人，突厥軍幾乎可以踏著屍體登城。城陷落後，突厥連殺幾天，剩下的守衛隊都成俘虜。三天以後，突厥軍進向君士坦丁堡。沿途他們經過一些農業區，牧場，莊園，一路燒殺、捉俘虜，直到君士坦丁堡的城牆。他們停留四十日，用俘虜的婦女兒童交換布匹、錦鍛、絲綢。他們把男俘虜用劍殺死，活的男俘虜露宿野外，有時候，他們連婦女小孩也殺。他們開始向附近各國進軍，一路搶劫燒殺到西班牙、法國、加利西亞邊界。上述突厥軍，一直到今天還不斷搔擾拜占庭帝國及其他提到的各國。[97]

再論高加索

我們回到高加索、長牆、Bab el-Abwab的討論，我們正在談論住在這些國家的民族。有一個住在阿蘭邊區的國家叫el-Abkhaz[98]，他們是基督徒，有一個皇族。當前的國王是el-

---

97　Walender遺址何在？據Masudi所說，居民即守衛隊，實在是一個堡壘。援軍八日即到，可知距離。又說是一個希臘城，可能距希臘不遠，此城在山海之間，城北有一廣場，用作戰場。巴爾幹地區山脈縱橫，有幾處逼近黑海。綜上所述，可能在今保加利亞海岸線上尋找到。但是，根據拜占庭帝國的歷史，當年並沒有發生攻打君士坦丁堡之事，所以可能只是傳聞有誤，或保加利亞西征之事之誤記。

98　格魯吉亞黑海沿岸的大片土地，叫Abkhazia，但是後文提到，el-Abkhaz在黑海與裏海分水嶺之東，應不在Abkhazia。

Tobili[99]。el-Tobili的領域又稱雙角人[100]的寺廟。從Tiflis被回教軍占領，Abkhaz與可薩國即向Tiflis的邊區的總督貢獻賦稅。伊斯蘭屯軍至el-Motawakel朝。在邊區有一個叫Ishak Ben Ismail的國王，率領麾下阿拉伯軍，征服鄰近諸國。他們承認被降服，交給他投降稅。他自認為不受拘束。el-Motawakel派遣一支軍隊遠征Tiflis的邊區。遠征軍打了幾仗，用武力占領Ishak的全國，Ishak被殺；因為他自以為是獨立的。故事太長了，我們不在此記錄，但是那國人盡知其事，並且各地方知道歷史的人也都熟悉的。他自稱是阿拉伯貴族，倭馬亞的親族，這都是假話。從那之後，穆斯林失去了在邊區的力量，再也沒有恢復。鄰近的國家再也不服從了，並且逐步蠶食Tiflis的主要村莊。如果你想去Tiflis最遠的穆斯林區，那你一定要通過周圍的異教國，因為他們環繞了省會，那兒居民是強壯及勇敢的；但是他們在包圍之中。

Samsaha國與Senarians國

在可薩國之外是Samsaha國，他們是基督徒與原始本地宗教信徒的混合；他們沒有國王。在Tiflis的邊區與我們談過的阿蘭關之間有一個王國Senarians；國王名Kereskus。他們是基督徒，相信他們是Okail部落的阿拉伯人。他們屬於Modhar與同源的Nizar族的聯盟，他們自古就住在這一帶，並且征服了

---

99 他是傳說之王，年代不對。

100 亞歷山大大帝。一派主張這是根據錢幣鑄像的亞歷山大，頭戴頭盔有一雙羚羊角的裝飾。另一派根據故事，主張雙角人是波斯的居魯士大帝。

很多高加索的地區。我在葉門地方的Marib國，見過幾個不同
修飾的Okail族人，我沒有發現，他們與他們在高加索的兄弟
有什麼不同。這點有助於證明他們來自葉門的主張。他們有很
多馬匹與很多財富。在整個葉門，Nizar Ben Maadd的族屬只有
Okail家族，除非像傳言所說的，Anmar Ben Nizar Ben Maadd
的孩子們移民回到葉門，或根據Jarir Ben Abdullar el-Bajaliy
與先知的談話，或根據Bajilah的歷史。Senarians相信他們在
Marib國與Okail族長久的相處，他們與還住在葉門的Okail
族，由於環境的原因，在古代就分開了。這些事在史書上有記
載。

Shakin國與Kaila國

再次於Senarians是Shakin國，他們是基督徒夾雜著穆斯
林的商人，或雇戶。目前，在這本書的出版日，他們的國王是
Ader Ben Samah Ben Homayir。

再次於他們是Kailah國。首都居民是穆斯林，環繞城市的
鄉村及莊園的居民是基督徒。他們的當今國王是Aanbasah瘸
子。他養了一堆強盜、無業遊民、攔路刀客。

Mukanians國與Sharwan-Shah國

其次是Mukanians國。我們提過這個國，說過它是被
Sharwan-Shah征服，並且成了那個國家的一部分。但是它與可
薩國海岸線上的另一國僅僅同名而己。Mohammed Ben Yezid
是Sharwan-Shah國現在的國王，他以前是Layidan-Shah國的國

王，而他的世世代代都如此；在那個時候，'Ali Ben el-Haithem 有 Sharwan-Shah 國王銜，其死後，Mohammed 自為 Sharwan-Shah 國王，他殺了幾個叔父，又占領了幾個國家。他擁有高加索地區的強大堡壘—Tiar 堡壘，在全球範圍，它僅次於距離西瑞夫不遠的、在 Zirobad 地方的海岸堡壘—Faris 堡壘。這個堡壘叫 Dikdan 堡壘。

有很多關於地球上各堡壘的奇異故事。Abu-l-Hosain el-Medaini 收集它們成一單行本，他命名為《堡壘書》，他選入一些故事，我們把其中一些放入我們的書《時間的歷史》。

Masudi 曰：這是關於 Bab el-Abwab 城、長牆、高加索山區以及各國居民的一個觀點。我們在《時間的歷史》裡，詳細描述了他們在作戰時的形態及模式，以及他們國王們的戰略、戰術。我們對他們的描寫以及對他們國家的敘述，是具象的（即他們的現狀）而不是抽象的（即他們的歷史）。任何一個去訪問我們說的國家都可以親眼目睹。

《道路郡國志》

在《道路郡國志》[101] 裡，作者 'Obaid Allah Ben Khordadbeh[102] 用道路的長度當作兩地的距離[103]，但是他從來不提國王與王

---

101 這是最古的阿拉伯文的行政地理書。成書於西元 846–847。

102 也作 Ibn Khordadbe，西元 820–912。任伊朗西北部 Jibal 省的郵政及情報長官。

103 而不是烏鴉飛行距離。中國大科學家，宋代的沈括在十一世紀，提出用「鳥飛直徑」來定義兩地距離，見《夢溪筆談》。

國。只談距離與道路是沒用的，那只在派出信使或郵寄包裹與信件時有用。同一作者簡介伊拉克的鄉村能夠交出多豐富的稅收。這樣的簡介不可能是對的，因為稅收按照環境，不斷升升降降。他說，麥加與麥地那之間的山峰el-'Arij與敘利亞的山脈相關連，因此它與安條克的山峰el-Ankra相連，那個山峰又與山峰el-Kam相連。這件奇事表示，他知道地球的各部分都是相關的、不可分的，除了有些地方高，有些地方低之外。他的書被認為是那類書的傑作。同樣有意義的，他書中關於伊斯蘭教之前的年表與史事。

el-Motadhed Billad，el-Motadhed的伴當，寫了關於同一題材的一本書，在書裡他談了整個世界；但是他大部分的說法不符合事實；我相信這是盜用他的名字，因為他的知識遠超過書上的論述。如果這本書是真的，我們必須考慮全能的上帝，用祂無窮的智慧，賜給權力並憐憫祂的僕人——給那些用功並得寵的人。

綜論

波斯的一個國王建築了Bab el-Abwab城，我們剛說的那個延伸到陸上、海中、山脈的長牆，以及幾個堡壘；他屯駐軍隊，規定國王的等級。他寫信給可薩國王、阿蘭王、突厥王、以及其他國王，管領Berdaah、er-Rum、el-Bailakan[104]、亞

---

104 Baylaqan，在今亞塞拜然，1221年為蒙古軍消滅。

塞拜然、Zanjan、Abhar、Kazwin、Hamadan[105]、ed-Dainawar、Nohawand以及其他el-Kufah以及未羅國的屬地（在阿拉伯征服以後），成為伊拉克的一部分。希望上帝能使各國各守疆域，特別是穆斯林的力量削弱以後，拜占庭帝國開始占上風了。到聖地朝聖也消散了，聖戰也無人關注了。走在大路上，不再安全，路也壞了；每一個領主都在他所在的省分自立為王；就像亞歷山大死後各省的總督都自立為王，至到Ardeshir Ben Babek Ben Sasan[106]統一帝國。他恢復秩序，使宗教祭典安全，並且推廣耕種（修復水利，使農業可以持續），一直等到上帝送來祂的先知，應用他，上帝驅散了錯誤宗教的陰霾，毀滅了假宗教的祀典。伊斯蘭教是從一個勝利走到另一個勝利，直到今天，回曆332年，在Abu Ishak Ibrahim el-Mottaki Lillah哈里發治理下，柱子撐不住了，基礎也下沉了。上帝保佑我們[107]。

Bab el-Abwab有許多奇妙的故事，Kisra Ben Kobad Ben Fairus，即Kisra Anusharwan，又產生了許多縱錯複雜的事：在一個叫Masit地方的附近，有一個石城。他在Sharwan建築的牆叫泥牆，以後的石牆叫Bermeki；有關於Berdaah國的別的故事。我們不再談下去，我們在以前的著作中，已經談過。

---

105 即今伊朗的Hamedan，米底帝國的首都Ecbatana。
106 伊朗薩珊王朝太祖。
107 巴格達的阿拔斯王朝滅亡於314後的西元1258年。

山谷

Koru河[108]發源於Jerir國的Khazaran，它流經Abkhaz地方[109]，然後到穆斯林邊疆的Tbilisi省。在這個省的中部，此水分開，直奔Solawerdians，那是從亞美尼亞來的既勇敢又奇特的民族。那兒出產一種有名的短斧，Siabihah及其他蠻族兵團還在用。Korr河流經Berdaah省的距離省會幾哩遠的Bardaj；然後在Sinarah附近，它迎接從Trebizond附近而來的Ras河[110]的河水。兩河合流後，注入裏海。

Ras河發源於Babek el-Khorrami的領域，稱Badin國，是亞塞拜然的一部分。河從Gharat地區的Jebel Abi Musa山峰流出，經過亞美尼亞的Ran國的好幾個地區，它經過Warthan城，在Sinarah村莊附近流入Korr河，然後合流入裏海。

伊朗裏海沿岸西部

Isfedrud河[111]即白河，彼斯文是如此的，阿拉伯文要調過來，寫成rudisfed即河白。它經過Dailem[112]地方，浪打叫Kalah of Salar的堡壘。那個名字是Dailem目前國王的名字。他成了整個亞塞拜然的統治者。這條河流從Dailem流到Jil，在那

---

108 今Korr河，是伊朗中部的河，不是Koru河。它是今Kura河。

109 可知Abkhaz是在東西分水嶺之東，而不在目前黑海岸邊的Abkhazia。

110 今Aras河，發源於土耳其，流經亞美尼亞。

111 即今Sefidrud，伊朗第二長河。流域在伊朗西北部，注入裏海。伊朗的第一長河是西南的Karun河，注入未羅國，然後入波斯灣頭。名列天堂四河之一。

112 見後文，可知是在今伊朗北部面臨裏海的Ghilan省。

兒，另一條叫Shahanrud的河，即眾河之王[113]。如此稱呼是因為河水純粹、色白、清澈見底以及豐沛。兩河合流後，注入Dailem海，即裏海，海岸邊有許多國家。主要的居民是Dailem及Jil國人，他們征服及控制了大部分地區。

結語

在談過高加索地區的各種事情，它所有的國家，它附近的國家，Bab el-Abwab，可薩國等等，我們現在要談論亞述國[114]的城市王國（始於西元前六千紀—五千紀）經過阿卡德帝國，然後分裂為二；北部的亞述帝國（閃族），南方的巴比倫帝國（閃族）。按照天文圖表（即觀察）及年表，亞述是世界的第一帝國。以後首都（從亞述）移到了摩蘇爾及尼尼微。其次是新巴比倫帝國。他們是大地的墾植者，他們開運河，植樹造林，化荒蕪為良田，築路。他們之後是第一代伊朗國王[115]，他們是Jahan，意為君主，最後一任是Feridun。次一個帝國是

---

113 今叫Shahrud，即國王河，又，在合流之前，白河或稱「流金河」，即Ghezel Ozan。

114 西元前720年，亞述國王Tiglath-Pileser III王已滅了在撒馬利亞的北以色列國，俘虜27000以色列人到米地境，接受拜火教的影響。猶太人因此成立了猶太教。或者，在西元前597–582，猶太人分批被新巴比倫帝國遣送京師（略前於孔子生卒年的西元前551–479）。在那兒，他們接受拜火教的影響，成立了猶太教，並且學到前朝亞述帝國的歷史。在《舊約》裡，本書中，王國的歷史即始於亞述帝國。在十七世紀（相當於中國明代）歐洲人發現了楔形文字，十八世紀開始研讀，十九世紀解讀。加上各類文物出土，現在所知，人類文化史始於蘇美人（族裔不明，自稱是黑頭人，可能與原始印度人同族）。

115 米底帝國，印歐族。

Askan[116]，最後一任王是 Dara Ben Dara，即大流士（Darius），他們是 Sokun（Kaianians）。他們之後是省區王[117]，他們是 Ashghan。然後是第二代伊朗王，這就是薩珊王朝。然後是希臘。然後是羅馬帝國。我們要加上跟隨而來的阿拉伯（或西非），我們也要談蘇丹、埃及、亞歷山大城及世界各地，如果真主有此意圖的話。除了真主，沒人能有力量。

【第一冊完】

---

116 Achaemenid，阿契美尼亞帝國，印歐族，帝國領土包括伊朗、中亞、兩河流域、埃及、印度河流域、小亞細亞以及阿富汗。

117 指亞歷山大大帝於西元前 323 年死於巴比倫後，各省區總督，自立為王。

黃金之葉
25

Net and Books 網路與書
黃金草原
The Meadows of Gold

作者：馬蘇第（Al-Masudi）
譯者：莫宗堅
責任編輯：江灝
封面設計：兒日設計
內文排版：李秀菊

出版者：英屬蓋曼群島商網路與書股份有限公司臺灣分公司
發行：大塊文化出版股份有限公司
臺北市 105022 南京東路四段 25 號 11 樓
www.locuspublishing.com
TEL：(02)8712-3898　　FAX：(02)8712-3897
讀者服務專線：0800-006689
郵撥帳號：18955675　　戶名：大塊文化出版股份有限公司
法律顧問：董安丹律師、顧慕堯律師
版權所有　翻印必究

總經銷：大和書報圖書股份有限公司
地址：新北市 24890 新莊區五工五路 2 號
TEL：(02)8990-2588　　FAX：(02)2290-1658
製版：中原造像股份有限公司

初版一刷：2021 年 12 月
定價：新臺幣 450 元
ISBN：978-626-7063-01-9

Printed in Taiwan

國家圖書館出版品預行編目（CIP）資料

黃金草原／馬蘇第（Al-Masudi）著；莫宗堅譯. -- 初版. --
臺北市：英屬蓋曼群島商網路與書股份有限公司臺灣分公
司出版：大塊文化出版股份有限公司發行, 2021.12
　面；　　公分. --（黃金之葉；25）
譯自：The Meadows of Gold
ISBN 978-626-7063-01-9（平裝）

1.世界史　2.中古史　3.中亞史

712.3　　　　　　　　　　　　　　　　110017629

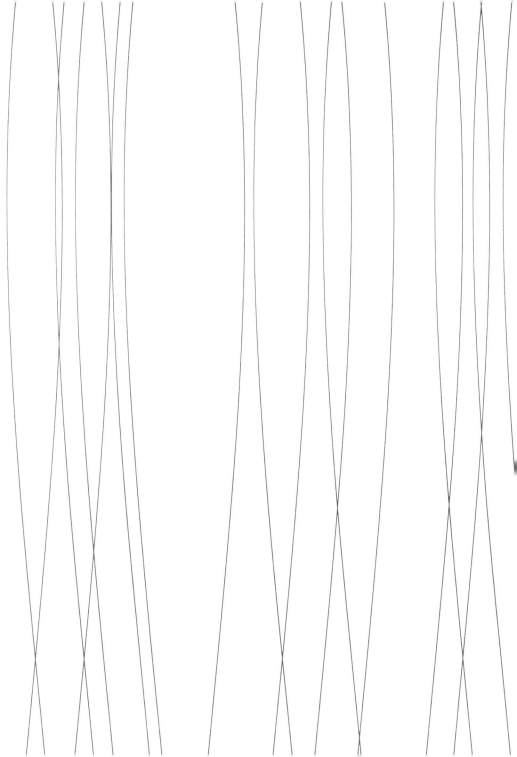

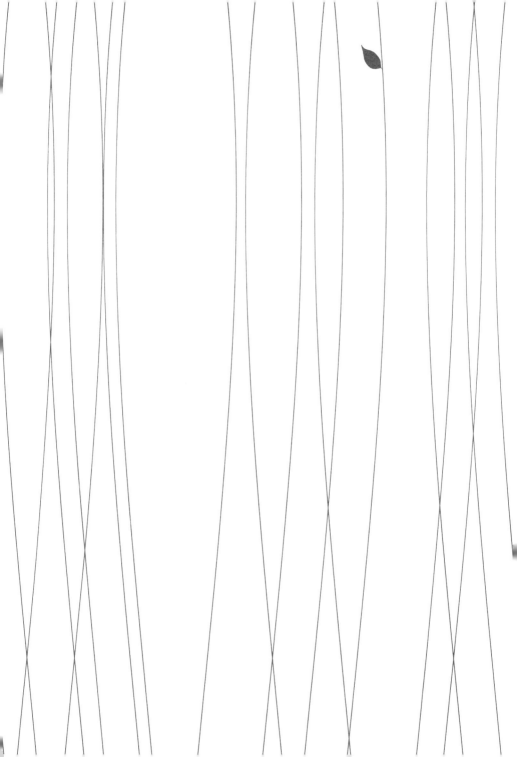